绍兴文理学院出版基金资助

The Judicial Order During the State Plan and
the Local Practice from 1978 to 2018

1978—2018年司法秩序的国家方案与地方图景

葛天博　著

ZHEJIANG UNIVERSITY PRESS
浙江大学出版社

图书在版编目（CIP）数据

1978—2018 年司法秩序的国家方案与地方图景 / 葛
天博著. —杭州：浙江大学出版社，2020.10
ISBN 978-7-308-20635-8

Ⅰ.①1… Ⅱ.①葛… Ⅲ.①司法制度—体制改革—
研究—中国—1978—2018 Ⅳ.①D926.04

中国版本图书馆 CIP 数据核字（2020）第 189957 号

1978—2018 年司法秩序的国家方案与地方图景
葛天博　著

责任编辑	石国华	
责任校对	杜希武　汪志强	
封面设计	周　灵	
出版发行	浙江大学出版社	
	（杭州市天目山路 148 号　邮政编码 310007）	
	（网址：http://www.zjupress.com）	
排　　版	杭州星云光电图文制作有限公司	
印　　刷	杭州良诸印刷有限公司	
开　　本	710mm×1000mm　1/16	
印　　张	12.5	
字　　数	260 千	
版 印 次	2020 年 10 月第 1 版　2020 年 10 月第 1 次印刷	
书　　号	ISBN 978-7-308-20635-8	
定　　价	58.00 元	

前　言

　　1978—2018 年,社会秩序建设贯穿中国特色社会主义改革开放的全过程,其中,通过司法改革促进新型司法秩序的建设是国家始终不变的旋律。围绕司法秩序的建构,理想的国家方案与现实的地方图景之间发生了激烈的碰撞与冲突。司法改革是司法秩序建构的手段之一,司法秩序的改革遇到了改革的司法秩序。国家管理体制在纵向上的层级结构,导致了理想司法秩序与现实司法秩序的分而治之。诸多影响司法秩序建构的问题,未能通过司法改革获得解决,司法改革的某些举措反倒加剧了冲突。

　　本书包括绪论、主体内容与后记三个部分。

　　绪论提出,社会主义司法理论的发展与司法秩序的建构是紧密联系在一起的。继续沿着理想司法秩序的建构蓝图,为经济体制改革、社会体制改革、文化体制改革、政治体制改革营造稳定、协调、可持续发展的司法环境,保证当代中国的改革开放继续沿着中国特色社会主义道路前进,需要在司法改革之外为司法体制改革提供理论与实践支持。第一,选择 1978—2018 年作为司法秩序研究跨度的学术理路。对于当代中国而言,稳定的秩序与改革的进度同等重要。在全部的秩序体系之中,司法秩序既是其他秩序维护的对象,又是其他秩序得以生存的保障。理想的司法秩序应是能够促进社会公平正义、激发经济发展、提升民族自信、提升综合国力、维护国家地位的法治图景。为此,一场国家利益与个人利益并重、社会稳定与经济发展并论、法治理想与德治传统并提的司法改革,在社会关系重构、社会行为多样、社会纠纷多元、社会矛盾多发并相互交织推动的国家变革中启动。围绕经济秩序、司法秩序、社会秩序、审判秩序及其相互之间的矛盾而展开的结构性剖析,既是对 1978—2018 年司法秩序建构过程中正反两方面经验得失的反思,也是发现、总结、概括社会主义司法规律的不二法门。第二,审视 1978—2018 年司法秩序建构的学术价值。1978—2018 年在司法秩序建构过程中发生的事件,是一场围绕传统与现代、西方与东方、信他与自信的中国法治何处去,以及司法正义何以成为正义的事实性论辩。四十年司法秩序重构的主要内容是一场以司法公正与司法效率为目标的司法改革。对之审视,有利于推动社会主义司法理论研究的逻辑转换,归纳社会主义司法基本规律的历史内涵,促进社会主义司法人才培养的理论研究。而其意义在于,这种全景式的总览与回看,为审视 1978—2018 年的司法秩序发展提供了一幅历史小长卷。从提高后续司法体制改革的效度上讲,梳理 1978—2018

年司法秩序建构的成就与不足,对于国家治理现代化背景下开辟新时代司法秩序建构的健康成长之路,具有前车之鉴的审视意义;对于当下正在推进的司法体制综合配套改革措施的设计,具有自我矫正的反观意义。从司法实践的应用层面上讲,梳理 1978—2018 年司法秩序建构过程中发现的规律性现象,对于接下来的司法秩序建构具有"小荷才露尖尖角"的预判意义。对这一命题研究使用的方法分为基本方法、主要方法与核心方法。历史唯物主义世界观决定了联系、发展与一分为二的研究方法是全景式概括四十年司法秩序建构的基本方法;已有研究文献是一笔无法拒绝的记忆资料,文献分析仍然是主要的研究方法。而无论是从司法秩序与其他秩序之间的互动联系,还是从司法秩序内部与外部环境之间的互动关系,秩序系统的存在都决定了系统分析法在研究司法秩序构成、变革与发展过程中的重要地位,由此也成为研究这一历史时期司法秩序建构的核心方法。

第一章,司法秩序的司法改革。当代中国司法秩序的建构是在司法改革分风劈流、重构司法秩序的基础上展开的。对此,国家顶层权力部门从维护整体秩序出发,针对司法改革提出了国家方案。然而,这些改革方案在具体实施的过程中,遭遇到来自地方秩序的误读甚至抵触。理想的司法秩序与现实的司法秩序之间发生抵牾,但正是这些抵牾持续推动了司法改革的不断深入。然而,一些根深蒂固的司法改革难题,仍然困扰着国家建构司法秩序方案的实施,而更深入的司法体制改革似乎也并未消除这些矛盾和冲突。在某种程度上,司法改革只是将此前的痼疾提高至更高的层级上来,而解决这一痼疾的药方尚未起到值得肯定的疗效。

第二章,经济秩序转轨与"案多人少"的形成。经济体制改革不仅重构了当代中国经济秩序,而且改变了中国人选择纠纷解决方式的观念。个体经济活动的政策性自由诱发大规模社会纠纷的产生,无论是在人事制度还是在审判管理制度上,都未对之做出行之有效的预判和采取及时有效的措施。与此同时,权利情结的兴起驱使越来越多的纠纷当事人选择了国家司法。法官队伍建设迟滞与司法管理行政化的合力,最终导致"案多人少"现象的形成,并一直沿袭至今。

第三章,社会秩序规制与人权保障的加强。个人经济活动的自由直接影响社会秩序的稳定,行为失范带来的低成本高收益导致越轨行为的多发和常发,社会秩序陷入失稳状态,而稳定的社会秩序是顺利推进改革开放的根本保障。2004 年保障人权写入宪法,紧随其后的《刑事诉讼法》修订、"以审判中心"的刑事诉讼制度改革,开启扭转人权司法保障的新篇章。

第四章,依法行政建设与司法保障的调整。中国社会治理传统中行政司法不分的管理观念并未因新型的社会管理官僚体制而被彻底消除。奋发图强以消除国际性竞争压力的发展理念决定了国家控制资源的绝对性,然而社会纠纷司法解决范式则降低了行政权威的力度。尽管具体行政行为成为司法诉讼的受案对象,但是,司法附属地方权力的惯常思维决定了司法地方化。

第五章,审判秩序调整与司法责任的落实。以司法秩序的理想建构为主旨的司法改革在追求司法公正的过程中,推开了审判秩序重构的大门。同时,审判秩序的重构,亦为司法改革的推进与司法公正的实现提供了有利的条件。政统与法统、情理与法理、民意与法意、程序正义与实体正义、监督与制约等五对范畴内部的实质性冲突,汇聚成司法改革进程中难以破解的实践困局。司法行政化与"以审判为中心"、立案登记制与法官员额制、公检法分工与司法责任制、涉诉信访与最高人民法院派出巡回法庭设置等都是国家方案,但是,这些国家方案是否促成理想司法秩序的建构,地方司法秩序图景给出了一个答案:司法秩序的建构是各种秩序合力而为的结果,不是代表们意志所能决定的想象。

第六章,司法规律初探与司法改革的症结。司法权力组织的行政化与诉讼目的的合政策性,在共同驱动诉讼程序进程中彰显职权主义,这揭示了社会转型时期政策实施与纠纷解决并存的诉讼导向,以及社会主义司法的特别规律。在四十年司法秩序建构中,双轨科层结构下合政策性职权主义始终作为司法改革的主导思维,具体表现为司法权力组织体制与运行机制的双轨科层结构、司法程序运行目的的合政策性、刑事民事程序控制倾向的职权主义。其间,司法行政化与司法地方化的二元结构是司法改革的症结所在,也是司法秩序建构中地方图景偏离国家方案的根本原因。

第七章,社会主要矛盾转变后理想司法秩序的实现路径。"我国发展站到了新的历史起点上",社会主义初级阶段进入"新时代",必然引发以政治体制、生产关系、社会交往与文化发展为冲突根源的新矛盾,对法治提出了时代新要求,主要表现为矛盾解决过程中纠纷解决主体的非国家化、解决方式上倾向于矛盾双方的合作而非对抗,个体正义诉求催生司法改革的地方性竞争。因此,法治建设必须达成转型共识,找准法治转型的着力点,推进社会组织与社会司法的发展,在社会主要矛盾转变与法治转型耦合的历史机遇中构建符合社会主义发展规律的法治秩序。

结论认为,应当说,关于司法理论研究与关于诉讼制度、诉讼立法的理论研究唯西方马首是瞻,是司法秩序建构不尽如人意的主要原因之一。现阶段最重要的工作,就是建构社会主义司法理论与研究方法,这是司法改革应以秩序传统为基础向现代化司法转变的智力储备,也是在司法秩序建构中融合国家方案与地方图景的必然选择。改革是系统工程,只有正确的司法改革的方法,才能保证科学的司法改革成效。借鉴或者移植他山之石,虑及本国能否提供匹配的营养剂是首要的考虑前提。当代中国建构司法秩序,不能脱离现实社会发展的状态,尤其不能置现存司法秩序内在的传统习惯不顾,更不能照搬西方经验而摒弃适合当代中国司法秩序的特有的民族智慧。

葛天博

2019 年 12 月

目　录

绪　论

社会主义司法理论的发展与司法秩序的建构是紧密联系在一起的。目前,当代中国的司法改革正全面展开且向纵深推进,司法改革从单纯的法院改革推进到各种司法要素相互匹配的司法体制综合配套改革。回顾司法改革的四十年历程,以法院改革为起点的当代中国司法体制改革,已经建构了符合中国特色社会主义社会发展的司法秩序。正如美国学者埃尔斯特所讲:"社会秩序的形成是不同层次非理性因素和理性因素综合作用的结果。"如何继续坚持理想司法秩序的建构之路,为经济体制改革、社会体制改革、文化体制改革、政治体制改革营造稳定、协调、可持续发展的司法环境,既需要针对司法改革进行行之有效的理论研究与经验总结,又需要在司法改革之外的思虑范围为司法体制改革提供理论源泉与实践总结,从而保证当代中国的改革开放继续沿着中国特色社会主义道路前进。

一、选择 1978—2018 年作为司法秩序研究跨度的学术理路

对于当代中国而言,社会文明的发展进步既需要改革速度,也需要稳定秩序。稳定秩序是推进改革速度的外在环境,而改革速度则为稳定秩序提供物质基础。然而,改革开放在促进社会文明进步的同时,也附带产生了诸多需要国家司法介入来确保社会秩序的各种矛盾与纠纷。事实证明,通过司法判决输出正义是国家建构社会秩序的可靠途径。秩序在国家成长、社会发展、人类繁衍的过程中,是一座不能也无法绕开的驿站。从宇宙的物理秩序到人类的心灵秩序,从国家之间的国际秩序到国家内部的司法秩序、经济秩序与文化秩序,从人类历史的发展秩序到民族内部的社会秩序,秩序如同空气和水,不仅为人类文明的前进输入动力,而且反映了人类文明不断发展的成熟程度。和平是良好秩序的结果,公正是秩序认同的前提,基于对和平与公正的认同而促成的稳定,是秩序成为推动社会发展动力的根本源泉。和平与公正并非人类的本性,"所有人对所有人的战争"[①]隐含着的利益纠纷成为人类生活中不可避免的争端,而如何解决纠纷并让纠纷解决方案成为所有人都能以此作为衡量与评价自身行为的标准,这一问题在国家作为公共管理机构诞生以后,不仅成为立法的思考对象,而且成为司法活动及其结果是否符合正义要求的量尺。

---

①[英]霍布斯.利维坦[M].黎思复,黎廷弼,译.北京:商务印书馆,1985:23-25.

公正是司法的灵魂,也是秩序的生命。不能让生活于秩序之中的人获得公正感,也就没有秩序。何谓公正? 公正是全社会成员对于权利不能得到有效实现之后的痛苦反思所得。"无知之幕"下的人们从自己的经历中生成了关于公正的观念,并认定居中判断孕育着公正的最大公约数,从而在国家法律实施的历史中促使社会把司法公正视为公正的渊源,并因此而导致司法秩序的建构成为国家、社会、民众共同制造、管理、发展司法公正的合意。然而,司法公正如何实现不仅取决于司法秩序内隐的公正性,而且也往往受制于国家、社会、民众对司法公正认知的偏差度。由此一来,理想司法秩序与现实司法秩序之间围绕着公平与效率的并重催化了司法改革的理论研究与实践探索。

1949 年新中国成立之初至 1956 年社会主义改造基本完成之前,中国共产党一直把废除旧有的司法秩序与建立新的司法秩序作为同步推进的执政要务。1954年新中国第一部宪法颁布实施后,一种新型的社会主义司法秩序成为人民当家做主的正义象征和公正保障。然而,随着国际政治风云的变幻,特别是我国与苏联政治关系的不断恶化,加之国内经济发展过程中不同路线之间存在的矛盾冲突,一种新型的社会运动爆发。刚刚建立不久的司法秩序遇到了前所未有的"打倒一切的革命主张",法院审判"只服从法律"①的司法秩序在"砸烂公检法"的运动中,演变为无产阶级专政继续革命下划分阶级立场、扫除"牛鬼蛇神"的专政工具。以公正为主题的司法秩序不复存在,司法秩序、经济秩序、社会秩序与审判秩序也随之处于紊乱状态。"随着经济基础的变更,全部庞大的上层建筑也或慢或快地发生变革。"②一场新的秩序体系建构在十一届三中全会结束之后,以经济体制改革为主旋律,司法改革为尖兵,随着政治体制改革始于政企分开的探索,当代中国奏响了司法秩序建构的理想进行曲。

促使司法改革的动因不是司法专政职能的日渐式微,而是司法在表达一种"为民做主"式正义场域中的失灵。"失灵的司法"不仅导致司法公信力的折戟,而且在社会底层涌起对政治权威的现实思考。为此,建构适合当下政治体制的司法秩序,在社会转型与变迁并存的时代中倍显重要。司法秩序建构不只是一场形式法治与实质法治孰重孰轻的模式选择,而更是一场权力自身是否愿意认同、转变并接受由规则权威替代权力权威的观念性斗争。从"法制"到"法治",一字之别相隔二十年;从"有法可依、有法必依、执法必严、违法必究"到"科学立法、严格执法、公正司法、全民守法"的法治观念延伸又是几近四十年。理想中的司法秩序应是能够促进社会公平正义、激发经济发展、提升民族自信、增强综合国力、维护国家地位的法治图景,为此,一场以国家利益与个人利益并重、社会稳定与经济发展并论、法治理想与德治传统并提的司法改革,在社会关系重构、社会行为多样、社会纠纷多元、社会矛

---

① 1954 年《宪法》第七十八条规定:人民法院独立进行审判,只服从法律。

② 中共中央编译局. 马克思恩格斯全集(第 13 卷)[M]. 北京:人民出版社,1962:9.

盾多发并相互交织推动的国家变革中启动。

　　司法改革最初始于法院改革,法院改革则源于审理洪水般出现的经济案件过程中证据出示方式的改革。经济体制改革促进社会财富增长的同时,"案多人少"随之同步生成。民事司法改革成为司法秩序建构的第一站,继而成为整个法院工作步入改革时代的引擎。随着法院改革的辐射逐渐触及法院以外的官僚系统,作为司法系统内部的法院改革在国家层面上升为司法改革,纯粹的司法转变为包含各种围绕法官审判职能而存在的行政职能的司法泛化,司法秩序建构的理想主义跃然纸上。围绕司法秩序的理想建构开启以提升司法公正与提高司法效率为目标的司法改革,推动了司法体制改革的提出。司法公正与司法效率是司法秩序满足人民不断追求幸福生活的双核指标。然而,当带有理想主义色彩的司法改革遇到了司法改革的理想主义,一方面,全社会成员对此前司法秩序的痛苦经历与反思为之提供了痛定思痛的改革动力,另一方面,司法改革过程中出现的司法不公,不仅激起了民众对理想司法秩序建构的口诛笔伐,而且催生了民众构建另类司法秩序的动机与实践。

　　司法秩序构建的理想在司法改革中偏离了既有的设计尺寸,以"人民的满意"为评价标准的司法改革似乎一直未能得到"人民的满意"。生产资料公有制的经济制度与人民代表大会制的政治制度作为国家生活中的双重制度保障,未能在司法秩序建构的过程中发挥出理想的功能。案多人少、冤假错案、司法行政化、司法地方化、涉诉信访、执行难等一系列影响司法秩序建构的矛盾在司法改革中出现,甚至有些矛盾反倒因为司法改革而加重。司法秩序的建构理想推动了司法改革,司法改革则推动了司法秩序建构的新理想。司法秩序建构的理想与现实之间存在着不可否认的偏差,解决这些偏差的思路与方法在西方法治理论与本国传统法文化认知的博弈中激荡、徘徊,期间也夹杂着迟疑。

　　理想司法秩序建构既不能是西方法治文明逻辑的本土实践,也不能是西方法治理论框架下的中国复制,而是基于中国社会结构的现实反思。司法秩序建构的过程中生成了现实司法秩序,现实司法秩序在改革的过程中朝着理想司法秩序前进。然而,不能因为理想与现实的偏差而让(或使)司法改革因噎废食。司法改革必须坚定不移地贯彻下去,司法体制综合配套改革正在如火如荼地进行着。识别司法秩序建构的理想与现实之间的偏差是全面推动司法改革、不断完善法治系统、促进法治社会形成的听诊器。就此而言,围绕经济秩序、司法秩序、社会秩序、审判秩序及其相互之间矛盾而进行的外科手术式结构性剖析,既是对 1978—2018 年四十年司法秩序建构正反两方面的反思,也是发现、总结、概括社会主义司法规律的不二法门。

二、审视 1978—2018 年司法秩序建构的学术价值

　　审视 1978—2018 年四十年司法秩序建构过程中发生的事件,一方面,可以检

验西学东渐裹挟的司法理论与当代中国司法秩序建设所需理论的匹配度；另一方面，可以通过针对四十年间发生的事实剖析及其内部之间的逻辑关系来探寻社会主义司法规律。四十年司法秩序建构弹指一挥间，然而，却是一场围绕传统与现代、西方与东方、信他与自信的中国法治何处去，以及司法正义何以成为正义的论辩。与其说这是一场推进司法文明现代化进程的秩序变革，毋宁说这是一场推进法治文明现代化转轨的秩序重构。

（一）有利于推动社会主义司法理论研究的逻辑转换

四十年司法秩序重构的主要内容是以司法公正与司法效率为目标的司法改革。这既是一场推动法制国家向法治国家进军的司法改革，又是一场推动政策型司法向法治型司法转场的司法改革。围绕这场司法改革何去何从的争论主要在理论研究领域展开，争论的核心不是理论渊源与内容表达，而是指导当代中国司法改革蓝图的理论体系究竟是理论还是标准。由此而产生三个问题：其一是西方司法理论是否可以作为塑造当代中国司法改革的理论思想；其二是当代中国司法改革是西方司法图景的中国化进程还是中国版再现；其三是传统司法接受现代司法检验的智力来源是理论转化还是理论深化。而这三个问题的根源在于中国特色社会主义司法理论的"缺场"，导致西方司法理论不仅"在场"，而且起到"主场"作用，其本质是西方司法理论不仅被"拿来主义"当作指导当代中国司法改革的指挥棒，而且被"精西主义"当作衡量当代中国司法改革的量角器。

理论的研究总是不可避免地受到研究者政治倾向的影响，支持或者反对某种意识形态的政治倾向是隐藏在研究者内心深处的精灵。同时，理论的研究总是与已然发生的事实有着不可切割的关系，而事实则是发生于政治环境、社会环境、经济环境与文化环境合力下的产物。因此，传来的西方司法理论，是西方本土各类环境总和基于司法这一公共行动而形成的合作之果，其所反映的社会立场、政治倾向、文化背景等无一不受制于研究者本人生活的社会系统。在所有决定社会系统运转的要素中，生产资料所有制在最根本的层面上起到了决定性作用，它决定了国家权力的组织形态。西方司法理论的立论前提是分权体制与生产资料私有制，因此，支持司法理论研究的逻辑基点是个人自由主义的权利保障。所以，西方司法理论无论是被视为衡量中国特色社会主义司法改革的理论工具，还是被视为对社会主义司法理论研究的治疗输入，其体系的物质条件构成决定了这一讨巧主义悖逆了中国特色社会主义权力组织体制和生产资料公有制的社会系统。四十年司法改革进程证明：中国特色社会主义司法理论研究必须走一条自足的民族道路。

四十年司法改革历程也是经济体制、政治体制改革、社会体制改革与文化体制改革相互交织、同时并发的现代化过程。现代化不仅造成了社会主要矛盾的转变，而且诱发了社会秩序的不稳定。从"严打"到社会综合治理、国家现代治理，司法改革推动社会主义法律体系不断完备的同时，也在司法改革与司法理论研究之间制造了紧张氛围，即社会主义司法理论研究与社会主义司法秩序建构之间的脱节。

通过审视司法改革四十年进程中发生的事件不难发现,在司法改革上,理论研究与秩序建构难以形成共识。最为根本性的原因不是对当代中国社会事实的判断,而是对西方司法理论研究结果的认同。就此而言,社会主义司法理论的缺场不只是因为理论研究不足,更是因为理论研究尚未启动。深究其因,现有的指导社会主义司法理论研究的并非社会主义的司法事实,而多数是西方司法理论的中国评述。为此,要推动中国特色社会主义司法理论研究,就须转变理论研究的逻辑。深耕四十年司法改革这一历史实践及其进程中存在的问题,以传统司法实践为基础,审视社会矛盾纠纷解决体制机制存在的内因,历史唯物辩证地分析当代中国现代化进程中社会矛盾纠纷的系统性运动,是推动社会主义司法理论研究的不二选择。

(二)有利于探究社会主义司法基本规律的历史内涵

社会主义司法是新型司法,此论断基于司法体制机制运行的两个自成一体的基点而为:一是社会主义司法的物质基础是生产资料公有制;一是社会主义司法体制机制的运行环境基础是以人民代表大会制度为根本制度的政治体制。这和西方以生产资料私有制与三权分立政治体制为运行基础的司法具有本质区别。现阶段,社会主义司法规律表现为当代中国特色社会主义处于发展中阶段时期特有的司法个性。第一,现阶段的社会主义司法是以集体正义与个体正义的统一为目标,充分显示社会主义国家人民当家做主的权利属性;第二,现阶段的社会主义司法是以通过司法诉讼来实现政策落地,促进国家、社会、个人整体发展为特征的司法活动,彰显中国特色社会主义解放生产力的优势,实现个人全面发展的制度信仰;第三,现阶段的社会主义司法体现了以司法改革作为保障经济体制改革,促进市场经济繁荣发展的执政理念。因此,在司法制度设计、诉讼立法修订与司法体制改革三个领域,国家发展主义与正义相对主义统一于在解决社会矛盾纠纷过程中政策实施的发展目标,这是中国特色社会主义国家司法的基本特征。

当代中国处于竞争环境不对称的国际图景中。一方面,中国特色社会主义道路仍在摸索中延伸,社会主义制度仍需在改革中完善;另一方面,国外发达国家在发达中竞争,各种资本在国际化浪潮中借助他国发展需要而制造倾向性的不平等。因此,当代中国既要通过改革开放抓住国际化竞争带来的机遇,又要通过法治建设回应国际化竞争带来的各类纠纷。无论是国内的改革开放,还是国际的主权竞争,发展是决定一个国家及其国民在国际竞争中能否确保国家利益的核心力量。对于当代中国而言,肇始于1978年的改革开放,推动国家实力飞速增长的根本性因素是国家集中了发展中所需要的一切资源,而充分的政策支持与稳定的管理队伍则强化了国家在发展中的绝对性主体地位。正是由于国家实行改革开放才能在国际竞争中不断强大起来,才有国内各项改革不断推进而需要的稳定秩序。其中,司法改革需要的外部秩序不是司法改革的结果,而是通过行政手段、经济手段以及政治手段引起的联合结果。四十年司法秩序的建构历程充分证明,坚持国家发展主义,在国家的发展过程中推进司法秩序的不断建构性进化,提高司法公信力,是与社会主义初级阶段生产力发展相匹配的方针(或路线)。

当代中国司法秩序建构的社会基础具有二元结构的特点,城乡二元结构体现出来的差异,不仅表现在法治观念上,而且表现在法治实践上。法理与情理的纠结,始终是社会矛盾纠纷的过程中难以融合的对立,直接影响诉讼模式的建构与正义评判的标准。职权主义或者当事人主义均未能彻底满足"既讲法又讲理"的正义诉求。与此同时,先国家后小家的发展理念,对于国家利益的保护程度往往超越了对于个人利益的保护程度,国家安全的正义价值观大于个人权利保护的人权价值观,造就了个案正义的相对性立场。国家法律体系的粗放与司法秩序体系的粗疏,进一步强化了以实体正义为终极目标追求和主张正义判断标准的正义观,司法之外的权利救济方式的正义与否也是以结果的满足与否为标准。在程序正义与实体正义之间,实体正义重于程序正义,相对正义因此而被隐含于其中。一方面,诉讼程序尚不能为当事人提供精细化程序正义的选择,另一方面,井喷式的社会纠纷需高效的司法审判,"案多人少"始终伴随着司法改革的全过程。完善诉讼程序必然会降低司法效率,提高司法效率只能通过牺牲程序正义。因此,现阶段社会矛盾纠纷的司法解决体制机制应以实体正义为标准,兼顾程序正义,来应对经济秩序转轨期间带来的"诉讼爆炸"问题。建构实体正义与程序正义相统一的司法秩序,应是经济秩序新时代司法规律的内容之一。

(三)有利于促进社会主义司法人才培养的理论供给

司法人才培养是保证司法秩序建构的主体性条件。在法治建设的不同阶段,基于不同的社会条件、政治安排与法制完备程度,对于司法人才会有不同的需求,进而对人才培养提出理论供给的现实要求。回溯 1978 年之后的社会主义司法人才的培养选拔体制机制,不难看出,法官队伍建设走过了一条曲折的道路。法官遴选的来源可以分为三个阶段:第一个阶段是行政干部调任,即将行政机关工作人员调配至法院工作,这一时期兼有子女接班进入法院的现象。第二个阶段是转业军人进入法院工作,同时与第一阶段人员调配并存;第一阶段与第二阶段法官遴选机制在 2001 年全国实行司法资格统一考试之后,基本上离开了历史舞台,法院队伍的遴选进入专业化阶段,即第三个阶段。第三阶段的特点是双重考试,即担任法官要通过两次考试,司法资格考试与公务员入职考试。此阶段推行的司法资格统一考试还有一个特征,就是不分应试者的所学专业,只要通过司法考试就具备了执业资格。这条规定取自于美国法律职业资格培养机制中关于复合型法律职业人才培养的模式,根据对法官职业素养的要求来划分,可以把法官人才培养机制粗略地划分为政治型、专业型与政治专业双重标准型。在法制不健全的时代,司法审判往往依靠政策来执行,法官的政治素养决定了其对于政策的理解是否正确;在法制相对健全的时代,比如三大诉讼法颁布实施后,司法审判有了具体的法律规范作为依据,法官的专业素养决定了司法审判的合规范性。然而,法官队伍中存在的司法腐败现象促使法官职业道德教育被摆在专业能力之前,而"让人民满意"的司法承诺则使法官"讲政治"被置于职业道德之前。尽管法官遴选体制机制经历了一波三折,然而,并未引起我国法学教育模式的深度变革。法学院系既没有针对法官队伍的建设改革培养的体制机制,也缺乏针对法官队伍如何建设问题进行的理论研究。所以,在司法秩序建构四十年的过程中,不同时期对于法官队伍政治化、专业化、精英化的侧重,不得不说是一个值得研究却疏于研究的命题。

当代中国走在传统与现代重合的发展道路上,虽然司法现代化已经成为建构司法秩序的主要内容,但这并不意味着所有的社会矛盾纠纷只能通过现代司法范式来解决,也不能说明社会公众对于现代司法的信赖超越了一切。社会纠纷的政治性解决过程中依靠政府、信赖政府、指望政府的传统文化依然渲染着当事人的"青天意识",而"国家的一切权力属于人民"的宪法要义,决定了必须把维护人民利益的政治承诺放在司法正义菜单中的首要位置。与此同时,任何一个案件,都具有社会性——法律若是不能被实践,则形同虚设。所以,追求法律效果与社会效果在法治意识尚未充分发育的当代中国来讲,成为司法正义追求的内容并不是不懂法治的"政治意见",而是以实体正义大于程序正义为司法观在国家治理体系中的内在规定。因此,不能把实现法官队伍建设的专业化、精英化作为司法正义实现的唯一方案,而更应当培养法官在具体案件中全面审视政治效果、法律效果与社会效果共赢的司法能力。这就需要改革法律人才培养模式,改变法律专业教学内容的设置,并对如何改革提出理论研究的现实叩问。

法官队伍建设的现代性改革,既是历史发展对司法改革提出的要求,也是司法秩序对法官司法能力的检验,其中包含着法官队伍建设与司法能力不足之间的持续紧张。司法能力不能被简单地认为是专业能力与实践经验的总和,事实证明,当代中国社会交织融合了传统习俗与现代文明,社会矛盾纠纷的解决不仅需要法理的释明,而且需要情理的说服。如何提高法官在司法实践中综合衡量各方利益的司法能力,既是当下理论研究的时代任务,也是法官员额制不可缺少的理论建构。

三、梳理 1978—2018 年司法秩序建构的学术意义

以经济秩序转轨、社会秩序规制为经线,司法秩序调整、审判秩序重构为纬线的叙事方式,难以照顾到 1978—2018 年这四十年来司法秩序建构过程中的细节,但是这种全景式的总览为回看这四十年的司法秩序发展历程提供了一幅历史小长卷。

2003 年最高人民法院在工作报告中提出要加强社会主义司法的理论研究,理论研究不能脱离其作为对象的事实。四十年来的司法秩序建构过程就是理论研究的对象,其间发生的事实就是理论发生的根源,而对事实的追问则形成了理论研究的逻辑。比如,"案多人少"并非当代中国特有的诉讼现象,其他国家诸如美国、日本也曾为之施以司法改革。问题在于这一现象为什么经过四十年司法改革仍未得到彻底解决,又是什么原因导致司法效率低下。其间引入的西方经验如刑事诉讼

中的案卷移送、当事人主义诉讼模式以及庭前程序等都不能解开当代中国的司法症结。无论是实务界还是学术界,对这些问题输出理论的解释,至少要有一个大体上的总结,否则,党的十九大之后全面推行的司法体制和综合配套改革必将因为四十年积累的司法改革后遗症而带伤前行。从提高后续司法体制改革的效度的角度上讲,梳理 1978—2018 年这四十年司法秩序建构的成就与不足,对于在国家治理现代化的背景下开辟新时代司法秩序建构的健康之路,具有前车之鉴的审视意义。

四十年围绕司法改革进行的研究成就不菲,从具体的案件分析到宏观的法理解释,从诉讼制度的细节安排到司法制度的体制修正,包括长期跟踪关注司法改革的线性研究以及比较研究,都有一个显著的特征,即司法改革研究过程中呈现出"碎片化"的状态,动辄就把结果视为推进司法改革的有效药方,则导致以司法改革为研究对象的理论"泛化"。司法改革是一项系统工程的论断已成为共识,然而,这种共识并未融入到关于司法改革的叙事研究中去。诸多关于司法改革的建议与方案,不仅未能有效保证司法公正与司法效率,反而导致更严重的司法不公。比如:刑事诉讼中案卷移送的"一本主义"制度,本意是防止法官庭前预判,实现庭审实质化。然而,由于忽略了法官专业素养、律师职业水准与审判法官驾驭庭审能力等因素,再加上国家安全主义下的职权主义促进案件能够客观真实地实现的诉讼目的,案卷移送的"一本主义"不仅未能解决刑事诉讼中庭审形式化的病症,反而进一步加剧了庭审形式化,甚至诱发了其他诸如审判委员会制度的制度寻租。2012 年刑事诉讼法修订后,案卷一本移送模式变回案卷全案移送模式。"脚痛医脚头痛医头"的方案与改革举措的出台,一方面,暴露了司法改革追求立竿见影效果的急功近利意识,另一方面,体现了其缺乏系统诊断司法改革病症的整体联系意识。由此导致了司法改革的方案设计往往停留在想象层面,无法上升到司法秩序的实施层面。就此而言,梳理 1978—2018 年这四十年在司法秩序建构过程中备受争议的改革举措,对于当下正在推进的综合配套改革措施的设计而言,具有自我矫正的反观意义。

虽然难以对这四十年的司法秩序建构历程做出断代史似的论断,但是,由于这四十年间当代中国社会经历了政治体制改革、经济体制改革,以及其带来的司法秩序、经济秩序的转轨,社会转型基本走完了资本初期积累的阶段。据此,可以做出一个初步判断,对这一段时期的社会转型与社会意识的塑造,特别是权利意识为社会主义司法规律的呈现注入了可见的事实依据。比如,情理法的统一是解决社会矛盾纠纷的过程中必须尊重的权利诉求,实体正义高于程序正义是绝大多数人事后评判司法正义的标准,这都是现阶段社会主义司法规律在司法实践中的体现。而对法律职业共同体尚未成为令人信服的法律正义输出者,司法程序以及保障司法程序顺利推进的司法秩序并未得到系统的建构等问题的研究与解决,实质上是对社会主义司法规律中重要元素的探索。西方经验的水土不服也从反面证明:中国特色社会主义国家司法有着自己独特的规律与特征,他山之石难以攻玉。总结社会主义司法规律不是一句政治宣言,而是一项发现社会主义制度下的司法规律的理论任务,也是对人类社会不同制度下关于司法规律的认知的补全。因此,从司法实践的应用层面上讲,在梳理 1978—2018 年这四十年的司法秩序建构过程期间发现的规律性现象,对于接下来的司法秩序建构具有"小荷才露尖尖角"的预判意义。

四、研究 1978—2018 年司法秩序建构的学术方法

司法秩序建构与经济秩序、司法秩序、社会秩序、文化秩序的进化存在一定的联系,同时也有各自的特征:司法秩序建构过程始终处于绝对的运动状态,而其他秩序则处于相对静止状态。把四十年司法秩序建构作为研究对象,既要看到秩序建构措施的正面积极作用,又要看到这些措施的消极作用。因此,历史唯物主义世界观决定了联系、发展与一分为二的研究方法是全景式概括四十年司法秩序建构的基本方法。

已有研究证明文献是一笔无法拒绝的记忆资料,文献分析仍然是主要的研究方法。然而,与传统的文献分析方法不同的是,为了更好地理解文献中研究者的观点,需要界定研究者的立场。通过限定研究者逻辑立论的立场,来确定该观点的客观性与逻辑的真实性。而要做到这一点,必须对研究者所给结论进行结构性剖析,只有把支持结论判断的结构性条件与现实条件进行比对之后,才能把这一观点作为推理的事实依据。

尽管阶级分析法不适用于司法秩序建构的理论研究,但是基于三权分立与权力整体两种不同的权力世界观,对于司法体制设置有泾渭分明的两种主义——西方三权分立视野下的司法独立主义和权力整体视野下的司法工具主义。所以,研究者应坚持以社会主义整体发展的理念看待司法秩序建构,这是坚持马克思历史唯物辩证法的实践应用,体现了整体与部分之间的系统论。无论是根据司法秩序与其他秩序之间的互动联系而言,还是以司法秩序内部与外部环境之间的互动关系来讲,秩序系统的存在决定了系统分析法在研究司法秩序构成、变革与发展过程中的重要地位,由此这也应成为研究这一历史时期的司法秩序流变的核心方法。

第一章　司法秩序的司法改革

"明晰是秩序的效果,不明晰是混乱的效果。"①从语义学上讲,秩序是一个中性词。在公正的视域中,好的秩序呈现出的状态是权利义务不仅明晰,而且和谐;不好的秩序表现出的状态是不仅权利义务混乱不平等,特权现象还时刻破坏着社会秩序。然而,无论事物之间的关系是明晰或者是混乱、运动或者静止,都是秩序存在的状态。秩序是不以人的主观意志为转移的客观存在,所谓好的秩序或者坏的秩序都是人们基于某种利益做出的主观判断,这种主观判断不是现实的主张,而是对未来利益是否能够如期实现的预判。由此可以推断,只有生活在公正的秩序之中,人们才能为自己在未来某一个阶段的利益所得做出有把握的判断。秩序的价值在于为全体社会成员对未来权益的期待提供一个可预期的心理判断,这是基于人作为社会主宰的前提下所做出的一个应然反应。秩序自身的价值在于反映各类存在的杂多,倘若没有杂多的事物,也就没有秩序存在的必要。"秩序(order),就像它的近义词'系统'、'结构'和'模式'一样,是一个难以把握的概念。"②根据秩序自身存在的时空观,以有无一种表达主体意志的规则观念为标准,秩序可以划分为"自发的秩序"与"扩展的秩序"③。这两种秩序相互交织,难以清晰厘定,只有在不太严格的时间数轴上,即在线性思维的图景中,才可以粗略地体现秩序经过了"自发阶段",而后发展到了"扩展阶段"的状态。两者之间的根本性区别在于有无以国家主义为意志表达的规则,"自发的秩序"是"无知之幕"下的自然状态,而"扩展的秩序"是规则意识下对自发与自觉两种秩序状态的综合。

第一节　秩序与司法秩序

从把假设规则作为秩序存在的前提的角度而言,"秩序是对于有规则状态的事物的概括,蕴含着稳定性和可预测性"④。秩序是不同形式的存在处于某一场域中

---

① [德]康德.逻辑学讲义[M].许景行,译.北京:商务印书馆,2016:33.
② [英]哈耶克.致命的自负——社会主义的谬误[M].冯克利,译.北京:中国社会出版社,2000:12.
③ [英]弗里德利希·冯·哈耶克.The Constitution of Liberty[M].邓正来,译.北京:生活·读书·新知三联书店,1997.
④ 赵震江,付子堂.现代法理学[M].北京:北京大学出版社,1999:515.

所表现的形态,因此,从其内部存在之间的结构位序与关系的角度而言,"秩序,乃人和事物在存在和运转中具有的一定一致性、连续性和确定性的结构、过程和模式等"①。秩序是人作为认识主体的主观判断,是基于人的主体性活动形成的后发结果,所以,从秩序生成的主体来讲,"集体行动的运行规则"②构成了秩序的全部内容。秩序是规则拘束的结果,从秩序外在的表象来看,"秩序是系统运行所出现的一种有规律、可预见、和谐稳定的状态"③,也是"主体之间在理性预期基础上形成的'共识'性行动状态"④,表现为"一种稳定和谐的状态"⑤。然而,秩序不只是人的活动及其造成的结果所表现出来的状态,离开社会,秩序就失去了存在的基础。因此,若从规则与社会的结合的角度来论,"秩序是一种社会状态,是制度形态和结果形态的结合"⑥,是对"某种规范、规则和相应的遵从"⑦。尽管人们对于秩序的理解仁者见仁、智者见智,但是,视规则为理解秩序的金钥匙却是普遍的共识。由于规则存在于现代国家主权的政治视野下,因此,规则的出现促进了自然秩序向规则秩序的转变。前者即为"自发秩序",后者则为"扩展秩序"。"自发秩序"与"扩展秩序"之间并无绝对的界线,虽然规则能够成为划分两者的文本标识,但是,"扩展秩序"并不排斥也不能挤走"自发秩序",后者倒可能成为驱逐前者的强有力的对手。扩展秩序体现了国家控制社会的能力,所以,建构符合国家意志的秩序,是国家权力行动的基本纲领和目标之一。

秩序通过何种方式得以建构,不只是有无规则存在的问题,更重要的是规则如何被遵守的问题,进而引出"规则的权威从何而来"的追问。当小众契约被国家法律替代,自发秩序向扩展秩序延伸,把国家意志作为秩序建构的质料的司法秩序应运而生,法律实施则是建构司法秩序的手段。"如果在一个国家的司法中连最低限度的有序常规性都没有,那么人们就可以认为这个国家没有法律。"⑧在法律实施的过程中,需要法律关系中各方主体的有序参与,按照规定的结构、程式与节奏,达成法律适用的共识,进而生成法律权威。法律适用过程向前后两个方向的延展构成了司法过程,司法过程在由政治、经济、文化等社会元素构成的系统之中运行的状态的总和即为司法秩序。从属性上而言,司法秩序是指通过司法手段而维护或达成的稳定和谐的社会秩序⑨;从主体性上而言,司法秩序是指司法在运行过程中

①卓泽渊.法的价值论[M].北京:法律出版社,1999:177.
②[美]康芒斯.制度经济学(上)[M].于树生,译.北京:商务印书馆,1962:13.
③纪宝成.转型经济条件下的市场秩序研究[M].北京:中国人民大学出版社,2003:13-14.
④杨小猛.经济秩序的制度理性[M].北京:经济科学出版社,2007:6.
⑤崔永东.论司法秩序与司法权威[J].中国司法,2012(1):35-40.
⑥张守文.经济法概论[M].北京:北京大学出版社,2005:349.
⑦洪银兴.市场秩序和规范[M].上海:上海三联书店,2007:76.
⑧[美]博登海默.法理学、法律哲学与法律方法[M].邓正来,译.北京:中国政法大学出版社,2001:199.
⑨崔永东.论司法秩序与司法权威[J].中国司法,2012(1):35-40.

建立起来的司法机关与当事人之间的一种有条不紊的状态①;若从内在动力上讲,"司法秩序就是一种法律调整的特殊形式和现象,是司法过程中所体现出来的规律性状态,是将处于抽象静态的法律规定适用到具体的社会生活中形成的动态法律秩序"②。然而,如同秩序自身具有内在与外在的两种特性一样,司法秩序既包括内在的司法秩序,即以司法过程为载体的秩序,表现为当事人、证人、法官、律师以及司法参与人等遵守司法规则而形成的有序,也包括外在的司法秩序,即围绕司法形成司法权威,进而形成法律权威,最终形成法律信仰的系统运动,司法过程之外的主体遵守司法规则而形成的有序。对于国家权力来说,不仅要建构司法的内部秩序,也要建构司法的外部秩序。司法内部的秩序是为了保障司法公正的程序正义与实体正义的统一,司法外部的秩序是为了保障司法内部秩序能够在既定的外部环境中获得足够的安全感,从而给予社会成员公正的法律保护,增强法律权威的社会共识,提高国家控制社会的能力。

第二节　司法秩序建构的理想图景与现实冲突

一、理想的司法秩序

理想的司法秩序是秩序建构的初期方案,内在规定着理想秩序的类型与目标。在该目标实现的过程中,允许社会主体根据理想司法秩序的设计方案,通过一系列具体举措的推进,最终达到秩序建构的理想目标。理想司法秩序,应当是全体社会成员一致认可的秩序。所以,其方案应经过民主协商,达成多数人共识,至少应取得正义原则下的一致同意。在建构秩序的过程中,由于社会主体基于不同立场与自身利益的考虑,对于理想司法秩序会有不同的标注与要求。因此,这就不可避免地需要权威的存在与指令,即建构何种理想司法秩序由谁做出决定。如何实施不仅仅只是一个目标是否合乎公益的理论问题,而且是作为权威指令的受众是否愿意加入并成为理想司法秩序建构作业共同体成员的问题。所以,理想司法秩序建构的基础条件不是理想的具体内容如何确定,而是是否存在一个让社会公众认可并接受为领导者的主体。倘若缺失一个权威的推动主体,理想司法秩序将停留在讨论之中而不能付诸行动。

建构理想司法秩序的权威主体,在推动理想司法秩序建构的过程中,必须遵守这样一条原则:权威自身能够遵守司法秩序。权威主体应在遵守既定的司法秩序中延续、发扬或者改写此前的不符合理想司法秩序标准的旧秩序,建设新的符合理

---

①罗锦良.试论涉诉信访与司法秩序[J].中国司法,2012(10):104-106.
②伍忠.论我国农村司法秩序的应然状态[J].宜春学院学报,2011(10):33-35.

想的司法秩序。在建构理想司法秩序的过程中,不仅需要权威主体自觉遵守不断完善的司法秩序,而且需要被领导的非权威主体自觉维护不断完善的司法秩序。理想司法秩序是所有人的司法秩序,每一个社会成员、组织,乃至持有不同政见的政党,都是理想司法秩序建设的参与者与共享者。与推动者有所不同的是,参与者在维护司法秩序的同时,通过自己的实际行动表达了自己对于理想司法秩序建设的见解,该见解有可能成为推动理想司法秩序建构的决策性参考。因此,理想司法秩序的权威不是来自司法秩序自身,而是来自社会公众对司法秩序的认同程度。而社会公众是否认同新型的司法秩序,并不取决于司法秩序建设主体的权威,而是取决于缔造者是否能够通过自觉遵守司法秩序,从而赋予司法秩序以权威。然而,在权威主体组织、领导建构理想司法秩序的过程中,因为经济社会总体发展的生存性竞争,在到达理想司法秩序彼岸的航行中,政策性调整会损害甚至破坏刚刚建构起来的司法秩序。

理想司法秩序虽然是主观意识改造世界的实践性结果,但是,在理想司法秩序被建构的过程中,并不排斥人们对更实用的秩序的期望,这种期望使得人们在自觉遵守秩序的过程中会主动变革或者被动破坏新秩序存在的社会基础。理想司法秩序虽然存在主观的建设对象,但是不能离开自发秩序所隐含的帮扶,它是司法秩序的主观建设与社会进化合力而为的存在。因此,理想司法秩序在其建构过程中会体现出三个特点:

第一,理想司法秩序建构一定是一个不断改革的过程。理想司法秩序内在规定着一定的目标,然而,这个被主观意志规定的目标仅仅是人的主观设计,其具体的内在应受制于现实的社会物质条件。与此同时,理想司法秩序作为新的司法秩序,总是以旧的司法秩序为建构基础。所以,与其说理想司法秩序建构是一个不断建设的过程,毋宁说这个过程的实质是一个不断改革的过程。通过对现成司法秩序的不断改革,将偏离于理想设计轨道或者目标的司法秩序重新规制于理想的秩序设计方案之中。其中,司法改革是对司法秩序的矫正,通过改革,建立一种更易被社会公众接受且符合推动者心目中理想标准的司法秩序,进而推进理想司法秩序的如期建构。

第二,理想司法秩序建构一定是一个先借鉴模仿后自主设计的过程。理想总是与人类普世的价值观念相联系,以现实的美好印象作为未来期盼与努力建设的目标。理想司法秩序包括公平、正义等具有人类普世性的价值观念。带有普适性的正义观念既是纯粹逻辑演绎的思辨之果,也是经过实践检验出的真理。历史的经验与他国的实践,为其他后发国家的人们正确认识、理解与建构理想司法秩序,提供了可被视为研究对象的参考。当代中国作为经济体制与政治体制结构特殊的发展中国家,在有利于经济高速发展的前提下,为建构符合本国国情的理想司法秩序,从而学习、理解西方发达国家关于司法秩序建构的理论与成熟的经验,借鉴甚至模仿西方发达国家司法秩序发展过程中的成功模式或者改革案例,是一条不能绕行的必经之路,尽管支持其司法秩序运行的国体与政体各不相同。

第三,理想司法秩序建构是一个从行政权威转向司法权威的过程。一种秩序建构的实质是社会行动的选择与实践,具有集体行动的属性。因此,在推动该项集体行动的过程中,必须存在一个具有整合集体力量的"领导者",从事满足建构秩序所需要的一切社会资源的管理活动。在国家成为推动社会生活变革的主体的历史时期,"领导者"及其实施的领导活动演变为专门的行政管理,并在社会事务中扮演着主要的"看门人"或者"守夜人"的角色。司法秩序作为秩序体系的特别秩序,在其被建构之初,行政管理必须通过治理各种不利于司法秩序建构的自由行为,实现规制与自由的统一,从而建立司法秩序的初始状态。在这个过程之中,行政管理发挥着强大的强制作用。随着司法秩序建构的不断完善,行政管理过程中存在的单边强权主义越来越受到人们的质疑,而司法过程中存在的公平理念与价值中立理念越来越受到人们的认同;行政权威逐渐式微,而司法权威逐渐增强。行政权威的惯性往往导致在司法秩序建构的过程中出现"行政干涉司法"的陋习。尽管如此,随着司法权威在社会生活中逐渐被视为正义的最后一道防线,理想司法秩序将最终成为现实。

理想总是超越现实条件提供的物质基础所能支持的结构性存在。由于理想司法秩序总是与社会秩序紧密相连,所以,其存在着逻辑上的理想与现实中的理想。逻辑上的理想司法秩序是以公平、正义为一般价值共享标准的秩序,体现了人们追求司法秩序的最高境界;现实中的理想司法秩序是以个案承载的公平、正义为目标追求的秩序,体现了人们追求司法秩序的基本境界。因此,理想司法秩序总是通过现实司法秩序的不断改革,达到合乎逻辑标准的状态,由此也决定了理想司法秩序在建构的过程中,出现阶段性的理想秩序与终极性的理想秩序、一般意义上的理想秩序与个案上的理想秩序、理论中的理想秩序与实践中的理想秩序这三对带有内在冲突的范畴。这三对范畴不仅导致司法秩序理论研究发生方向与内容上的分歧,而且还导致在司法秩序建构过程中,选择何种理论作为司法秩序建构的智力支持成为难题,并进而生成司法秩序建构的共识困境。

二、理想司法秩序建构过程中的现实冲突

1978 年十一届三中全会之后,政企分离不仅拉开了中国经济体制改革的序幕,而且推开了司法秩序建构的大门。伴随着拨乱反正与冤假错案平反的工作,司法工作也逐步在履行专政职能的过程中得到恢复。在经济体制改革促进经济发展的同时,其催生的大量经济纠纷案件则涌向司法机关的大门。从实践上看,作为解决输出纠纷的正义主体——各级人民法院在面对各种类型的诉讼纠纷时,一方面,面临着司法人员政治素养较高与司法专业化较低的矛盾问题,另一方面,面临着司法权威与行政权威孰高孰低的冲突问题。从理论上看,一方面,司法秩序建构面临着程序正义优先还是实体正义优先的范式选择问题,另一方面,司法秩序建构面临

着西方司法理论与本土司法理论之间关于正义、公平的法治内涵难以达成共识的矛盾问题。实践与理论难以在理想司法秩序建构中统一而表现出的双重矛盾，凸显了现实司法秩序与理想司法秩序之间的距离性偏差，这种偏差折射出国家"司法大秩序"与地方"司法小秩序"之间的博弈困境现象。

（一）国家司法权与司法地方化

司法权是国家权力的构成单元之一，体现了国家作为公共管理机构在社会纠纷解决过程中的主体地位。因此，履行司法职能的司法机关具有国家属性，应属于国家机关，代表国家意志独立审判，以国家名义输出司法正义。理论上讲，各级司法机关均应由全国人民代表大会选举产生，而不应当由地方各级人民代表大会选举产生。然而，我国宪法与各级人民代表大会组织法中关于人民法院的组织规定，使得司法机关具有两级体制属性。一级是最高人民法院与最高人民检察院，俗称"两高"，由全国人民代表大会选举产生；一级是地方各级人民法院与人民检察院，由地方人民代表大会选举产生。由此产生了最高人民法院和地方各级人民法院、最高人民检察院与地方各级人民检察院的序列，同时也导致了一种具有普遍意义上的误解：两高是国家权力机关，其余各级司法机关是地方权力机关。这种分级选举制度不仅在制度上造成国家司法权在纵向上被人为地割裂为中央司法权力与地方司法权力，而且在实践上造成最高司法机关与地方司法机关在具体案件审判中形成中央利益与地方利益的博弈性竞争。

由于地方司法机关与地方行政机关均由地方人大选举产生，为了保证选举的一致性，地方人大选举的选民覆盖范围决定了地方行政与地方司法的管辖范围。因此，地方行政与地方司法处于同一块行政区域，具有区域同属性。但是，地方行政与地方司法并不是具有平等地位的并列权力主体。地方司法机关的主要负责人在级别层级体制上低于同一行政区划的行政长官级别。不仅如此，地方司法机关的人财物等履行职能的一切保障均受制于地方行政预算，履行国家司法职能的地方司法机关在现实生活中被矮化为地方政府的行政职能部门。"就人的天性而言，控制了某个人的生存，就控制了某个人的意志。"①掌握国家司法权的地方司法机关，从选举产生、履行职能到自身改革，无一不以满足地方行政需要为前提。虽然十八届四中全会之后，地方司法机关的人财物从此前的县级以上管理预算提升至省一级部门统一管理，但是，省一级直管人财物的改革并未从根本上解决司法权地方化的制度性问题，新一轮的更高级别的国家司法权地方化会不会沿袭过去的惯习，持续维持着司法地方化的状态，这值得一观。

（二）国家正义与个案公正

国家的出现，意味着社会纠纷解决的主体从此前的民间推举之人转变为官方

---

① [美]亚历山大·汉密尔顿，约翰·杰伊，詹姆斯·麦迪逊.联邦党人文集[C].程逢如，在汉，舒逊，译.北京：商务印书馆，1980：396.

权力代表,解决社会纠纷的目的从维护组织利益转向维护整体秩序,其价值追求也从显示个人权威转向维护整体权威。正义从"无知之幕"下的本能向往转变为国家法律赋予的权利之诉,国家正义替代了族群正义和带有宗教神秘色彩的戒律正义。国家正义的输送方式不只是国家司法,比如,行政决定同样也能体现国家正义,但是从最为根本的意义上讲,国家司法是正义的最后确认者。

国家正义是一种以维护集体安全为价值追求的正义理念,通过维护整体性正义,实现个体正义。其核心的价值定位是整体秩序下的个人自由,即若没有整体秩序的安全与稳定,个人的自由将失去集体秩序给予的空间与保护。因此,国家安全与国家秩序是国家正义的终极目标,无论是立法正义还是司法正义,集体秩序的建构与维护都被置于首要地位。从立法上看,国家利益、集体利益与个人利益按照先国家、后集体、再个人的顺序排列;从司法维护的客体来看,国家权益、集体权益与个人权益的排列顺序亦与立法上保护的顺序相一致。个人权益则被放在不影响国家利益的前提之下的保护范围之内。正义不是空穴来风,是在具体的物质条件的基础之上,基于具体的利益占有而产生的对等性观念。因此,国家维护正义的观念取决于生产资料所有制的形式。以生产资料私有制为主权物质基础的国家,必须把个人权益置于国家权益之上,与之伴生的正义观念则是个体正义;以生产资料公有制为主权物质基础的国家,必须把国家利益置于个人利益之上,与之伴生的正义观念则是国家正义。当代中国主权的经济基础是生产资料公有制,根本政治制度是人民代表大会制度,因此,坚持国家正义既是国家一切权力属于全体人民的必然选择,也是生产资料公有制这一根本经济制度的内在规定。

输出国家正义是国家司法的基本原则之一,从理论上讲,并不绝对排斥个体正义的追求与实现。国家正义的具体体现是个体正义的实现,个体正义实现与否是对国家正义存在价值高低的检验。因此,在国家正义的理念下,个体正义是国家正义存在的证明,而国家正义则是个体正义实现的保障。然而,一旦把国家正义与个体正义置于现实的物质利益秩序之中,不难发现,国家正义与个体正义是一个既对立又统一的矛盾体。生产资料公有制决定了计划分配是生产领域、产品初次交换领域里的必然选择。由于初次分配领域里实行计划分配制度,所以,个体占有剩余产品的数量在满足个人消费之后所剩无几,因而导致个体进入自由市场并产生商品交换关系的可能性很小,以至于人们之间的交换关系表现为数额很小的易物经济关系,个体正义的实现通过简陋的经济关系而得到保障。随着市场经济的逐步放开,虽然国家依然实行生产资料公有制制度,但是,允许私有经济存在并将其作为社会主义公有制经济的必要补充,这一举措就从生产源头打破了生产资料分配领域里的计划体制。一旦生产资料占有允许私有制,那么,计划分配制度在生产、流通、交换与消费这四个关键环节中就失去了主导经济秩序的价值和意义,经济关系将由国家主管向个体自主决定转变,此前以易物为表现形式的经济关系转变为以合同为表现形式的契约关系。实现个体正义的保障则由国家在经济领域里的分配保障体制向国家司法输送的司法正义保护体制转变,基于个体权益实现的个体正义与基于国家整体权益实现的国家正义之间,因为经济关系的改变而发生正义观念与实践理性的冲突。

生产资料公有制作为国家根本经济制度下的国家正义观念,与作为市场经济体制运行基础下的个体正义观念的生产资料,对于正义价值的追求具有根本性的分歧,以至于造成诉讼主体在诉讼过程中被赋予不平等的地位,而职权主义诉讼理念则把这一不平等地位在审判过程中加以强化,从而导致司法判决难以在涉及公有财产的诉讼的败诉方那里得到有效执行,无形中不仅损伤了司法公信,而且降低了国家的法律权威。即便是在刑事诉讼过程中,一些案件往往因为国家安全主义,出于平复人民群众的道义情绪,而将对犯罪分子执行刑罚作为泄愤和体现国家正义的工具。虽然从国家正义的角度来讲,这实现了国家作为公共秩序维护机构对社会公众的政治承诺,但是,这种将对人的刑罚执行作为维护国家正义价值的选择,使个人成为维护集体权威的工具,而不是以个人正义实现为目的的发展,终将会损伤全体公众对司法公正的信赖。

国家正义与个体正义之间的对立,其根本原因在于国家利益与个体利益在司法正义面前未能坚持主体的平等性。把个体视为国家正义实现的工具或者手段,必然会造成个体正义与国家正义在司法过程中的冲突。因此,在不改变个体正义为国家服务的观念前提下,总是存在国家正义与个体正义难以调和的现象,司法审判因为这种冲突的存在而无法提高司法公信。尽管以维护司法公正为目的的各项改革全面开展,并朝以审判为中心、司法责任制、非法证据排除规则的深水区前行,然而,诉讼权益相关人的主体地位不能得到绝对的平等,这种国家正义理念下的司法秩序建构,将因为个体正义的司法追求而注入司法不公的元素,并被贴上制造司法不公的标签,从而影响理想司法秩序的建构。

(四)法制统一与地方习俗

我国是一个多民族统一的国家,法制统一是我国特色社会主义制度下的必然选择。与联邦国家和邦联国家均有所不同的是,我国不但有一部全国统一遵循的宪法,而且各部门法也是由全国人民代表大会及其常务委员会制定。即便是单行条例,根据我国《立法法》规定,其关于人身、财产等涉及宪法基本权利的规定不得与国家法律相抵触,这就从形式上确保了国家主权范围内的法制统一。然而,仅有形式上的法制统一,尚不能实现实质上的法制统一。"法律必须被信仰,否则它将形同虚设。"①法律只有将其功能贯彻到现实生活中去,才能转化为人们遵守法律的动力。法律的实施主要在司法过程中得以完成,因此,与其说司法过程是司法机关依法解决社会纠纷与矛盾的过程,毋宁说司法过程是法律功能从形式状态转变为实质作用的过程。所以,形式上的国家法制统一内在规定了司法审判过程也应

①[美]伯尔曼.法律与宗教[M].梁治平,译.北京:商务印书馆,1991:178.

当保证实质上的法制统一，即法律适用的统一。

从理论上讲，法制统一的国家应当在司法过程中坚持法律适用的统一，坚持法律适用统一不仅是实现司法公正的原则，而且是保证司法公正的条件。法律适用统一的前提是法制统一，法制统一则是法律适用统一的基础条件。但是，从形式上的法制统一到法律适用的统一，两者之间不是"直通车"。社会纠纷的多元性与多变性，决定了从形式上的法律立法到实质上的法律适用，需要一套法律解释体系的存在。特别是对法律体系建成不久的当代中国而言，仅仅建成了以部门法为节点的法律体系框架，由于立法技术的粗疏使得部门法规范体系的原则性较强，难以涵盖快速涌现的社会纠纷类型，这就更加凸显了法律解释体系的重要地位与法制统一的价值。

按照法律解释的一般理论划分，法律解释分为立法解释与司法解释。凡涉及具体立法意图或者法律规范的内涵与外延的解释，一律经由立法机关解释，从而保证法制统一。根据《立法法》规定，仅对于"具体法律适用"的问题，司法机关才有权进行解释，该解释对地方各级司法机关具有指导作用。司法解释不是法律规范的本体解释，而是针对具体案件事实而做出的适应性解释。案件事实超越了既定法律规范的内涵与外延，是推动法律规范进入解释环节的根本动力。因此，司法解释除却因为法律规范的立法意图不明而应由立法机关做出解释的情况之外，针对具体案件实施所需要做出的法律解释应当交由司法机关做出。然而，最高人民法院做出的司法解释虽然具有普遍适用性，但是，由于我国缺少一部由授权司法解释转变为一般法律规范的专门性法律，所以，司法解释只是法律适用过程中的依据，不能转化为部门法规范体系中的一员。因此，司法解释在很大程度上实现了法律适用的统一，却未能推进法制的统一。与此同时，最高人民法院颁布的司法解释又存在突破立法意图的现象，有违《立法法》中关于法律解释的规定。2010 年 11 月 26 日法发〔2010〕51 号，根据《中华人民共和国人民法院组织法》等法律规定，就开展案例指导工作的事项，最高人民法院制定颁发了《最高人民法院关于案例指导工作的规定》，2015 年 6 月 2 日，最高人民法院公布《最高人民法院关于案例指导工作的规定》的实施细则。2015 年 3 月 15 日第十二届全国人民代表大会第三次会议通过了《关于修改〈中华人民共和国立法法〉的决定》，此次《立法法》的修订，严格界定了法律具体适用的解释权限，以此满足法制统一下的具体案件事实对司法判决提出的个案正义要求。

法制统一是司法秩序建构的规范基础，从法律规范到法律判决的文本转换，是司法机关在案件事实与法律规范之间寻找对应的过程。因此，法律规范的细密程度决定了法律条文与案件事实之间的对应程度，对应程度越高，法制统一对于统一法律适用的贡献越大，并有利于司法秩序的建构。纵观我国法律体系发展史，大规模的立法工作始于十一届三中全会之后。在立法模式上，我国立法以大陆法系立法模式为主，兼采以普通法系造法模式为辅的混合主义立法模式，但是，各部门法在立法过程中是以参照、借鉴甚至照搬国外类似法律条文为立法路径,尽管在形式上完成了一部法律,然而,这些看似在逻辑上通顺的法律条文,由于缺少中华民族的法制传统和法律文化的传承,特别是忽略了我国数千年社会治理的地方经验以及地方风俗习惯在处理民事纠纷中起到的重要作用,使得相当一部分法律条文缺少社会生活基础。过分地在一个传统社会讲究权利义务平等的法律关系和诉讼程序正义,以至于司法判决"合法不合理",不仅会引发更多的二审上诉和再审上诉,而且诸多案件会引起涉法上诉上访,如何平衡国家法制统一与地方风俗习惯之间的功能性关系成为司法秩序建构过程中一道难以逾越的鸿沟。

追求法制统一是法治国家建设的基础性任务,也是理想司法秩序建构的前提性条件。但是,法制统一并不排斥地方风俗习惯在社会治理中发挥的作用,也不能将地方风俗习惯对纠纷解决起到的作用视为对国家法制统一的冲击,更不能将司法秩序的建构仅仅理解为国家法制的行动。从国家秩序、社会秩序的本质上而言,前者属于扩展的秩序,后者属于自发的秩序。即使国家法制达到了统一的状态,国家法律也不能完全覆盖社会生活的全部。所以,应当认可地方风俗习惯在司法秩序建构过程中的地位与作用,从而实现国家法制与地方风俗习惯在司法秩序建构过程中的和谐并存。

第三节　司法秩序与司法改革

自 1978 年之后,在改革开放中以求存图强为发展目标的当代中国,始终面临着分配正义与矫正正义双重诉求的压力,并以日渐增多的社会纠纷的方式传递至司法部门。因此,中国需要司法秩序,更需要法治化的司法秩序。法治化的司法秩序,其最为突出的本质特征是程序的安定性及其司法判决的可预测性。就人类历史的经验来看,某种秩序的稳定源自制度体系的稳定以及该制度体系所建立的制度权威的被信仰。也正是因为制度体系在社会生活中具有稳定的制度权威,人们才信仰制度,按照制度的指示组织社会关系和实施社会行动,并在社会行动中不断增强自己对制度秩序的认知水平,从而不断提高自身控制社会冲突的能力[①]。在所有的制度体系中,法律是衡量、评价、判断其他制度是否合法的原则性制度。这种合法性除了表现为该制度是否具有合宪性之外,还有这种制度指导下的社会行动带来的社会冲突是否具有合制度性。这种社会冲突究竟是行为人为了私利而制造的社会冲突,还是因为制度本身导致的社会冲突,这必然会成为法律对该制度进行评判是否具有合法性的标准之一。如果是行为人的自私行为导致的社会冲突,那么,该冲突会成为法律事实,引起一定的法律关系,进入司法程序;如果是制度本

---

① 顾培东.社会冲突与诉讼机制[M].北京:法律出版社,2004:29.

身导致的社会冲突,那么,该冲突连同该制度一并成为法律事实,引起一般的法律关系和特殊的法律关系。一般的法律关系表现为普通的诉讼关系,特殊的法律关系表现为司法的宪法审查。无论是一般的法律关系还是特殊的法律关系,只有经得起一定规范审查的司法程序,才能够在宪法法律的原则下得到合法性解决。一旦用于解决社会冲突的司法程序存在不安定的因素,或者评价制度的司法程序可能为制度供给者所干涉,那么,司法程序的不稳定必然导致司法判决的不稳定,由此带来法律后果的多变。以程序的安定性为存在基础的司法秩序,由于司法程序的失序而必然不能为社会提供可预期的司法结论。如何通过司法程序的建设,实现司法秩序的稳定性目的驱动了从法院改革、经司法改革、至司法体制改革,再到司法体制综合配套改革设计与探索的发生。

一、司法改革是理想司法秩序建构的特殊方式

司法秩序首先是秩序,从秩序的谱系来看,其与政治秩序、经济秩序、文化秩序、社会秩序具有不可分割的关系。司法秩序来源于上述四类秩序,又高于上述四类秩序;既在上述四类秩序之中,又在上述四类秩序之外;既是上述四类秩序的维护者,又是上述四类秩序的改革者。司法秩序如若不能成为社会公众自觉维护的对象,不仅会导致司法正义与司法权威失去社会信任的基础,而且无法承担其应当维护秩序谱系的责任。为此,司法秩序必须在各种秩序动态调整的过程中保持稳定,这种稳定是以不断试错和矫正为常态的结果。试错与矫正构成了司法改革的全部内容,而司法改革能否成为司法秩序建构的推手,又受制于政治秩序、经济秩序、文化秩序、社会秩序的发展平衡与相互制约。

司法秩序是以规则运行为内容的程序形态,归之于扩展秩序的家族,是国家权力按照国家意志根据法律实施社会控制的表现。国家权力建构司法秩序的目的,在于为解决社会冲突建立一套具有事先引导性的制度体系及运行程序。在排除政治竞争过程中的暴力革命之外,政治生活中的执政性竞争在和平中维护着司法秩序。然而,一旦执政性竞争无法通过政治选举表决制度得到解决,西方的经验是通过司法确认获得最后的高低结果。按照马克思主义经典理论关于上层建筑构成及其相互关系所言,司法是政治活动的重要组成部分。因此,司法秩序是政治秩序的构成内容这一点毋庸置疑。司法秩序的权力基础是司法权[①],司法权是国家权力的构成部分,司法权与行政权、立法权之间发生冲突,可能会通过一个民主决策的过程来实现不同权力之间的协调。所以,司法秩序一旦碰到其他权力之间的竞争,就不得不依赖政治秩序为其提供保护。一般而言,司法秩序为政治秩序提供了稳定的轨道,而政治秩序则为司法秩序的运行铺下了坚实的路基。因此,一旦政治秩序发生变化,司法秩序必然发生变化,其变化的结果是推动一场司法改革的进行。

---

① 在我国,检察权、审判权、侦查权共同组成司法权,本文中的"司法权"是统称。

政治秩序是经济关系的体现,经济秩序的稳定性决定了政治秩序的稳定性,进而影响到司法秩序的稳定性。与此同时,经济秩序通过经济关系中交易人的交易行为直接对司法秩序产生秩序重构的影响。马克思讲:"在其现实性上,它(人的本质)是一切社会关系的总和。"①其中,经济关系是根本的关系,决定着人的本质。按照马斯洛的需求理论来说,生存是人的本能。人与大自然的交换,实现了人的生存;人与人之间通过不同商品的交换,则实现了人的社会价值。因此,人在社会关系中,与所有的商品一样具有使用价值与交换价值。人的使用价值通过其对社会的贡献得到衡量,人的交换价值则通过人在社会秩序中所处的地位得以表征。就人的使用价值而言,其是个体行为,在为社会做贡献的过程中与其他人形成了合作而非竞争的关系。但是,人的交换价值由于需要在一定的秩序中才能得以表现,所以,交换行为是有机体行为,在交换的过程中与其他人形成竞争性关系。竞争产生冲突,冲突将会改变秩序的稳定性。因此,经济关系发展过程中的冲突必须获得及时的解决,否则其造成后果不仅会影响经济秩序,而且会扩散到司法秩序。经济秩序中的冲突,就其实质而言,是利益格局的稳定性遭受到现实或者未来可能发生的侵犯,以至于利益主体感到不安。为此,国家必须要对这种侵犯行为及时地调整或者制裁,其目的不是恢复利益格局的原始状态,而是通过针对经济行为的法律行动,建立司法秩序,维护经济秩序的正常发展。司法秩序是社会关系中的特殊关系,在司法秩序中同样存在人与人的经济关系,并对司法秩序或多或少地产生影响。经济体制发生变革,推动以交换为主要内容的经济关系的变化,进一步推动经济关系中人与人之间的社会关系的变化,这种变化因为经济关系的变化而产生利益冲突。这种利益冲突同样会被带入司法秩序中,并对司法秩序提出了变革的要求。

社会冲突是人类社会发展进程中不可消除的现象和内容,诱发社会冲突的既有制度体制的原旨理由,也有制度机制运行中衍生的后发原因。无论由于哪一种原因,公平合理地解决社会冲突是人类一直努力追求的事业。纵观世界各国的发展史,不难做出如此概括:运用司法诉讼是解决社会冲突最为常见和最为主要的手段。在运用司法诉讼的过程中,人们对司法是否公正拥有提出个体性看法的权利,但这丝毫不影响司法诉讼在维护社会秩序方面做出的贡献以及得到的价值认可。然而,法律不能穷尽社会生活中的一切社会冲突,许多社会冲突往往在法律所能涵盖的范围之外,这就导致司法诉讼维护社会秩序的能力有一定的限度,甚至有时候是无能为力的,比如邻居之间的不和。社会秩序在解决社会冲突的过程中得到修复、矫正和固化,司法诉讼作为解决社会冲突的主要通道,是社会冲突决定了司法诉讼的修复方向,而不是司法诉讼的修复能力决定了社会冲突的解决方法。因此,司法诉讼在解决社会冲突的过程中形成了促进社会秩序良性运行的司法秩序。其

---

①中共中央编译局.马克思恩格斯选集[M].北京:人民出版社,1995:56.

中,社会公众是否能够自觉遵守司法程式的现象,既反映司法秩序在公众心目中的权威地位,也反映社会公众建构社会秩序的自觉性。社会冲突的解决机制不能服从于现实司法秩序,这必然会导致更大的社会冲突,从而主动解构原有的社会秩序;或者社会冲突的解决过程虽然能够服从现实司法秩序,但是司法秩序若不能提供令人信服的司法判决,社会冲突将会叠加演变为更为严重的社会冲突,并且冲突将指向司法秩序。因此,无论哪一种情况,或者需要通过建构新的社会秩序来替代原有的社会秩序,或者通过建构新的司法秩序,维护或者修复、重构社会秩序。在这两种情况下,社会秩序的重构需要从解决社会冲突开始,司法秩序重构的目的在于更好地解决社会冲突。因此,伴随着社会转型,重构符合社会转型需要的社会秩序必然要先从司法秩序的重构开始做起。

秩序是一种文化,是一种把遵从习惯作为行动指南的意志内化。司法秩序是法律文化在处理社会纠纷过程中的公众性习惯与常识性遵从,尽管人们为了解决纠纷而选择司法诉讼,但是这并不意味着人们违反了社会秩序,反而恰恰证明选择司法秩序作为解决彼此间冲突的手段是秩序文化的形成。与文化的形成源于历史积淀具有同质性,司法秩序亦是传统与传承互为的结果。一种司法秩序的形成,可能出于暴风骤雨式的革命行动,也可能出于和风细语般的缓慢进化。然而,司法秩序的核心价值与观念不会因为司法秩序的外在形式的改变而改变,追求解决社会冲突过程中的正义光辉是不变的主题。“正义是美德。”①正义既是司法秩序的产出结果,又是司法秩序的存在价值。政治秩序、经济秩序、文化秩序、社会秩序四种秩序中任何一种秩序的变革,都会引发司法秩序的蝴蝶效应②。反之,司法秩序的变革,也会对政治秩序、经济秩序、文化秩序、社会秩序发生造成直接或者间接的影响,这种影响也会反射到司法秩序本身上来,形成反射效应。1978 年之后,随着以政企分开为标志的政治体制改革和以承包到户、允许剩余产品进入商品市场从事交换的经济体制改革的进行,政治秩序、经济秩序、文化秩序与社会秩序在不同时段或者同一时段朝着不同的方向、各自按照各自的内在规律开始转型。制度转型与社会转型共同引起了社会纠纷的大量涌现,一种新型的司法秩序亟待建构,从而解决社会在高速转型中产生的秩序矛盾。

司法秩序重构的目的在于通过解决社会纠纷,来稳定社会秩序,从而为国家控制社会发展提供贯彻政策的实施策略。司法秩序重构的重心在于通过司法判决向社会输送司法正义,国家因此而获得控制社会的正当性。然而,司法改革不是司法秩序的常态,仅仅是司法秩序再构的特殊方式。司法秩序的安定性决定了维护司法秩序的力量是继承,而非不断改革。就此而言,当代中国自上而下推动的司法改革是司法秩序建构的特殊方式,是中国社会转型在特殊历史时期开展的专门性行

---

①[古希腊]柏拉图.法律篇[M].张智任,何勤华,译.上海:上海人民出版社,2001:27.

②即非线性变化,这种变化完全超出建构者的控制能力,使得现实秩序与理想秩序之间发生意想不到的偏离。

动。这个特殊历史时期表现出政治秩序、经济秩序、文化秩序、社会秩序四种秩序在转型中互动、互动中彼此影响的特征，期间混合着各种朴素的正义诉求。

二、秩序正义是司法改革的最高标准

司法改革作为一项公共政策不断追求正义的国家行动，应当有一个整体设计和实施路线图，至少应有一个明确的通过司法改革可以实现的目标。我国司法改革与英国司法改革、日本司法改革或者德国、法国等国家推行的司法改革均有所不同。

首先，我国司法改革的动力来自外源性压力。最初的司法改革仅仅是人民法院基于经济案件审判过程中的证据出示方式进行的改革，随着人民法院内部改革的不断深入以及社会对于法院审判公正性的不断质疑，最终把涉及司法权与履行司法职能的政法机关并轨植入至改革的图景之中，由此启动了至今尚未澄清定论"司法"内涵与外延的司法改革，以至于在相当长的一段时间内，司法改革呈现出"脚痛医脚，头痛医头"的无目标性特征，导致这一现象出现的根本原因在于司法改革的初期不是自觉的出于正义的行动，而是被动地回应社会需求的自保性反射。

其次，我国的司法改革虽然在名义上涵盖了公安部门、人民法院、人民检察院与人民司法四个部门，然而真正被作为改革对象和担当改革主角的是人民法院，而不是其他三个部门。造成改革对象不明与改革主角不分的原因在于理论研究的非本土性。长期以来，我国在司法理论研究特别是司法基础理论研究方面极其薄弱。十一届三中全会之前，司法理论的研究基本上照搬苏联关于社会主义司法理论的研究；十一届三中全会之后，司法理论的研究陷入西方传来的域外司法理论的窠臼。直至现在，司法改革共识的达成也未尘埃落定。共识难题的核心问题是司法改革的最高标准未能得到来自理论与实践的肯定，而这个问题则最终导致司法改革的终极追求方向不明确。

最后，我国司法改革的目标取舍仍旧停留在程序正义与实体正义孰重孰轻、孰先孰后的争执上面。造成这种争执的起因在于理想法治与现实法治之间关于正义的理解与实现，存在着简单对立的二元论思维，其背后则是国家立场的正义观与个人立场的正义观围绕司法公正而展开的利益博弈。

就司法改革自身而言，司法改革的目的在于实现更高境界的司法公正，目标则是通过司法改革，引导和推动政治改革、经济改革、社会改革、文化改革，从而实现国家秩序的整体性改善，最终形成完善的司法秩序，使社会冲突能够实现正义的自决。在一个秩序良好，而司法遭遇闲置的社会，不是因为司法不公，而是因为司法公正形成了稳定的司法秩序，这种司法秩序不仅为每个人指明了行动的未来收益，而且为每个人计算行动的成本收益提供了明确的法律对数表。从为社会公众提供可预期的公正收益这方面而言，司法改革至少包括三个目标。

第一，促进个案公正。个案公正是司法公正的具体落实与司法公信的基础。

通过个案公正的实现,不仅能够验证法律正义是否合乎社会秩序的正义标准,而且可以监管法律正义实现过程的合法性。个案公正是主观的公正。首先是法官个人知识、审判经验、正义认识以及情感偏向的综合结果,这种结果如果能被当事人接受,则说明判决是公正的。倘若当事人不能接受判决,但出于对法官职业这一权威角色的信任而委屈地接受了判决,也说明判决至少在可忍受的范围内是公正的。个案公正与否取决于当事人对于法官职业的信任程度,包括法官做出判决的理由推理,以及参与诉讼的律师对于公正的理解和律师内心的社会责任感。从细节上讲,司法改革应从如何提高法官的职业操守、专业能力、律师的社会责任感以及社会公众的法律理解能力四个方面强化司法判决的信服度,从而促进个案公正数量的提高,最终这些如同珍珠的个案被公正的金线串起来,织成了司法秩序的正义项链。

第二,树立程序正义。程序正义是实体正义以看得见的方式产生信服力的基础性条件,尽管程序正义不是实现实体正义的必经环节,或者说实现实体正义不一定需要程序正义的支持,但是,倘若没有经过程序正义,那么,实体正义的结果就会遭受质疑。程序正义的最高价值在于为当事人解决纠纷提供了水落石出的博弈图像,充分地为当事人寻找有利于自己的辩护建构了不受外界干扰的环境。程序环节的细密程度直接决定了双方当事人对司法判决结果的预期判断,并为同类案件的当事人建立一张可对照计算输赢的诉讼列表。但是,不管多么严密的诉讼程序,都不能保证每一个案件最后都能做出令人自觉接受的司法判决。一份能够令人自觉接受的判决一定包含令人信服的理由,但是,反之不然。程序正义必须考虑程序适用主体的条件性差异。尽管程序正义给予双方当事人充分对抗的机会和对等的证明责任分配,但是,由于双方当事人在案件进入诉讼之前并没有为诉讼进行过充分的预防性准备,所以,看似公正的程序实际上由于双方当事人理解诉讼的能力和各自程度不一的准备而导致缜密的程序之中暗藏着不公。在律师行业发达的国家,双方当事人不均衡的对抗可以通过律师的对抗实现平衡,然而律师专业水平的提高与律师收费的不断增高对当事人来说是一把双刃剑。针对程序环节实施的改革措施,单纯从程序正义的角度出发,有利于提高判决理由的信服力,但不一定有利于提高判决的公信力。这对于一个数千年来以实体正义为司法追求的国度来说,是一个艰难但又不得不必须经过的驿站。完善程序环节的最高价值在于为社会公众建立社会纠纷解决的程式感与仪式正义,其功能在于最大限度地压缩法官在审判过程中滥用自由裁量权的空间,从而降低双方当事人对司法不公的怀疑程度,提高司法判决的公信度。司法判决的公信度是司法秩序得以被社会公众倾力维护的理由之一。

第三,促进社会自治。从短期目标来看,司法改革是为了促进司法公正、树立司法权威,从而推动经济、政治、文化、社会等方面的有序发展;从中长期目标来看,是为了树立法律权威、培育法律信仰,从而推动法治社会向社会法治、社会自治的过渡，社会秩序从扩展秩序回归到以扩展秩序为背景的自发秩序状态。鼓励社会纠纷选择自决机制需要一个强有力的前提根据，即当事人在国家司法与自我协商两种社会纠纷解决机制下的成本收益出现有利于纠纷自决的反差。选择国家司法的诉讼成本很高，而其裁决结果与双方当事人通过协商的结果具有同质性，协商性结果可能是双赢，且支付的成本低于诉讼成本。促进社会自治需要精细的法律条文、公正的司法审判以及发达的诚信体系作为基础性结构的框架支持，即法治化的司法秩序。只有作为社会纠纷解决的法治化司法秩序得到全社会的认同，才能引导社会公众在选择何种纠纷解决机制时进行利益计算与衡量，从而做出有利于双方共赢的纠纷解决协议。因此，从社会发展的秩序追求来看，司法改革的终极目的是通过建构稳定的司法秩序，促进社会自治。

司法改革牵一发而动全身，不仅会牵扯国家权力格局的内部调整，而且要重构社会成员的正义观念。正义的形式主义或者实质主义追求，不能离开具体的利益调整。司法改革就是一场针对各种利益秩序而进行的调整，以司法手段代替行政手段，以判决形式代替行政命令。无论哪一种方式，正义都是共同的追求。变革社会中的公众更希望对现实或者未来的权益有个明确的预期，即正义是否能够一直保护自己的权益。这就需要社会为公众提供一个正义的司法秩序，因为经过司法审判的判决，可以为人们远离权力侵占利益的担心与不公提供了国家强制。司法改革虽然促进了个案公正，但是，若不能建立法治化的司法秩序，那么，为司法改革做出的一切努力将因为司法秩序的非法治化而付诸东流。司法秩序的生命是正义，而不是西方学者笔下的司法独立。

三、司法秩序在司法改革中重构

在关于国家与秩序的理论当中，有着截然对立的两种立场与观点。一种认为稳定与和谐的秩序是社会的常态，而矛盾与冲突则是特殊秩序的表现，即失序是暂时的，而稳定则是永久的；另一种认为矛盾与冲突是社会的常态，正是因为追求秩序带来的和谐与正义，国家才能诞生，并成为通过镇压冲突获得存在价值而被社会公众普遍认同接受的公共管理机构。在这两种理论中，前者倾向于社会自治，主张人天生具有善的本性，否定了国家存在的前提；后者倾向于社会管理，主张人天生具有利己的本性，肯定了国家的存在是为了建构有利于社会发展的秩序。司法改革与司法秩序作为国家的主张与行动，与人是否具有天生的自私秉性没有直接的联系，而是与资源分配、产权交易、政治主张、社会变迁以及正义认知等社会意识、观念与具体利益关联的纠纷休戚相关。秩序作为一个中性词，民主制度下的秩序与专制制度下的秩序都可能是稳定的秩序，在某些特殊时期，那些专制制度下的秩序甚至可以促进社会的短期快速发展，但不一定符合现代文明的评价标准，如希特勒时期的国家社会主义。之所以认为司法秩序是良好的正义的秩序，不是因为秩序这一概念内在的"善"，而是因为人们已经普遍地赋予"司法"这一概念内在的正义。司法作为社会纠纷解决的国家行动,已成为公众心目中正义的符号与选择,因此司法秩序不再是一个中性的概念,而是一个带着善与正义的语汇。实际上,自秦朝以后的古代中国社会也有司法秩序,然而,皇帝专权下的司法秩序所蕴藏的"司法黑数"有史可鉴。就此而言,司法改革要以建构符合现代文明发展要求的司法秩序为目标,但旧有的司法秩序在面对新生事物之时,必然采取拒绝、抵制甚至遏制的态度,阻止改革的行动,从而维护既得利益。司法改革的秩序遇到了司法秩序的改革,两者围绕司法利益格局的重新划分与调整,在重构司法秩序的过程中体现了国家控制社会的目的与能力。

司法改革是一场重构司法秩序的国家行动,司法秩序的整体性结构由于个别关节发生了分离而不再是此前的结构。随着内部结构的改变,此前整体结构所具有的功能也因为整体结构的改变而发生变化。比如,改革开放初期针对经济案件"案多人少"的现象,法院内部推行证据出示方式改革,强调当事人证明责任能力的对抗性。一方面,立案审查导致"告状难";另一方面,对法官审查证据能力提出了较高的专业要求。与此同时,职权主义的证据调查责任与地方保护主义相结合,导致司法不公,不断加速涉诉进京上访事件与事态的发酵。以刑事审判为主要专政任务的人民法院,在面对经济纠纷涌现的大潮,虽然只是针对证据出示方式进行了局部改革,然而,这一改革牵扯到法院人事制度改革、审判方式改革、推动判决执行改革以及国家司法理念与诉讼制度的改革,乃至后来推动诉讼程序法的修订,等等。同时,人民法院也在此前的专政角色之上又增添了促进经济发展保驾护航的角色,秩序结构的改变决定了其功能的转变。

随着人民法院在司法秩序中的地位与功能的改变,司法改革或快或慢地对先前的司法秩序产生了解构与重构的物理作用。打击犯罪、维护社会主义秩序、保护人民生命财产安全是人民法院长期以来在人民心目中的职能定位,人民法院代替行政部门介入民事纠纷并做出司法判决是一件政治大事。1979 年恢复公检法[1]工作常态不只是国家权力部门与职能完善的需要,也不仅仅是强化专政职能的需要,而是改变革命委员会主持下的司法秩序,从行政化的审判回归到司法化的审判,为随后全面展开的社会主义建设提供稳定的社会秩序的需要。恢复公检法正常的司法秩序是历史反思的经验,经验的背后是过度集中国家权力导致社会失序的自我革命。因此,人民法院全面介入社会秩序修复与调整的司法定位工作,决定了职权主义的司法模式。

公检法是国家职能部门,受人民委托行使司法权。因此,作为人民群众利益的代表者,司法机关之间应当按照分工负责、互相制约的原则履行司法职能。为了打击共同的敌人,实行人民民主专政,三机关联合办案也在情理之中。在这种理念支

---

[1] 中共中央于 1979 年 9 月 9 日发布了《关于坚决保证刑法、刑事诉讼法切实实施的指示》,该文件首次出现"法治"一词。

持下的司法秩序,表现为司法目的与政治承诺相结合的国家正义,主导着司法秩序的建构。然而,随着新型社会纠纷的不断出现,对司法人员的专业程度提出了越来越高的要求,从注重司法人民的政治素养开始转向注重专业素养。司法改革的重点从一开始的追求司法技术慢慢转向司法理念的重塑,人民对于司法公正的要求促使理论界提出司法独立的主张。随着 1995 年"依法治国"方针的提出,建立绝对的司法权威几乎成为社会一致的呼声。法院依法独立审判意味着司法秩序的调整,依法治国被赋予依法行政与司法权威统一的内涵。但多种因素促使司法改革引发一系列的争论,职权主义与当事人主义、司法独立与司法中立、司法审判与司法责任、司法公开与司法民主、司法精英化与司法大众化、司法行政化与司法地方化等理论上的认知冲突与实践上的两难困境,使司法职权主义陷入摇摆之中。

在以司法改革推进司法秩序建构的过程中,先前的司法秩序在改革的过程中由改革的先锋派变成了改革的保守派。基于权力是一切的行政化思维惯性,会议决定大于司法判决、维护大局决定司法审判、行政命令超越判决既判力等传统的观念,化作具体的部门利益,在建构理想司法秩序的道路上,基于集体与个人的利益共识,司法秩序不再是一条完整的秩序链条,省级层面成为中央与地方建构司法秩序的分界线。从外表上看,已经自上而下形成了完整的秩序管道,但是管道中运行的中轴由中央与地方构成,以央地两级追求稳定的秩序目的为铰链形成了同步但不同质的秩序转速。比如,法官员额制改革是以人事制度改革为突破口破除司法地方化的锐器。然而,由于省一级高级法院仅有人事申报权,并不具有人事编制权,所以省级高院以下的中级人民法院、基层法院等员额制并非完全独立的编制,只是将地市级人事编制权收归至省一级主管部门。高级人民法院具有系统内的员额法官调配权,也就是说省一级试行的统一法官员额制的编制权不在高级法院,仍然由省级编办统一调控。因此,虽然通过员额制改革能够解决地方法院"案多人少"的矛盾,但是员额配给的决定权仍然被行政机关掌握,法官员额数目仍旧被置于行政机关整体编制数额下来考虑。"案多人少"是法院系统争取员额多配的理由,但不是考虑省级编办调配公职人数的因素。与此同时,司法地方化则由市县两级通过法官员额制的省一级统一管理上提到省级层次,一种更高级别的司法地方化悄然形成。法官员额配给速度远远低于社会纠纷涌向法院的速度,案件登记制解决了告状难的问题,但是引发了滥诉的现象。为此,法院面对强大的社会压力与来自上面的政治压力,只能通过内部挖潜,提高非审判业务的工作效率。于是,人工智能在现代网络与大数据的结合下应运而生,智慧法院与审判智能成为司法改革的创新标志。旧的司法秩序尚未被彻底解构,新的以现代司法理念为指导思想的司法秩序尚未完全建成,带有新时代印记的人工智能又引领着更新的司法秩序建构的方向。传统的亲历式审判渐次被人工智能的机读式审判代替,一直被反对的机械主义司法再现于司法改革的进程之中,而带有本国传统特色的非诉解决机制似乎渐行渐远,兀自成为司法秩序理想中的装饰。

　　司法改革的目标在于建构一种理想司法秩序,即"努力让人民群众在每一个司法案件中都能感受到公平正义"。为之做出的改革举措最终可以凝练成十六个字:"科学立法、严格执法、公正司法、全民守法"。因此,要加强"法治国家、法治社会、法治政府"的一体化建设,各级领导干部要学会运用"法治思维",任何人不得利用职权干涉司法。一种理想司法秩序落实到具体的社会实践上来,因为经济秩序与社会秩序对司法秩序产生了不同层面上的影响,特别是道德控制失去了社会附着力,法律控制尚未成为社会诚信基础,一种更能体现现实主义的司法秩序逐渐形成,正义不再是司法公正的代言人,纠纷主体在解决纠纷的过程中以权法关系利益化的私募推动民间司法秩序的形成,并影响着国家对于司法秩序的建构,从而增强国家法治治理社会的影响力。

第二章 经济秩序转轨与"案多人少"的形成

根据马克思主义经典观点,经济基础及其他物质条件共同构成社会进步发展的基础,在其最根本的意义上,经济基础决定着上层建筑,并表现为可观察与可体悟的经济秩序。社会纠纷作为物质分配过程中不可避免的附带产出,既受到经济秩序变化的影响,同时又对经济秩序有着反作用。社会纠纷与经济秩序之间的双向互动对司法秩序产生了新的要求与影响,这在我国改革开放的过程中尤为突出。十一届三中全会的召开开启了我国的改革开放,四十年改革开放历程中,当代中国的社会纠纷处理方式无论是在理念上,还是在具体方式方法上都有着较大的变化,反映了两种经济秩序下社会纠纷处理范式的内在区别。

"范式"概念源自库恩的《科学革命的结构》一书,然而事实上,在这本书中,库恩自己并未能完全说明"范式"的定义。[1] 在 1969 年刊发的日文版《科学革命的结构》中,库恩以后记的方式表达了自己对"范式"定义的理解,"一个范式就是一个科学共同体的成员所共有的东西"[2],或者说,"范式"代表了一个特定共同体成员所有的信念、价值、技术等构成的整体[3]。就此而言,社会纠纷处理范式可以界定为是社会共同体对社会纠纷处理的共同价值认识,甚至可以通俗地认为是社会纠纷处理的主流意识选择。对于综合意义上的范式,库恩以三个方面,即模型、符号和范例进行概括,[4]这一概括在不同经济秩序下的社会纠纷处理范式中同样适用。在不同的经济秩序下,有其特有的处理社会纠纷的通用模式,并有着典型范例进行指导,而符号概括则是该纠纷处理范式的主要特征,是对不同经济秩序中社会纠纷处理范式的高度概括,同时也是不同经济秩序中社会纠纷处理范式的区别表征。

第一节 计划经济秩序中社会纠纷处理范式

计划经济秩序中社会纠纷处理范式源自苏维埃政府时期我党对于纠纷处理模式的探索。土地革命战争时期苏维埃政府仿效苏联建立了诉讼制度,并根据当时

---

[1]张莉.库恩范式理论的方法论意义[D].西安:西北大学,2008:8.
[2]张莉.库恩范式理论的方法论意义[D].西安:西北大学,2008:8.
[3]王猛.库恩的范式理论与马克思哲学的范式革命[J].山西师大学报(社会科学版),2015(6):1-7.
[4]王猛.库恩的范式理论与马克思哲学的范式革命[J].山西师大学报(社会科学版),2015(6):1-7.

斗争形势特别强调党群工作关系在社会纠纷解决过程中的重要性,由此开创了人民调解这一解决纠纷的群众路线。人民调解不仅为当代中国社会矛盾纠纷解决建立了基本框架,而且这一模式在现代诉讼制度得以进入社会秩序管理过程中继续得到充分的发展,具体体现在建立了司法诉讼与司法调解并存的诉讼制度。① 与此同时,各级党政机关与司法机关在乡村城镇继续深入开展人民调解工作,如在乡一级政府设立人民调解员,在城镇设立街道办,在政府机构设立调解委员会。然而在计划经济秩序下,由于集体经济高度集中发展,加上城乡二元结构,人口流动较小,虽然城镇和乡村都处在计划经济秩序之中,但是社会纠纷处理范式却呈现出绝对性差异,甚至在改革开放很长时间之后,位于边远地区的偏僻农村依然遵守着传统的纠纷解决范式。

一、乡村社会纠纷解决范式

当代中国的乡村,虽然在概念上与城市仅有一步之遥,但是乡村里特殊的人员关系及对其未来关系的设想,决定了纠纷解决过程的实质是维持传统的礼治。中国社会整体上还是处在一个熟人社会的时期,费孝通先生认为,传统的中国熟人社会不需要或者很少需要法律。② 即便在当代中国进入改革开放之后,农村地区那种纠纷解决与"照顾面子"相联系的乡俗依然显著。熟人关系网络和传统的宗族长辈原本是乡村地区纠纷解决的主导力量,尽管这种状态在新中国成立后被打破,政治力量逐渐取代熟人网络成为社会纠纷解决的主体力量,但是,这丝毫不影响乡俗存在的价值与作用。作为政治力量控制社会的权力代表,司法诉讼并不完全适用于乡村地带。首先,在计划经济时代下,政策与法律相比往往具有先导作用,加之法制建设相对薄弱、诉讼资源有限,解决社会纠纷的主要方式是行政力量而非司法力量,自然导致司法诉讼处于不被重视的地位。其次,有数据调查显示,1978 年初中国的城镇化率为 18%,1980 年中国城市化率首次突破 20%。③ 计划经济时代农村人口在全国人口比例中占到大多数,有限的司法资源很难普及到乡村。最后,政治力量的介入虽然从理论上能够逐渐打破农村的熟人网络,但是在农民个人与集体绑定、户籍制度严格控制城乡二元结构的时代,乡村的熟人社会不仅在形式上存在,而且在人口构成的实质上也是存在的。虽然在国家权力控制下的调解被作为国家司法的补充,失去了原先在乡村纠纷解决过程中的决定性作用,但在维护乡村秩序中依旧能够发挥和谐秩序的潜在作用。

乡村调解具有持久生命力的主要原因在于主持调解的主体与调解过程中坚持的人情关系底线。传统的熟人网络是乡村调解得以生存的社会基础,因此,定纷止争或者参与调解的人员一定要具有权威性,否则难以使争端双方或多方信服。在

---

①彭贵才.论政府在纠纷处理中的作用及模式——兼论多元化纠纷处理机制的设立[D].吉林大学,2008:21.
②费孝通.乡土中国生育制度[M].北京:北京大学出版社,1998:55.
③童玉芬,武玉.中国城市化进程中的人口特点与问题[J].人口与发展,2013(4):37-45.

计划经济秩序下,严格的户籍管理制度和生产资料与人身捆绑的制度将乡村地区的农民与土地紧紧捆绑,只有在入学、招工和参军等少数情况下农民才可以走出村庄。农民对于集体的依赖性非常强烈①,由此形成干部群体的权威性;延伸到干部们决定或者委托的调解人员身上。尽管这一群体的范围在有限的乡村代表国家掌握着至上的权力,加之当时的干部群体终身任职,实际上纠纷当事人在调解过程中仍然期待一种稳定的说法,而不仅仅只是乡村干部的权力压制。所以,那些曾经一度走出乡村又回到乡村的退伍军人,不仅担任乡村干部,而且成为社会纠纷解决的公道人。或许,这是城市中转业军人进法院的乡村版,但也说明仅靠情理说教是不能解决熟人社会的全部纠纷的。对于公平正义的追求,城市与乡村的二元结构在公平正义面前化为同一性表达的情结。

二、城镇纠纷处理范式

在纠纷处理范式上,城市与乡村的不同集中体现在对诉讼制度的理解、接受与适用上。虽然在城市民事案件审判中,最高人民法院鼓励、提倡甚至将其作为一项制度来推广"马锡五审判方式"②,使其在诉讼审判活动中得到了充分的运用。"马锡五审判方式"是从陕甘宁边区开始,经过长期总结完善形成的审判经验,其特征包括就地审讯、巡回审判、公审制、人民陪审制、调解工作。③ "马锡五审判方式"是对中国革命长期以来坚持实事求是做好群众工作的历史总结,其调解手段已经不再仅仅局限于人民调解,而是将司法调解和人民调解并举。以成都地区为例,1950年到1989年成都地区的法院民事案件一审案件中,调解结案的就已经占了69.2%。④ 如此之高的调解结案率背后,是审判活动简化程序、方便群众特点的集中体现。正是历史影像中较高的调解结案率,为后来推广"大调解"提供了数据证明力。但是,计划经济秩序下城市纠纷解决过程中调解手段的运用,依赖于其特殊的社会结构,即城市人口构成具有与乡村一样的稳定性。在改革开放之后建立商品经济秩序之前,那些"麻雀虽小,五脏俱全"的国有单位组织内部,依然盛行调解。一切纠纷要先经过组织处理的程序,加上党政干部在群众中具有较高的权威,城市社会纠纷解决的范式主要表现为单位或者居委会调解。截至1979年,司法部统计

---

①何永军.乡村社会嬗变与人民调解制度变迁[J].法制与社会发展,2013(1):76-90.

②2005年9月23日,最高人民法院下发《最高人民法院关于全面加强人民法庭工作的决定》,2008年6月18日,《人民法院报》刊登《河南全面推行"马锡五审判方式"》;2008年6月29日《法制日报》刊登《河南重彰"马锡五审判方式"》《当事人主义与职权主义应合理分工互为补充》《司法为民的马锡五审判方式精神永不过时》等三篇时论。2009年最高人民法院工作报告中,首次提出"继承和发扬'马锡五审判方式'"。同年五月份,由最高人民法院办公厅、人民法院报社等单位共同制作,以马锡五为蓝本的电视剧《苍天》在央视首播,学术界的研究也随之风生水起。

③刘敏.当代中国民事诉讼调解率变迁研究[M].北京:中国政法大学出版社,2013:181.

④成都市中级人民法院.成都法院志[M].成都:四川人民出版社,1997:156.

数据显示全国已有人民调解组织 40 多万个,调解工作者 300 多万人。① 调解工作者作为纠纷解决的主体性符号,集中反映出在计划经济秩序下,人们对集体组织的信任、对集体秩序的高度依赖以及对集体稳定的追求。这一时期纠纷解决模式的特征可以总结为两点,一是调解在纠纷解决中占据重要地位,二是这一时期纠纷解决机制已经形成司法、行政、民间三种基本体制并存、分工协作、相互补充的格局。② 然而,这并不是说计划经济秩序下城市司法秩序的建构表现为调解,而是经由诉讼审判的纠纷特别是民事案件,基本上在法院之外就已经被带有行政性质的调解吸收甚至掩盖了。对于某些刑事案件,或许在乡村内部可能还存在协商性处理的情况,然而总体上讲,国家对于影响社会秩序的刑事案件所坚持的强硬态度,决定了此类型案件的处理方式必须选择国家司法。

第二节　市场经济秩序中社会纠纷处理范式

　　市场经济秩序的建立,打破了原有计划经济秩序下较为稳定的社会结构。具体表现为三个方面:

　　第一,城乡人口结构的转变。这一改变从农村地区实行家庭联产承包责任制开始,农民获得了对剩余劳动产品的支配权,市场交易的自主性得到了极大的提升。同时,原有的具有封闭性质的集体经济格局被打破,集体组织难以再像以前一样发挥束缚农民的组织效用。在经济秩序由计划经济转向市场经济的过程中,农村于无形中从以往的"生于斯,长于斯"之地变成了一个空间概念,成为春节聚在一起吃饭的临时居住区。虽然户籍制度仍然存在二元管理模式,但城乡之间地理性人口流动已经变成一种常态,20 世纪 80 年代中后期开始的"民工潮"就是一个很好的见证。数据显示,1982 年全国的流动人口不过 3000 万,1985 年增加至 4000万,1988 年迅猛增长到 7000 万。③ 如果说在计划经济秩序下实行的改革开放,中国农村的熟人社会还没有被实质性打破,那么市场经济秩序下,农村的熟人社会就正式向一种半陌生社会开始转型。农村人口结构的转变直接带来的影响就是城市社会中流动人口的高速增长,具有经济实力的流动人口转变为城市的常住人口。涌入城市的流动人口数量逐年递增,而农村中那些无法进入城市的固定人口转变为留守人口。这一比例的失衡与 20 世纪 80 年代初不足 20％的城镇化形成鲜明的倒挂对比。

　　第二,城乡发展格局的转变。改革开放引领下市场经济秩序的建立,使得城乡发展同样出现巨大变化。一方面,城市发展呈现多元化的态势,第三产业和高新技

①刘敏.当代中国民事诉讼调解率变迁研究[M].北京:中国政法大学出版社,2013:181.
②王亚明.1949 年以来中国大陆的纠纷解决机制[J].阿坝师范高等专科学校学报,2008(4):22-25.
③王亚明.1949 年以来中国大陆的纠纷解决机制[J].阿坝师范高等专科学校学报,2008(4):22-25.

术产业相继崛起,城市面积和经济产值突飞猛进,多元化的高速发展使得城市内矛盾纠纷数量大幅上升,并且复杂程度逐步加深;另一方面,农村则进入相对平稳的发展阶段,不仅仅是因为人口迁徙、青壮年劳动力的流失,更因为城市发展如同一个巨大的吸盘一样,带走了农村发展所需要的人力资源与内在活力,同时也带来了农村经营策略的变化。例如土地不再是过去单一的农业用地,经过流转后也成为农村户口居民发家致富的经济来源之一。集体土地的出租让很多人可以安心享受土地红利,一方面,减少了农村内部的矛盾源泉;另一方面,引发纠纷的原因逐渐简单化,从理论上讲,纠纷数量应呈现下降的趋势。

第三,义利思想观念的转变。市场经济秩序下,社会纠纷处理范式的转变不是因为国家司法强大与社会司法式微,而是因为人们心目中对"见利忘义"的传统批判已经转化为对权利义务对等的现代追求。首先,公众的"权利感情"在市场经济秩序中得到极大的强化。"权利感情"是德国法学家耶林氏提出的概念。[1] 耶林氏认为人类不仅有肉体上的生命,更具有精神上的生命,而诉讼的发起往往不是出于实际利益,而是出于一种争取权利的感情。在计划经济秩序下,个人的"权利感情"被集体所取代,集体荣誉往往高于一切。但市场经济秩序下,自由开放和个人享有合法利益的权利意志被无限放大,个人的"权利感情"得到充分的释放。从《行政诉讼法》颁布后产生的"民告官"热情上,足可以看出权利的力量。其次,人们对矛盾纠纷解决趋于理性化。这主要表现在对于矛盾纠纷的态度上,矛盾纠纷不再是影响社会不稳定因素的表现,人们不仅敢于表达自己对矛盾纠纷解决的坚决态度,也愿意接受纠纷解决后产生的合理后果。最后,法治建设的重视程度提升到了一个新的高度。从依法治国到依宪治国,市场经济秩序的发展把法治建设推至一个全新的高度。市场经济是规则经济,是围绕产权界定、交易的经济模式。国家、社会、法人与自然人在市场经济秩序中被赋予平等的主体地位,一切纠纷的解决应当基于契约。所谓的"义利"在市场经济秩序中不再是"道义与让利"的道德批判,而是"正义与权利"的法律评判。

市场经济秩序改变了社会格局的结构,而社会结构的变化驱动社会矛盾纠纷呈现出三个特点:一是纠纷数量急剧上涨,1980年全国民事案件的结案总数为555078件,到1990年这一数字已经变为1849728件,翻了两倍之多,到2000年,这一数字在1990年的基础上又翻了近一倍,变为341万多件。[2] 2008年全国各级人民法院审结案件数为1271.1275万件,是1978年的19.5倍,但法官人员数量仅增加了1.68倍。[3] 2017年《最高人民法院工作报告》显示,2017年地方各级人民法院受理的案件就已经达2303万件,审理结案和执行结案的数量也达到了1977.2万件。二是社会矛盾纠纷类型呈现多元化。市场经济秩序下,个人与经济社会全面

---

①王泽鉴.民法总则[M].北京:北京大学出版社,2014:4.
②刘敏.当代中国民事诉讼调解率变迁研究[M].北京:中国政法大学出版社,2013:183.
③参见2009年《最高人民法院工作报告》。

接触,阶层之间的上下变动与左右移动速度加快,多元化的竞争与追求个体独立的思想使得矛盾纠纷种类同样呈现出多元化的特征,疑难复杂案件的数量也随社会关系的复杂而逐步上升,新矛盾类型不断挑战旧的纠纷处理范式。有学者发现,20世纪 80 年代,最高院的年指导案例总量还仅仅是维持在个位数,但进入 90 年代就已经进入十位数,1999 年甚至出现大规模的增长,达到 24 件,是 1998 年 13 件案例的近一倍,2006 年甚至达到了峰值 54 件。另一方面,知识产权类的指导案例在 1994 年以前就没有出现过,但 1995 年直接发布知识产权类 10 个指导案例,占了当年指导案例总量的 55.6%。① 三是社会矛盾纠纷解决的审判周期逐渐变长。与案件数量增长对应的是法官人数的明显不足,最高人民法院审判员曹士兵曾在 2009年发表的文章中透露,我国 19 万法官中直接参与审判的一线法官约 11.9 万人。② 对比数量巨大的待审理案件,法官数量明显捉襟见肘,加上案件总体的复杂程度远超计划经济秩序下的案件复杂度,同时立法技术的欠缺与司法解释的有限,导致社会矛盾纠纷解决的时间明显变长。2017 年《南方日报》曾报道广东江门中院通过推行速裁改判使得 75% 的案件结案周期缩短至 28 天③,这也从反面说明在 2017年以前,市场经济秩序下社会矛盾纠纷处理时间虽然在诉讼期限之内,但实际上审判周期往往会出现"合法不合理"的延长。

法治社会建设的不断推进、矛盾纠纷的不断升级以及人们日益增长的"权利感情",对公平正义的普遍追求,使得诉讼制度得到了极大的发展。十一届三中全会之后至 2010 年,一系列关系到国家发展、社会稳定与人民利益的法律相继颁布实施。④ 从 20 世纪 70 年代开始,我国开启了对《行政诉讼法》的研究,并于 1990 年正式颁布了《行政诉讼法》,"民告官"成为当代中国社会生活中权利斗争的胜利标志。特别是 2004 年"人权入宪",不仅表征我国以诉讼为核心解决社会矛盾纠纷的范式开始起步并逐渐走向成熟,而且以权利恢复或者义务实现为秩序建构内容的司法秩序也逐渐走向规范。2018 年颁布施行的《行政诉讼法司法解释》,则结束了新法颁布后新旧解释并存、行政诉讼司法实践无法统一甚至缺乏依据的尴尬局面。显然,正是市场经济秩序的不断完善,催使了我国纠纷解决模式朝向司法中心主义又迈进了一步。

与诉讼模式逐渐成为社会纠纷解决途径的主要方式形成鲜明对比的是调解适用出现不稳定,甚至呈现出调解的案件适用度下降的情况。1984 年,调解人员每人每年所调解的民间纠纷是 1.47 件,到 1999 年已下降为 0.59 件。从年度民间纠

---

① 杨建军.《最高人民法院公报》选编民事案例的变化[J]. 现代法学,2010(4):182-193.
② 曹士兵. 案多人少的韩国法院[J]. 人民司法 · 应用,2009(1):59-60.
③ 祁雷,辛均庆.75% 案件平均结案周期缩至 28 天[N]. 南方日报,2017-02-24(A07).
④ 1979 年颁布《刑法》与《刑事诉讼法》,1996 年修订《刑事诉讼法》,1997 年修订《刑法》;1982 年颁布现行《宪法》《民事诉讼法(试行)》;1986 年颁布《民法通则》;接着《立法法》《行政诉讼法》等部门法相继颁布、实施修订完善。至 2010 年,社会主义法律体系基本建成。

纷调解总件数来看,1984 年是 674.9 万件,1999 年是 518.86 万件,也呈一定的下降趋势。而同一时期由人民法院审理的民事一审案件数量却呈明显的上升趋势,1984 年是 83.8 万件,1999 年是 351.9 万件。在 1984 年,民事纠纷的调解解决与法院解决之比为 8.05：1,到 1999 年,两者之比为 1.47：1。① 司法秩序不断完善与人民调解员公信力的下降,共同构成人民调解参与率下降的原因。司法调解亦呈现缓降趋势,1980 年到 1990 年司法调解率虽然呈现一定波动,但总体维持在 65％以上,并且很长一段时间一度在 70％以上,但进入 90 年代后,除了 1992 年达到 62.4％,其余均在 60％以下,呈现出逐年递减的趋势,一直到 2003 年降到历史最低值的 29.9％时才出现反弹,但这种反弹也是相对缓慢的,截止到 2010 年调解率也不过只有 38.8％。② 从 20 世纪 80 年代开始,我国的诉讼调解政策出现了两次转换,有过三种不同的调解政策,从一开始的"着重调解",到 90 年代的"当判则判,当调则调,调判结合,案结事了",再到 2010 年的"调解优先,调判结合"政策,这些都反映出诉讼模式下对司法调解的重视,但重视背后却是诉讼调解率的下降。事实上,单纯的调解率并不能说明我国司法调解的参与度下降。一方面,受理案件的数量不断增大,基数增大,调解案件的数量虽然也在相应的增长,但在所收案件总量中的比例呈下降趋势。另一方面,案件的难度也在不断地增加,调解作用的相对有限性也是调解率下降的直接原因。然而,国家对于调解适用的重视并未减弱。从 2010 年起,人民调解、司法调解和行政调解三位一体的"大调解"格局在全国各地相继建立,司法系统内部也在不断探索新的诉讼调解模式,比如 2010 年开展的立案调解制度和 2017 年试点的律师调解制度。最高人民法院推行的社会纠纷多元解决机制的核心依然是调解,然而,支持调解这种纠纷解决模式的当事人不能离开一定的社会条件,当社会公众以司法审判的期限作为个人提高参与社会发展效率的前提条件之时,那种依靠说教和耗下去的调解必然不会被当事人选择。调解优先成为制度上的表达和制度执行者的规定动作,审判成为社会公众化解纠纷的选择,一种新的公平观验证了经济秩序对于社会纠纷处理模式的影响。

市场经济秩序下,社会纠纷范式的核心是以诉讼制度为符号的解决模式,辅之以人民调解、司法调解和行政调解三位一体的调解格局,对公平正义的合理追求集中反映在个人"权利感情"的爆发,即对个人权利的追求。2018 年,历时 12 年的千亿矿权的争夺案落下帷幕,相信法律的当事人赵发琦终于维护了自己的合法权益,12 年来从未上访,历经 6 任省长、3 任省高院院长,被称之为"草根的胜利"③。此案是市场经济秩序下我国社会纠纷处理范式的缩影。虽然不合理的纠纷处理方式仍然存在,但是,整个社会对矛盾纠纷处理方式的选择逐渐趋于理性,即更倾向于用法律武器,通过选择司法诉讼来维护自己的合法权益。

---

① 王亚明.纠纷解决的机理——一种比较分析[D].南京:南京师范大学,2007:79.
② 刘敏.当代中国民事诉讼调解率变迁研究[M].北京:中国政法大学出版社,2013:183.
③ 郝成.陕北千亿矿权争夺获最高院落槌,陕西省政府曾发函施压[N].中国经营报,2018-01-14(05).

第三节　两种经济秩序中社会纠纷处理范式比较

经济秩序的转轨,不仅带来了社会分配关系的格局变革,而且制造出社会交往关系的多元冲突,从而使得社会纠纷产生的根源与解决方式都有了深层次的转型。在社会纠纷解决的过程中,采取的方式方法可能从表象上看具有雷同之处,然而其背后的理念会有本质上的差异。计划经济秩序下,支持调解的不是因为调解比司法诉讼公正,而是因为当事人受制于调解组织背后的行政权威;市场经济秩序下,选择调解不是因为调解更容易"案结事了",而是因为调解是动员社会参与纠纷治理的一种途径,也是对传统伦理文化的现代传承。因此,计划经济秩序与市场经济秩序下的社会纠纷解决范式既有形式上的相同,也有本质上的差异。

一、推崇调解:两种经济秩序中社会纠纷处理范式的相同点

两种经济秩序下都体现出传统的"和为贵"思想,尤其是在对调解制度的重视上,更是如此。"和为贵"是中国传统文化中处理社会关系的标准之一,而中国人自古以来"厌讼"的情绪根源也在于此。这一文化传统并不因为社会制度、经济秩序和意识形态的转变而产生变化,反而被很好地运用到矛盾纠纷的解决中,即使在诉讼中,这种思想也还有所体现。最为典型的便是司法实践中的诉讼离婚规则,这一规则被学者称为"二次离婚诉讼审判规则"[1]。虽然是不成文规则,且隐藏着存在违反诉讼裁判原则的可能,但这一规则仍是诉讼纠纷解决方式对"和为贵"理念,尤其是对家庭和睦理念最好的诠释。调解作为东方经验,更是"和为贵"思想的外化。无论是在计划经济秩序下,还是在市场经济秩序下,从顶层设计到现实司法实践,调解一直被视为社会矛盾纠纷解决过程中重要的非诉手段。

尽管经济秩序不同,但不可否认的是,调解与诉讼作为两种手段,在不同时期各有侧重,却不存在完全弃用的情况。[2] 新中国成立后,调解制度和诉讼制度就表现出相互融合的趋势。现在,在全国各地的基层法院,人民群众都能在立案大厅旁边看到人民调解办公室。可以说,诉讼和调解作为纠纷解决的两大方式贯穿于计划经济秩序和市场经济秩序之中。诉讼与调解两种范式都在各自的经济秩序下寻求最大化的完善。即使在社会格局相对固定的计划经济秩序之下,人民调解仍有极大的号召力,调解干部的权威也足以压制地方上的矛盾,也不是完全僵化不变的。1957 年,邓小平同志在《关于整风运动的报告》中指出:"各地农村中都有一些'大法不犯、小法常犯'的不良分子。对于这些人,如果由地方法院处理就不胜其

---

①刘敏.当代中国民事诉讼调解率变迁研究[M].北京:中国政法大学出版社,2013:160.

②调解与诉讼始终存在,即便是军管会掌管法院期间,判决书也还是有的,尽管诉讼已经被扭曲为纯粹的形式。

烦,但是如果不加处理,对于生产秩序和社会秩序又有很大妨害。可以考虑由社员代表大会或者乡人民代表大会定出切实可行的公约,由上一级政府批准,加以约束,并建立调处委员会负责公约的执行。对于违反这些公约的,可以授权合作社或者乡政府给以适当处罚。"①调解权力的不断扩大在一定程度上是调解制度适应当时社会发展需要的完善,虽然有一些偏激的做法在后来被停止,但类似开批斗会、扣工分、游街等加强调解手段的措施还是比较常见的。② 由此可见,计划经济秩序之下,纠纷解决范式虽然出现诸多不合理之处,但其本质上还是为了维护当时社会秩序的稳定,提高集体的权威,维护集体的利益。市场经济秩序之下,不断完善的诉讼制度并未完全替代调解制度。在诉讼制度上最为明显的表现就是诉讼法的不断修订和相关司法解释的配套出台,而这些能够更好地应对市场经济秩序下复杂的矛盾纠纷类型。另一方面,简易程序、小额诉讼、二审速裁程序改革都在不同程度上,加快矛盾纠纷的处理速度。但是,在解决这些案件的过程中都坚持了调解优先的原则,这也足以说明司法改革追求的公正与效率并未彻底排除社会纠纷非诉解决的通道。相反,法官主导下的司法调解已经前置在案件进入诉讼程序之初,即立案调解。而人民调解在经过一段时间的低谷期后也获得重生,形式也逐渐多样化,"五老"调解、律师调解都足以证明,调解是两种经济秩序中社会纠纷解决的主要方式之一。

二、两种经济秩序中社会纠纷处理范式的不同点

首先,两种纠纷解决范式处于不同的经济秩序之下,面对的挑战各有不同。计划经济秩序下,社会格局结构稳定,集体利益被放大,而集体组织的权力也都集中在领导干部或者部分精英阶层手中。相对稳定的人口结构格局使得以个体形式爆发的社会矛盾并不常见,但集体组织为了集体利益的维护而出现纠纷的情况比较多,因而人民调解面临的挑战并不大。加上调解员本身的权威,个体间矛盾的化解相对容易。三言两语就可以说到心里的行政型调解,在市场经济秩序下则失去了发挥功效的人情基础。第一,矛盾纠纷形式出现变化,数量和疑难程度增大,调解难以适应复杂纠纷的解决。第二,市场秩序下矛盾纠纷解决范式应对不足。以诉讼模式为核心的矛盾纠纷解决范式虽然保证了案件的公正审理,但有限的司法资源,尤其是法官人数与案件数量的不成正比,使得这一模式应对乏力。而调解制度在以诉讼模式为核心的纠纷解决范式中也处于尚不成熟阶段,试点和改革是不可避免的,这也就决定了其在短期内很难形成稳定有效的机制。第三,当事人对矛盾纠纷解决的要求也在逐渐提高。在计划经济秩序之下,矛盾纠纷的解决以集体利益的维护为前提,并且矛盾的解决往往一锤定音,尽管部分情况下缺乏合理性。而在市

①邓小平.关于整风运动的报告[R].中国共产党第八届中央委员会第三次扩大的全体会议,1957-09-23.
②何永军.乡村社会嬗变与人民调解制度变迁[J].法制与社会发展,2013(1):76-90.

场经济秩序下,诉讼过程中的程序正义和实体正义均被要求,任何细小的问题都有可能被放大,从而导致案件处理的反复。即使是仲裁和调解等看似便捷有效的纠纷解决手段,也有可能因为违反法律的强制性规定而重新进入诉讼渠道。

其次,两种范式的符号概念呈现出明显的差异。符号概括是范式的内核①,是范式不变的纲领性方针。计划经济秩序下,集体内秩序是当时矛盾纠纷处理范式不变的内核,无论是矛盾纠纷的实际解决,还是领导干部个人权威的展示,最终都是围绕集体秩序的稳定而展开的,纠纷的解决是不允许与党和政府的方针政策背道而驰的。市场经济秩序下社会矛盾纠纷处理范式的符号概括是个人的"权利感情"。集体意识的淡化与个人地位的提高使得每一个人对公平正义的追求呈现出极大的热情。一方面,国家不断完善纠纷处理模式,虽然从实际效用上来说,这是维护社会稳定的必然要求,但也从侧面上体现了国家对于这种"权利感情"的呼应,亦可以说这是宪法保障公民权利的应有之义。另一方面,个人对于矛盾纠纷的迫切需要解决表面上是对实际利益的追求,但本质上是对自己法定权利的追求和维护。

最后,对于纠纷解决模式的选择,两种范式各有侧重。对于计划经济秩序中社会矛盾纠纷处理的范式,"尽管诉讼是中国民众解决纠纷的主要官方渠道,但调解被称之为这一时期纠纷解决机制的核心和主要方式当之无愧②"。然而随着法治建设的不断加强,在市场经济秩序下,人们有了更值得信赖的天平,符合现代法治精神的诉讼模式成为主流,成为维护个人权利的核心方式。而调解作为辅助模式,成为解决一般民事纠纷,如家事纠纷的方式。但是,这不能排除司法诉讼在调解背后所起到的利益平衡的作用。从利益衡量的角度来讲,纠纷当事人接受调解并非是因为调解人的能力,极有可能是因为诉讼成本过高,甚至可能是熬不过去的结果③。因此可以认为,以诉讼为主的纠纷解决范式能够成为以调解为主的纠纷解决范式,是因为市场经济改变了人的生存意识与对正义的理解,硬性推行的调解或许只能成为弱者的选择。

第四节　经济秩序转轨与"案多人少"的初步形成

经济秩序转轨对纠纷解决方式有着直接的影响,不仅体现在纠纷解决范式的取舍与倾向上,而且体现在纠纷解决的公正与效率上。前者以人民法院每年递增的案件数量为表征,后者则以法院法官人均年办案量逐年增长为表征,两者合为"案多人少"。与韩国和美国存在的"案多人少"相比较而言,他们"案多人少"出现的阶段是在经济秩序发展但不稳定的过程,而我国"案多人少"则初步形成于经济秩序转轨时期。

①王猛.库恩的范式理论与马克思哲学的范式革命[J].山西师大学报(社会科学版),2015(6):1-7.

②范愉.非诉讼纠纷解决机制研究[M].北京:中国人民大学出版社,2000:459-460.

③苏力.关于能动司法与大调解[J].中国法学,2010(1):5-16.

一、案件数量增多

改革开放以后,从案件纠纷总量上看,我国的诉讼案件数量呈现井喷式增长。计划经济秩序下高效快捷的人民调解制度,因为集体秩序的衰落而丧失其公信力,加上部分调解因缺乏合理依据或者无法解决新兴矛盾而遭到冷遇。缺少独立有力的纠纷解决分流渠道,在经济快速发展的转型社会中,案件数量的增长是必然结果。比如,在1960年至1980年间处于经济高速发展时期的美国,下级法院向美国联邦上诉法院提起的上诉案件数量增长了4倍,向最高人民法院提起诉讼的案件多了1倍,而法官人数只增长了2倍。[①] 由此可见,经济高速增长与诉讼案件增长之间存在着正比关系是一个普遍的规律。案件数量的增多除表现在原始案件数量的增多以外,还表现在案件积压的数量上。由于"案多人少",远低于受案率的结案率必然造成大量案件的积压。实践中,很多法院每年从年中开始处理大量积压案件,到12月份就开始有选择性地"拒收"部分案件或者拖延至来年的1月份,这样就保证法院较高的结案率,完成每年的既定目标。但这种现象最终导致的是一种恶性循环的结果,案件积压,办理周期延长,从而变相促进案件数量的增多。2015年立法审查制改为立案登记制之后,便宜的司法成本迅速降低了纠纷进入法院的门槛,法院受案数量呈现倍数增长。而与此同时,法官员额制并未增加办案法官的绝对数量。尽管提高了人均办案数量,但是并未因为法官员额制改革而减少了涌入法院的案件纠纷数量。

比如,改革开放三十年刑事案件的数量增长就能表明经济秩序转轨与案件增多之间的线性关系(见图2-1)。

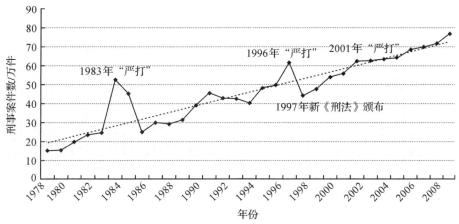

图2-1 1978—2008年刑事一审案件统计

数据来源:佟季.六十载光辉历程 一甲子司法为民——数说人民法院审判工作60年[J].人民司法,2010(1):78-82.

①Harry Edwards. Hopes and Fears for Alternative Dispute Resolution[J]. Willamette L. Rev.,1985,21:425.
引自:[美]戈尔德堡.纠纷解决谈判、调解和其他机制[M].蔡彦敏,等译.北京:中国政法大学出版社,2004:164.

尽管我国于 1983 年、1996 年、2001 年分别开展了三次声势浩大的"严打",之后,治安形势虽然一度好转,但因经济转轨、社会转型等深层次的根本问题难以解决,犯罪高发的态势仍难以得到根本转变①。刑事案件在案件总量中所占比例有所降低,但是单就刑事案件自身而言,数量呈现绝对的上升是毫无疑问的。与刑事案件相比,民事案件纠纷增长势头有过之而无不及(见图 2-2)。

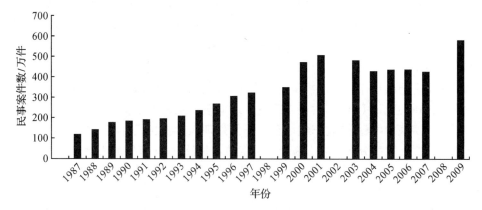

图 2-2　历年民事案件审结数据统计
数据来源:历年最高人民法院工作报告。

最能反映经济秩序转轨与民事案件纠纷数量增长之间关系的莫过于婚姻纠纷。婚姻作为社会关系、经济发展与权利自主的晴雨表,婚姻案件的升降最能佐证经济秩序转轨对于社会结构的整体性影响(见图 2-3)。

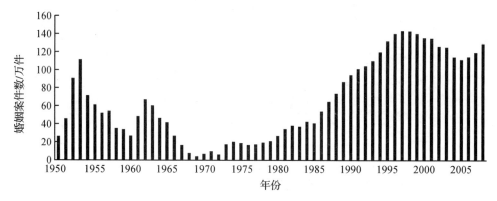

图 2-3　60 年婚姻案件变化
数据来源:佟季.六十载光辉历程　一甲子司法为民——数说人民法院审判工作 60 年[J].人民司法,2010(1):78-82.

婚姻案件的增长,与 1981 年新《婚姻法》的颁布施行有关。新《婚姻法》关于条款的修订,进一步解开束缚在人们身上的封建枷锁。2001 年 4 月 28 日,九届全国

---

①佟季.六十载光辉历程　一甲子司法为民——数说人民法院审判工作 60 年[J].人民司法,2010(1):78-82.

人大常委会第二十一次会议通过了对新《婚姻法》的修订,更加突出婚姻权利与义务之间的平等关系,婚姻案件自 1998 年连续八年下降之后,自 2006 年又开始回升①。由此可以得出,立法理念与法律条文的修订,对于案件数量的增长具有直接的推动效应。

1990 年《行政诉讼法》颁布实施之后,基于前期十年之久行政治理范式下的"官民"纠纷以及政策性矛盾如同井喷,出现在法院面前(见图 2-4)。

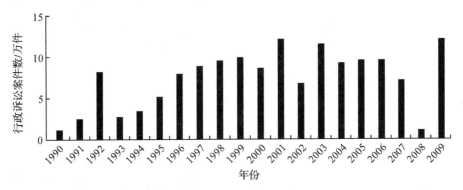

图 2-4　历年审结行政诉讼案件
数据来源:1991—2009 年最高人民法院工作报告。

虽然行政诉讼案件在案件总量上所占比例不高,但是,总体上增长的趋势说明建设法治政府的必要性与艰巨性。同时,审结案件数量与受理案件数量之间并无直接的关系,由于行政受案范围以及行政诉讼案件判决类型的限制,诸多行政纠纷并未由法院受理,有些判决案件也未得到执行。这就导致了行政诉讼不能全面介入行政法治建设的过程中,《行政诉讼法》的颁布实施尽管促进了依法行政的质量,但也导致涉法信访的上升。特别是行政诉讼判决不能得到有效执行,不仅未能提升人民司法的公信力,反倒降低了党的执政公信力。

通过图 2-5 和图 2-6 的曲线与数值不难看出,诉讼案件的数量一直处于持续攀升状态。自 2015 年实行立案登记制以后,涌入法院的案件数量又一次出现井喷。通过人均办案数量的不断提高,并以此作为员额制改革取得成功的一个标注可以反映出,多元纠纷解决机制的亢奋与失落并存、法官员额制改革与"案多人少"的矛盾并未从根本上得到疗治。

---

①自 1976 年至 1997 年这 20 几年间,全国法院审结的婚姻案件逐年持续上升,从 1976 年的 16.82 万件到 1997 年的 142.87 万件,增幅达 8.49 倍。从 1998 年开始,婚姻案件开始下降,由 1998 年的 142.76 万件逐年递减到 2005 年的 111.49 万件,年均 128.58 万件。2006 年至 2008 年,婚姻案件略有上升,三年共审结 361.78 万件,年均 120.59 万件。参见:佟季.六十载光辉历程　一甲子司法为民——数说人民法院审判工作 60 年[J].人民司法,2010(1):78-82.

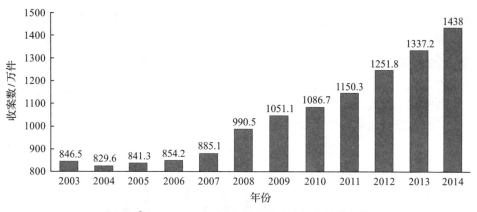

图 2-5① 2003—2014 年全国人民法院收案情况趋势

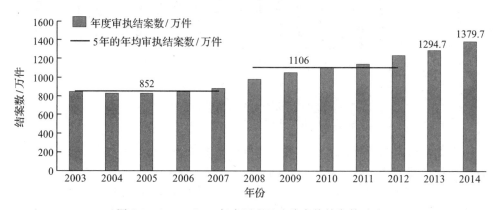

图 2-6 2003—2014 年全国人民法院审执结案数对比

二、办案法官数量相对不足

　　与案件数量每天呈现递增趋势相比,办案法官人数明显不足,导致的后果是积案增多,司法公正与司法效率驱动人民法院内部挖潜,提高人均办案效率。其中,增加法官数量成为最为直接的办法。严格地说,法官数量少的含义是指办案法官数量少,而非具有法官身份的数量少。恢复法官身份之前,我国法官管理实行行政管理模式,套用公务员体制,干部身份是全体法院正式工作人员的统一符号,然而法院内部从事具体办案的法官人数少之又少。同时,当时法官待遇按照行政公务人员执行,法官待遇比不上一个普通的收发室工作人员,即法官职业的专业性与一般行政工作人员的职务性没有被区分开,专业技能应当得到的特别待遇被工作年限的长短所消解。因此,自改革开放以来,特别是进入商品经济社会之后,参与案件审判的法官面临着巨大的工作压力和相对较低的薪酬,这一现象使这个职业的光鲜度下降。2001 年实行全国统一司法资格考试之后,部分发达地区的中级人民

　　① 黄彩相.2014 年全国法院案件情况分析[N].人民法院报,2015-04-30(03).

法院,甚至基层人民法院选任法官助理的要求,已经从过去的本科学历提高至研究生学历。在这一背景下,法官的离职被无限放大,让很多人产生了法官数量不断减少的错觉,但最高人民法院的数据显示,法官辞职率一直保持在0.35%,整体上是保持平稳的。因此"法官数量少"只是一个静态的概念,不存在动态上的大幅度减少。同时,衡量法官数量少的标尺不是法官数量的历年比较,而是法官数量与案件总量的比较,这种非在同一个常量下的比较会导致一个误解,即试图通过增加办案法官数量或者提高单个法官办案数量,达到解决"案多人少"的目的。

单纯从法官总量上看,2009年全国共有法官19万人,但一线办案法官人数仅为11.9万人,而在员额制改革后,全国人额法官共120138人(见表2-1)。[①]

表 2-1　2009—2017 年审结案件与法官数量及人均办案数量

项　目	2009 年	2010 年	2011 年	2012 年	2013 年	2014 年	2015 年	2016 年	2017 年
刑事案件/件	76.7	77.9	84.0	98.6	95.4	102.3	109.9	111.6	129.7
民事案件/件	579.7	758.1	488.7	782.4	355.4	522.8	622.8	673.8	964.9
行政案件/件	12.1	12.9	13.6	13.6	12.1	13.1	19.9	22.5	23.7
法官数量/万人	19.0[②]	18.0[③]	15.1[④]	19.7[⑤]	19.6[⑥]	19.6[⑦]	19.9[⑧]	20.0[⑨]	18.9[⑩]
人均办案/件	35.2	47.2	38.8	45.4	23.6	32.6	37.8	40.4	59.1

说明:本表中各类案件数据来源于各年度《最高人民法院工作报告》,有的数据直接来自报告,有的数据为前后报告中数据计算所得,为了便于计算和比较,采用小数点后保留一位数字的计数方法。

①周强.最高人民法院关于人民法院全面深化司法改革情况的报告[R].十二届全国人大常委会第三十次会议,2017-11-01.

②杨维汉.全国法院共有女法官44502人,占法官总数23.48%[EB/OL].(2009-01-28)[2020-09-03].中华人民共和国中央人民政府,http://www.gov.cn/jrzg/2009-01/28/content_1216446.htm.

③最高人民法院.人民法院工作年度报告(2010 年)[M].北京:人民法院出版社,2011:17.

④朱景文.中国法律发展报告 2012·中国法律工作者的职业化[M].北京:中国人民大学出版社,2013:3.

⑤严戈,袁春湘.2012 年全国法院案件质量评估分析报告[R].人民司法,2013(13).该文分析数据提到2012 年全国法官数量与 2008 年相比,提升了 3.88%。根据新华网 2009 年 1 月 28 日报道,2008 年全国法官数量为 18.9532 万人,据此计算可得,2012 年全国法官数量为 19.7 万人。

⑥刘奕湛.中国法官人数已近 20 万人 占法院系统总人数 58%[EB/OL].(2013-07-25)[2020-09-03].中国新闻网,http://www.chinanews.com/fz/2013/07-25/5085939.shtml.

⑦林娜.案多人少:法官的时间去哪儿了[N].人民法院报,2014-03-16(02).

⑧李志强.最高法回应"案多人少":要通过改革完善程序机制[EB/OL].(2016-09-13)[2020-09-03].http://www.xinhuanet.com/politics/2016/09/13/c_129279142.htm.结合上下文意思,可以判断,2015 年全国法官数量是 19.88 万人。

⑨胡仕洁,马渊杰.2016:人民法院司法改革综论(下)[N].人民法院报,2017-01-01(01).

⑩林平.最高法:全国法官人数少 4 成,今年上半年结案量同比升近 1 成[EB/OL].(2017-07-13)[2020-09-03].澎湃新闻网,https://www.thepaper.cn/newsDetail_forward_1747748.

  按照中央"入额必办案"的思路来说,一线办案法官的数量实际上是出现小幅上涨的,但这种上涨与案件增长数和总数相比是不值得一提的[①]。安徽省合肥市蜀山区的数据则更为直接,2014 年该区受理诉讼案件 8434 件,2015 就已经变为14202 件,增长了 68.39%,而人均收案数从 200 多件,上升为 348 件。[②] 事实上,法官数量少也是员额制改革结果之一。按照中央的设想,员额制改革应当让法官队伍建设更加精英化和专业化,但很多学者包括一线法官都指出目前的改革呈现结构上的不合理,南京建邺区法官王亚明在其文章中指出,虽然一线法官整体占入额法官数量的七成,但仍有近三成比例留给了领导岗位和综合管理部门。[③] 虽然不能说领导岗位和综合管理部门里的法官的专业水平不够,但就如最高人民法院的改革情况报告中所言,部分院领导入额后为了完成任务,办简单案、挂名办案的情况仍比较常见。[④] 行政管理职责和审判任务的重合让很多入额领导岗位的法官不得不做出选择。员额制改革从某种程度上来说也挫伤了一批青年法官的自信心,入额失败后很多青年法官面临抉择,现有的员额制改革却很难顾及这一批后备力量的感受。

  经济秩序转轨带来的伴生性结果是案件数量的逐步递增,而并发症则是法官数量与案件数量之间的绝对失衡。员额制改革之前,法官基数总体呈现平稳,无较大波动,且人均办案数量是 2008 年的 3 倍[⑤]。但案件数量增长与员额法官数量下降之间形成的逆向走势,导致尽管提高了人均办案量,但是法官数量依然显示不足。2014年地方各级人民法院受理案件 1565.1 万件,审结、执结 1379.7 万件,同比分别上升 10.1%、6.6%。2015 年这一数字达到了 24.7%、21.1%[⑥],东西部地区、基层和其他层级法院办案数量有所差异,人均 100 件已经是一个非常保守的数字了,而这一数字还在不断增长。

  员额制改革后,全国法官人数虽然减少了四成,但一线办案法官人数实际上并没有减少,并且根据"入额必办案"的原则,目前我国法官队伍的整体办案能力和水平是有较大提升的。2017 年上半年的结案数量比 2016 年同期高出近 10%[⑦],全国法院 12 万名法官审结 888.7 万件案件,平均每个法官半年审结 74 件案件,全年预计审结 150 多件案件。这意味着,法官平均办案数量、办案效率已提升至 2008 年的近 3 倍[⑧]。但改革初期的成效很难从根本上解决"案多人少"的问题,扬州市某法

---

  ①南京市的一位法官曾坦言,在过去每年结案 200 件以上就可以被评为"办案能手",而现在估计结案400 件以上才有可能。

  ②段贤尧.借改革之力,破"案多人少"困局[N].人民法院报,2017-08-09(05).

  ③王亚明.法官员额制的结构改革新探[J].法治研究,2017(5):66-77.

  ④周强.最高人民法院关于人民法院全面深化司法改革情况的报告[R].十二届全国人大常委会第三十次会议,2017-11-01.

  ⑤2017 年上半年全国法院审判执行工作态势新闻发布会[R/OL].(2017-07-31)[2018-03-28].最高人民法院网.

  ⑥周强.最高人民法院工作报告[N].人民法院报,2015-08-12(02).

  ⑦林平.最高法:全国超八成法院已完成员额制改革,十万余名法官入额[EB/OL].http://www.thepaper.cn/newsDetail_forward_1617843,2018-02-22.

  ⑧最高法:法官平均办案数量提升至 2008 年的近 3 倍[EB/OL].(2017-08-01)[2018-03-28].中国新闻网.

官表示,他所在的基层法院此次入额 49 名,按照往年 18000 件审理执行完结案件数量来算,人均办案为 360 件,加上院领导和管理部门人员所占比例较大,人均 360 件也仅仅是保守估计,在没有一线助理审判员的帮助下,如此多的案件还是让入额法官压力倍增。① 可见,法官数量与司法能力的输出,以及司法效率之间的难以平衡,绝非通过法官队伍建设就可以得到解决。不过,2018 年《最高人民法院工作报告》中写道,"有的法院队伍断层、人才流失问题较为突出"②。2018 年第一季度不到 20 天时间,接连三位法官的先后离世③,令人嘘唏不已,个人办案数量效率提升的乐观背后隐藏着难以启齿的改革伤痛。

三、法官队伍建设与人民陪审员制度

1980 年以来,直至 1999 年,司法改革作为一个独立的概念出现在《最高人民法院工作报告》中。"法院改革是我国司法改革的重要组成部分",其任务是"以司法公正为主线,加大法院改革力度"。④ 然而实际上,法院自身在 1985 年就已经对愈来愈严峻的社会纠纷情势做出了积极性的改革应对,其中,最早的改革始于法院干部队伍的质量建设。"为了提高法院干部的素质,最高人民法院正采取多种途径,对在职干部进行培训。同时,为保证质量,我们正在把新增干部由调配制改为招考制。"⑤其目的在于加强法官队伍的革命化、专业化和现代化,其重点是"一抓教育,二抓纪律"。⑥"从最高人民法院到基本人民法院建立了一套教育领导体制,聘请了专职和兼职的教员以及教学辅导人员……教学中我们特别强调要理论联系实际,认真总结具有中国特色的审判工作经验,使之系统化,提高学员的马克思主义理论水平和审判业务水平。"⑦提高法院队伍的专业化素质建设和管理成为法院的工作重点,为此,最高人民法院提出人民法院和法院干警必须做到"八个不准"。这"八个不准"在后来分别被写入《中华人民共和国法官法》以及其他相关规定中,从一个一般性的规定演变为具有法律效力的特别规范,直至当下关于法官队伍额员制的改革,这表明法官队伍建设始终是法院改革的重点事项之一。早在 2001 年,人民法院根据《法官法》的规定,已经进行了确定法官员额的改革试点工作。时隔 14 年,法官员额制最终得到全面实施,而推动这一制度实施的动力来自《关于全面推进依法治国重大问题的若干决定》。

"我们希望,根据改革的精神,法院也能有用人的自主权。无论是社会招干,还是单位调配的或转业军人,都坚持标准,公开招考,择优录用,不合格的坚决不

---

①朱萍.基层员额制改革中存在的问题——以扬州市某区法院为样本[EB/OL].(2017-09-03)[2018-02-22].搜狐网.http://www.sohu.com/a/195611943_169411.

②参见 2018 年《最高人民法院工作报告》。

③王胜昔.追记方金刚:努力让人民群众感受公平正义[N].光明日报,2017-11-06(04).

④参见 1999 年《最高人民法院工作报告》。

⑤参见 1985 年《最高人民法院工作报告》。

⑥参见 1986 年《最高人民法院工作报告》。

⑦参见 1986 年《最高人民法院工作报告》。

要。"①"按照七届全国人大一次会议批准的最高人民法院工作报告中提出的'宁缺毋滥,统一考试,择优录用,高级法院把关'的做法,积极慎重地进行了增编进人工作"②。与此同时,法院系统根据党的十三大报告提出的关于审判机关领导人员与工作人员的分类管理精神③,决定制定《法官法》,而制定该法的目的在于"更好地保证审判队伍素质的提高,更好地保障法院依法独立行使审判权"④。从中不难看出,这个阶段的审判方式的效能依赖于法官队伍的素质建设。不仅如此,之所以在这个时期如此看重法官队伍的素质,是因为从当时的社会发展环境来看,人民法院在改革开放初期,面对社会纠纷的类型转变,不仅"强调要从审判工作中学习审判",而且已经注意到法院传统的管理方式遇到了现代化社会的挑战。随后,1986年的工作报告中提到,"法院管理方式的现代化问题已经提到日程上来"⑤。至1988年底,"全国有88％的地方法院配置了囚车。交通、通信状况有了明显的改善。法院管理的现代化开始起步"⑥。法院管理的现代化首先提出了用人制度的现代化和管理的科学化,"根据改革的精神,法院也能有用人的自主权"⑦。一方面,反映出法院面临着审判力量不足的现实困难,另一方面,法院没有自主用人的权力,却要承担宪法赋予的独立审判的责任,反映出法院作为司法机关在那个年代不过是行政机关的附属部门。虽然最高人民法院提出"无论是社会招干,还是单位调配的或转业军人,都坚持标准,公开招考,择优录用,不合格的坚决不要",但是,拿着"指令"、捏着"条子"、拎着"搭配"和攥着"关系"进入法院的人依然很多。⑧ 可以想象得出,如果法院连最基本的用人权利都没有,谈何独立审判?

随着经济体制改革的深入,法院系统也不可避免地受到拜金主义的侵蚀。不仅如此,资产阶级自由化思潮也在悄无声息地影响着部分法官的思想。所以,提高法官的思想政治觉悟和建设一支廉洁的审判队伍要比短期内增加一定数量的法官人数更加重要。单纯依靠地方院校培训的法律专门人才可能会在法律专业上有所保证,但是,在数量与质量上似乎"还不能适应形势迅速发展的需要"⑨。"法院还必须依靠自身的力量加强对干部的教育培训",这是"造就德才兼备的法律人才"的实际要求。⑩ 1991年最高人民法院"要求各级人民法院进一步把廉政建设作为一件

①参见1988年《最高人民法院工作报告》。报告中有一段耐人寻味的内容:"我们殷切希望各级党委、各级人大和政府支持法院保证进人质量,希望组织、人事部门帮助法院把好进人关"。
②参见1989年《最高人民法院工作报告》。
③党的十三大报告中提出,审判机关的领导人员和工作人员,要建立类似国家公务员的制度进行管理,要按照党政分开,管人与管事既紧密结合又合理制约的原则,实行科学的分类管理。
④参见1989年《最高人民法院工作报告》。
⑤参见1986年《最高人民法院工作报告》。
⑥参见1988年《最高人民法院工作报告》。
⑦参见1988年《最高人民法院工作报告》。
⑧参见1988年《最高人民法院工作报告》。
⑨参见1990年《最高人民法院工作报告》。
⑩参见1990年《最高人民法院工作报告》。

大事来抓",从中不难管窥,法院队伍的廉政建设已经不是某一个阶段的问题。伴随着经济环境的改变,是否廉洁不仅已经成为"把法院队伍的业务建设作为提高执法水平的一项根本措施"的拦路虎,而且成为影响司法审判方式改革的关键因素。这一时期,最高人民法院在积极筹办中国法官学院的同时,推动"加快各省、自治区、直辖市法院培训中心建设的步伐"①的实施。在制度上,则起草了《审判员条例》,这些举措为后来的《法官组织法》、法官人事制度改革提供了理论上的实践支持。

1991 年是经济焦虑与社会躁动的一年,刑事案件、民事案件、经济案件在类型转变中的数量不断冲高,正处于不断加强建设过程中的法官队伍面临着前所未有的冲击。"法院的审判力量与任务之间的矛盾十分尖锐,任务繁重,人员不足,条件较差,审判骨干外流严重"②。1992 年,在邓小平同志的南方谈话之前,最高人民法院根据此前的司法实践已经对 1992 年的工作重点做了准确的预判。在法官队伍建设方面,最高人民法院首次系统地提出"努力把人民法院队伍建设成为一支政治坚定、业务精通、秉公执法、作风过硬、纪律严明,有坚强战斗力的队伍"的法官队伍建设方案,并起草了《中华人民共和国法官条例(草案)》,目标在于逐步完善有中国特色的社会主义法官制度。从 1978 年法官队伍的恢复建设起,通过 14 年不断采用的调整、调配、招干、培训、毕业分配等方式方法,不仅全国法院基本上能够满足办案对法官队伍的需要,而且"多形式、多层次的干部教育培训网络已初步形成"。③ 但是,"案多人少"的矛盾与法官队伍存在司法不廉洁现象越来越突出。

1992 年邓小平南方谈话之后,不仅解决了经济体制改革进程中"左"与"右"思想各执一词的问题,而且解放了社会经济领域里各个方面的活力。但是,法院在严肃执法方面受到来自社会的不良影响,既有来自法院以外力量的不正当干扰,也有法院内部违法乱纪的滋生与腐蚀。面对司法不公这一问题,最高人民法院在加强上级法院对下级法院的审判监督的同时,先后下发了《关于纠正执法不严和乱收费等不正之风的通知》和《关于开展执法执纪大检查的通知》。针对司法过程中的不正之风,一些法院试行了错案追究制。当初的错案追究制经过 21 年,演变为终身追究制。从率先实行到最终成为制度规范,时间跨度之长足以折射出法官队伍廉政建设的艰难,而权力监管的乏力并非是法院系统独有的廉政问题,而是整个权力系统中制度监管的失灵。因此,在 1994 年初,最高人民法院提出"各级人民法院要进一步加强队伍建设,重点是廉政建设和思想作风建设"④。在坚持"严打"斗争、维护社会稳定、坚决开展反腐败斗争、严厉打击严重经济犯罪的形势下,法官队伍廉洁建设的紧迫性油然而生。

与 1994 年及以前关于法官队伍建设的各种举措不同,1995 年最高院提出"重视对女法官和少数民族法官的培养"。对女性法官的需求可能源于离婚案件居高

①参见 1991 年《最高人民法院工作报告》。
②参见 1992 年《最高人民法院工作报告》。
③参见 1993 年《最高人民法院工作报告》。
④参见 1994 年《最高人民法院工作报告》。

不下的比例和未成年人犯罪审判过程中"寓教于审"的司法指导思想,对少数民族法官的需求则源于民族间纠纷数量的增多与少数民族地区国家法律社会化需要的双语支持。特别是后者,法官的专业化素质往往让位于法官的政治素质。这是因为民族政策在当时那个年代要比现有的法律体系更加严密和周全,从民族间问题的解决经验来看,政策远比法律更加能够产生实效,而对政策的把握需要仰仗于个人的政治素质,而非法律专业素质。当然,如果能够把两者结合起来是再好不过,然而在那个法律体系不健全的年代,这种"最好不过"只能是一种美好的愿望。重视女法官的培养这一法官队伍建设内容仅仅是在 1995 年的工作报告中有所表述,其后在 2016 年的《最高人民法院工作报告》中未见关于女法官培养的文本。尽管不能因为报告中未提及重视女法官培养的文本从而得出不重视女法官培养的结论,但是,至少可以反映出女法官在现实工作中遇到的诸多问题。少数民族法官的培养随着案件数量的猛增而受到重视,2012 年《最高人民法院工作报告》中提出"积极培养双语法官"的法官队伍建设方向。这是西部大开发战略目标对于司法保障能力的现实需要,也是国家法律得以与国家发展相一致的内在逻辑。

自 1979 年以来关于法官队伍建设的各项举措的实施,特别是 1995 年 7 月 1 日《法官法》的实施,应当说法官队伍建设取得了一定的成效。法官考评委员会的建立对提高审判质量起到了一定的作用,然而,随着新型案件特别是技术性案件的不断涌现,法官队伍暴露出专业能力与业务能力力不从心的不足。随着新法律的颁布实施和旧法律的修订,专业能力教育日益显重。1996 年,最高人民法院提出"到 20 世纪末,全体法官都要达到法律大专以上水平"[①]的学历教育目标。这个目标为 2001 年法院进人一律经由各省、直辖市和自治区高级人民法院统一实行考试、2002 年国家实行统一司法考试划定了努力的目标。国家法官学院的成立,则为《1996—2000 年全国法院干部教育培训规划》的实施提供了良好的硬件环境保障。

在法官队伍建设面向 21 世纪的最后五年期间,"社会各界对少数司法人员滥用审判权问题反应比较强烈"。[②] 就最高人民法院而言,直属机关"要做到贯彻中央政法委'四条禁令'、最高人民法院'八个不准'和《法官法》'十三个不得'的表率"。各级人民法院要"开展'审判工作究竟是代表谁的利益、为谁服务'和'如何维护司法公正'的大讨论","围绕案件查问题、围绕问题找原因、围绕原因追责任、围绕责任抓处理"。[③] 为了更好地抓好法官队伍建设,最高人民法院建立法官违法违纪举报中心。一系列的廉政举措一方面表明最高人民法院不断提高法官队伍建设质量的决心和措施,另一方面,也表明随着法官队伍规模的不断扩大,基于人为的司法不公也日益突出。第九届全国人大二次会议在《关于最高人民法院工作报告的决议》中提出:"要狠抓法院队伍建设,继续清除司法队伍中的腐败现象。"一个

---

① 参见 1996 年《最高人民法院工作报告》。
② 参见 1999 年《最高人民法院工作报告》。
③ 参见 1999 年《最高人民法院工作报告》。

"狠"字,足以言明法官队伍中司法廉洁的重要性与司法腐败的严重性。为此,在第一个《人民法院五年改革大纲》中,"把好进人关,提高法官素质"仍然占据着举足轻重的地位。在从法官的培训制度转向定期轮训制度的同时,为了彻底抓好法官队伍建设,建立和落实领导检讨责任制,并且发布《关于审判人员严格执行回避制度的若干规定》,以期扭转法官队伍的公众形象。与之配套的制度,如《法官培训条例》《2001 年—2005 年全国法院干部教育培训规划》也随之出台。然而,最高人民法院的期望并没有在整个法院系统中得以贯彻实施,在"案件大幅度上升与人力不足、法官素质不适应的矛盾日益突出的情况下,一些法院没有下大力气抓好法官队伍的教育培训"①。用当下的眼光来看,"案多人少"是主要的原因,经费保障是根本问题,而培训的实效性可能是最关键的原因。实际上,通过培训能否解决法官队伍中的司法腐败问题值得深思。的确,培训可以提高法官个人的专业和业务能力,甚至也能够在一定程度上增强法官的政治素养,但是,培训无论如何不能自觉挡住滋生腐败的制度性土壤。有权力的地方就有腐败的可能性,只有腐败的成本大于腐败的收益,以此为基础的培训或许才有可能结出希望的果实。

如果说在 2001 年以前,加强法官队伍建设重在提高业务水平与政治素质,那么,自 2001 年始开展的《法官职业道德基本准则》则开辟了"具有中国特色的法官道德自律体系"②的新时期。这是最高人民法院在全国实行《公民道德建设实施纲要》的基础之上,针对法官队伍建设采取的另一重要举措。与法官队伍建设紧密联系的法官权利义务的制度建设也随之走在改革的路上,比如确定法官员额、书记员单独职务序列、法官与法院行政人员实行分类管理的改革试点工作已是如火如荼。然而,法院系统独立的人事权并未得到彻底的保障,其中最为根本的障碍在于法院财政支出的独立性。法院人事管理的改革始终未能保证社会公众对司法公正诉求的实现,并且东部沿海地区和大中的城市基本法院"案多人少"的矛盾、中西部地区法官严重流失的问题也未得到有效解决。虽然不能由此得出法院队伍建设改革失败的结论,但是,法官队伍建设未能与法官改革产生共振,其中的端倪值得思考。《2006 年—2010 年全国法院教育培训规划》出台,除此之外,还通过在社会上招聘一定数量的专家、学者和律师担任法官,从事审判工作。不得不说,这一措施的确有利于法官专业水平的提高,然而能否解决法官队伍中存在的现实问题,即待遇、发展以及思想建设等方面的懈怠,恐怕其结果会令人失望。"全面实施审判津贴制度,逐步提高法官待遇"成为法院系统稳住法官队伍的首要措施,这是"加强职业保障建设,完善法官职业保障机制"的基础性工作。③ 然而,就是这个基础性工作,到 2008 年才得以充分认识,其中既有国家人事制度改革滞后的原因,也有法院司法保障系统未能得到充分认识的原因,而最为深层的原因在于法院工具主义的观念

①参见 2001 年《最高人民法院工作报告》。
②参见 2002 年《最高人民法院工作报告》。
③参见 2008 年《最高人民法院工作报告》。

未得到彻底的改变。2015 年,人员分类管理改革正在推进,法官员额制仍在试点,法院人才流失现象依然存在。① 法官队伍建设还是自 1979 年以来一直存在的烂问题,老问题未能得到根治,新问题又层出不穷。与法官队伍建设同步的另一支队伍——人民陪审员——的制度性改革也在逐步推进。历经四十年,人民陪审员制度仍在改革之中。《人民法院第四个五年改革纲要》(2014—2018)明确提出:"推动人民陪审员制度改革,落实人民陪审员'倍增计划'"②。

我国人民陪审制度的发展历史一波三折,直至 2005 年 5 月 1 日起施行《关于完善人民陪审员制度的决定》(以下简称《决定》),人民陪审制度终至法制化,尘埃落定。③ 但是实际运行过程出现的"陪而不审"④现象在学界引起了人民陪审制度路在何方的"完善论""存废论"以及"陪审团论"之争。⑤ "在讲述陪审制度时,必须把这个制度的两种作用区别开来:第一,它是作为司法制度而存在的。第二,它是作为政治制度而起作用的。"⑥《决定》第二条规定,人民法院在审判社会影响较大的刑事、民事、行政案件第一审案件时,需由人民陪审员和法官组成合议庭进行(适用简易程序审理的案件和法律另有规定的案件除外)。但是一般来讲,社会影响较大的案件多为情节恶劣、手段残忍、连续作案、团伙作案、流窜作案的刑事案件或案情复杂、涉及当事人较多、引起人民群众广为关注的民事案件或影响恶劣、激起民愤、影响政府权威和政策执行的行政案件。这些案件基本上事实复杂、证据认证困难或者为新型案件,没有经过长期法律思维和法律实践训练的陪审员怎么能够参与审理,更不用说中级人民法院作为第一审法院所审判的案件了。⑦ 如果遇到法律规定模糊的案件,不具备法律推理能力的陪审员根本无法在庭审阶段发表意见。

---

①参见 2016 年《最高人民法院工作报告》。

②参见《人民法院第四个五年改革纲要》(2014—2018)。

③2004 年 8 月 28 日第十届全国人民代表大会常务委员会第十一次会议通过了《决定》,自 2005 年 5 月 1 日起施行。

④以"陪而不审"作为关键词,以全文为锁定范围,以中国知网为检索文库,以 1979——2008 年为时间段,发现《人民司法》曾于 1979 年第 9 期刊登作者署名为唐则铭的《切实执行人民陪审员制度》的文章,文中写道:"那种把人民陪审员当作'陪衬',陪而不审,甚至嫌人民陪审员'麻恒'、'碍事'的想法和做法,都是极其错误的。"这是中国知网中能够查到的把"陪而不审"作为问题提出的第一篇文章。

⑤这场关于陪审制度存废的大讨论起源于 20 世纪 90 年代末期,一直到 2004 年《关于完善人民陪审员制度的决定》出台后,讨论才慢慢归于终止,但是到目前为止,还是有一定的讨论关于陪审制度应否废除的文章出现,但是也有学者认为,这场讨论是一个"伪命题",详见:刘磊.陪审制的知识考古[C]//陈光中.讼法理论与实践(刑事诉讼法学卷上卷).北京:中国政法大学出版社,2004:156.

⑥[法]托克维尔.论美国的民主(上卷).北京:商务印书馆.1997:311.

⑦《民事诉讼法》第十九条规定中级人民法院一审案件包括:重大涉外案件,在本辖区内有重大影响的案件,最高人民法院确定由中级人民法院管辖的案件。《刑事诉讼法》第二十条规定中级人民法院管辖下列第一审刑事案件:反革命案件、危害国家安全案件;可能判处无期徒刑、死刑的普通刑事案件;外国人犯罪的刑事案件。《行政诉讼法》第十四条规定中级人民法院管辖下列第一审行政案件:确认发明专利权的案件、海关处理的案件,对国务院各部门或者省、自治区、直辖市人民政府所做的具体行政行为提起诉讼的案件,本辖区内重大、复杂的案件。

其次,《决定》第四条规定遴选人民陪审员资格条件不低于 23 周岁,学历不低于大专①,符合年龄条件的年轻陪审员不论是在生活经验还是社会阅历方面都无法对具有重大影响的案件做出让人信服的庭审意见。此外,学历与法院审理需要的特殊技艺能力之间不存在等号。第三,《决定》第五条规定人民代表大会常务委员会的组成人员,人民法院、人民检察院、公安机关、国家安全机关、司法行政机关的工作人员和执业律师等人员,不得担任人民陪审员。这样就会导致既懂法律又有实践经验的人员被排除在外,而通过短期法律培训的陪审员却登上审判席,那些通过司法考试的有志之士历经千辛万苦却只能望洋兴叹。第四,《决定》第十七条第四项规定人民陪审员违反与审判工作有关的法律及相关规定,徇私舞弊,造成错误裁判或者其他严重后果的,构成犯罪的,依法追究刑事责任。制度设计是希望达到陪审和监督的目的,陪审员仅仅作为承载表达民众意见的中介,至于庭审意见是否采纳是法官的事情,陪审员不能代替法官做出判决,只能影响判决,制度却规定了刑事责任,使得陪审员在此种形势下只能"陪而不审"。

尽管人民陪审员制度功能不以陪审员在庭审中积极参与审判的程度作为评价参与审判、监督审判功能是否实现的标准,但是如果陪审员在庭审过程中一言不发或只发只言片语,那么只能让在场的当事人、律师以及旁听观众直接感受到陪审员不过是个陪坐的"桩子"。这种现象的产生主要存在以下几个原因。

第一,陪审员多半属于兼职型,每个人都有自己的工作,能否及时在开庭前仔细翻阅全部案卷受制于所在单位主管领导对于人民陪审制度的了解和支持程度。相对来说,退休职工或者下岗职工虽然能够克服时间不便,但是奔波于法院和住所之间带来的种种困难,尤其是老同志的守旧思想往往会促使承办法官产生不情愿合作情绪,②导致有时间且能够发言的陪审员出庭机会较少,且增大了那些能够出庭但是没有时间阅卷的陪审员不发言或少发言的概率。对于法律适用比较模糊或案情较为复杂以及卷宗内容较多的案件,绝大部分陪审员不易发现卷宗中的诉讼争点,当然也就无法在庭审期间发表自己的观点,尤其是有针对性的观点。

第二,顾及面子。出于对陪审员工作的热爱,陪审员非常看重这个经由地方人大选举产生的身份③,在庭审中担心自己由于发言水平不高而有失尊严。在"一审二陪"④结构中,陪审员之间不仅注重自己在法官心目中的形象,同时也不想因为自己的发言获得同伴的轻视,更不想因为发言而影响自己以后参加庭审的机会。⑤

①学历条件违背了"每个人都应由同他地位同等的人来裁判,这是最有益的法律。……走运者看待不幸者的优越感,下等人看待上等人的嫉恨心,都不能从事这种裁判"。参见:[意]贝卡里亚.论犯罪与刑罚.黄风.北京:中国大百科全书出版社,1993:20.

②年长的人民陪审员往往过分坚持情理常识,以至于承办法官难以用证据规则来说服,最终导致冲突。

③一些陪审员之所以在意这个身份,往往出于在熟人圈子中获得尊重,甚至获得一点物质利益。

④法院对于合议庭的简称。如果合议庭由一位法官和两位陪审员组成,简称为"一审二陪";如果由两位法官和一位陪审员组成,则简称为"二审一陪"。

⑤多数法院规定,出庭次数的多少决定了获得补贴的数额和年终评优资格。

面对谙熟法律的律师以及检察官,沉默是金。加之根据法院发放办案补贴的制度,在庭上发言提问并不能获得额外补贴,与其由于自己发言提问而可能被人看不起,不如静坐,非但不影响法官的审判思路,也许反而有利于庭审。

第三,法律适用不清。法律思维和法律实践无法通过短期培训就可以获取,也不是通过断断续续的庭审能够固化,这是一个专业技艺的塑造过程。除却一小部分陪审员由于对案件事实不清而少发言或者不发言之外,大部分陪审员知道自己掌握的法律知识不足以在庭审中提问。① 尤其在合议庭采取了"一陪二审"②结构,表明案件的复杂性和疑难性高于"一审二陪"结构下案件的复杂性与疑难性。审视《决定》中关于错判以及引起严重后果的制度规定,陪审员只能采取保持沉默的方式或表示性发言来履行义务。

尽管社会公众不能实现学界通过逻辑分析制度造就的"陪而不审",然而上述现象,经由亲眼看见陪审员在庭审阶段表现的对当事人的传述,足以在普通民众中形成共识。

根据《决定》,陪审员除不能担任审判长以外,在案件审理过程中与法官享有相同权利。陪审员不仅参见庭审,而且参加合议,并且可以根据情况把案件提请审委会。尽管庭审过程中存在"陪而不审",但是陪审员可以通过合议过程发表意见从而影响判决。法官作为审理过程中的主导者,对于陪审员在合议阶段发表的意见是否影响司法判决拥有令人信服的话语权。

第一,目的决定功能。法院采用陪审员的目的决定了陪审员影响案件判决的力度。在普通程序审理的案件与一审案件中,陪审员的作用不过是凑个数。急遽变革的社会结构和经济、政治及文化思潮势头要求社会纠纷能够及时得到处理,面对提高结案效率的巨大压力,法院只能在现有法官数量基础上,实现单个法官最大化承办案件,努力缩短结案时间。根据诉讼法的有关规定,提起上诉的案件,上一级法院除法定情况外可以发回第一审法院重审,③第一审法院另行组织合议庭。在法官少案源多的情况下,为了能够在上一级法院发回重审案件时另行组织合议庭,第一审法院应尽量充分发挥法官的个人办案能力,希望法官能够独自担纲普通程序。诉讼法规定除基层法院适用简易程序可以由审判员一人独任审判员外,普通程序的合议庭成员应当由三名审判员或者由审判员和人民陪审员共三人组成合议庭进行,恰好为法院提供了提高结案效率的制度空间。法院希望陪审员参加审判的根本目的在于通过他们与审判员组成合议庭,提高单位结案效率,并非希望陪审员在其中行使陪审和监督的权利。这种倾向自然导致了法官选择陪审员的倾向性,即乐于和那些能够配合自己办案的陪审员一起审理案件,直白地说,"配合"的意蕴就是"陪而

---

① 人民陪审员可能熟悉一般的法律条文,但是,一旦遇到证据责任分配问题,陪审员就是门外汉了。

② 当二位法官因为案件事实认定与法律适用出现意见不统一,陪审员只能采取沉默,此时陪审员表达的不是审判能力,而是一种为人处世的智慧。

③ 尽管在条文中使用"可以"字样,但是实践中上一级法院基本上采取发回重审的方式。

不审",这同时也导致了《决定》中规定抽取陪审员采用随机选择制度的虚设。

第二,法律刚性使然。设计陪审制度的初衷是追求司法的民主、公正,通过大众参与的方式,实现对于法官擅断司法现象的监督。但是不能主导审理案件,更不能通过陪审制度影响对案件的定性判断。陪审员无论发表出多么令人信服的意见,充其量只能在法官自由裁量权范围内产生影响,而不能突破法律规定。因此,无论陪审员发表什么样的不同意见,最终还是法官了算。毕竟,法官远比陪审员更熟悉法律的底线,而陪审员意见不过是法官在某些案件中输送利益的口实而已。

第三,利益衡量取舍。以成为人民陪审员为荣不排斥获得报酬的心理。根据《决定》以及各级人民法院因地制宜的陪审员相关制度,陪审员每参加一次庭审将获得40~100元不等分补贴,甚至还有阅卷补贴以及其他形式的补贴。[1] 参加庭审次数多的陪审员所获得补贴比法官的补贴还要丰厚。参加庭审次数的多少取决于法院通知,尽管《决定》中规定组建合议庭通过随机方式选择陪审员,但是为了能够便于处理案件尤其是专业性较强的案件,法院一般采取由承办案件法官选择陪审员的方式来组建合议庭。作为负责联系陪审员的法官助理或者其他法院工作人员[2]基于法官平时的审判习惯以及通过日常工作关系得到的暗示,尽量选择能够听从法官裁判的陪审员,而不是固执己见的"牛黄丸"[3]。陪审员与法官能否保持融洽关系决定了陪审员出庭次数的多少,继而影响了获得补贴的多少。这导致处于参与和监督审判地位的陪审员由于审理案件的现实要求而成为法官决定能否参与庭审的观众,由民众陪审关系转化为法官控制关系,法官的选择甚至还夹杂着人情恩惠。为了能够争取出庭的机会,陪审员必须以法官为中心,借此疏通搞好关系,维系自己的经济利益。如此,参加庭审的当事人和律师看到陪审员在席上"陪而不审"的情形便不足为奇。"既然某些法官可以成为当事人行贿的对象,如何保证人民陪审员不受不正之风的影响呢?法律对法官有着细致严格的约束,但是对陪审员的管理相对松散,因此,陪审员成为行贿对象的可能性也很大。"[4]陪审员"陪而不审"既未实现司法审判的民主目标,也未实现实现民意期待的司法监督。

第四,诉讼公正要求。"迟来的正义不是正义"。法院审判案件必须遵守有关诉讼时效的规定,面对越来越多的诉讼案件,追求结案效率成为每个承办法官的首要目标。在合议过程中,法官不反对陪审员发表各自对于案件的意见,但是并不希望陪审员与自己发生争执,尤其不希望案件由于合议庭存在分歧而被提交至审委会。一旦提交至审委会,势必会影响结案效率,法官本人可能因为自己没有能够说服陪审员而被同行取笑,有时候可能还会变成陪审员津津乐道的谈资。即使面对

---

①有的法院开庭、合议、宣判一个案子下来是六十元,而有的法院则是开庭八十元,合议八十元,宣判八十元。

②案件流程管理办公室负责选配陪审员,虽然是随机选派,但是对于个别法官的要求,作为利益共同体,案管办还是可以满足法官排除性的要求。

③方言中指那些钻牛角尖、认死理的人物。

④杨在文.监督法官,人民陪审员做到了吗[N].成都商报,2005-05-23(05).

审理专业性较强的案件,法官也希望那些具有专业知识的陪审员能够配合自己的审判工作,尽快结案,毕竟有些专家不懂程序,这有可能造成方向性的影响。

第五,发表意见不等于影响判决。许多民众认为陪审员只要发表自己的意见就能够影响判决,这是作为弱势群体固有的行为期待心理。决策权被发言权替代,直接遮蔽了司法审判的事实真相。不论是在庭审阶段还是在合议阶段,不存在不发一言的陪审员,关键在于陪审员发言能否对判决产生影响。发表意见的独立性程度无法说明陪审员对于判决的影响。如果我们把完全独立发言的表象作为能够坚持自己意见并影响判决的标志,不要忘记,"如果强迫这些官员接受外部人士参与其决策过程,他们会把这种参与视为一种干扰"①。具有丰富实践经验和法律思维的法官拥有案件决定权,他们宁可接受提请审委会也不能接受改变案件定性的意见。

第六,权利与责任分离。责任作为义务的必然规定,自然与权利相对应。按照错案追求制度规定,承担责任的主体不是陪审员而是法官,这必然要求法官在法律规定之内做出判决,即对于案件的定性只能是非此即彼。法官无论如何不能因为陪审员的独立发表意见而过分行使裁量权,一旦引起上诉被发回重审或者被提起监督再审,不仅会直接影响法官个人,而且还会影响集体利益。作为合议之后拍拍屁股就走的陪审员所承担的错判"零责任"使得法官不会轻易采纳陪审员的意见,陪审员很少有通过发表意见来影响判决的奢望,这样做会影响与法官的融洽关系,随之不利于通过陪审机会获得的其他好处。

第七,法院评优机制考核项目单一。为了更好地激发陪审员的工作热情,法院采取通过参加出庭次数的多少以及与法官配合程度作为考核目标来评选优秀陪审员。但是在时间安排、经济利益、个人能力和平行性格因素的综合作用下,"陪而不审"应运而生。通过陪审员抓数量评选先进必然导致这种现象的出现,这很容易使陪审员成为作秀的工具、摆设和花瓶。将"配合"好坏的程度作为考核指标则直接把陪审员置于法官的一言九鼎之下。出庭次数多的陪审员一定是与法官配合得好,即与法官配合默契的陪审员出庭次数一定多于其他与法官配合紧张的陪审员。评选机制赋予了法官具有超越陪审员权利的支配权,从作为被监督对象转变为监督者的支配者,参审与监督功能荡然无存。

2015 年,中央全面深化改革领导小组会议审议通过《人民陪审员改革试点方案》《深化人民监督员制度改革方案》,进一步扩大人民陪审员、人民监督员的选任范围,规范选任程序,扩大参审和监督案件的范围。从制定陪审员的遴选制度到法院选择陪审员的实践运作,从参审和监督角色到搁置与约束角色的转变,从人大任命到评优机制,无一不浸透着社会对人民陪审制度的无限期望。尽管"陪而不审"只是普遍而非整体存在的现象,不能全盘否定人民陪审制度,但是这已经引发社会

---

①[美]米尔伊安·R.达玛什卡.司法和国家权力的多种面孔——比较视野中的法律程序[M].郑戈,译.北京:中国政法大学出版社,2004:28.

对人民陪审制度价值和功能是否需要重构的忧虑和思考。亟须解决风起云涌的社会纠纷现实、试图实现司法权威的功利性改革速度、意识形态下表达政治目的的执政愿望，与没有经过本土化的引进制度通过"化合作用"产生了令人费解的"陪而不审"。"及时变革是所有面临不可抗拒变革压力的法律制度获得生命力的关键"。①法律是人类的法律，作为技艺性的专业知识，依赖于社会公众中的精英分子是法律得以实现自身价值的根本，鼓励普通民众参与则是实现司法公正，获得普遍正义认同的唯一选择。陪审制度能否发挥其应然功能、实现制度设计目的，需要得到统筹考虑、系统安排。从陪审员遴选到陪审员参与审判，从合议到判决以及权利义务和奖惩责任，无一不需要科学设计，并且还要考虑与之相关制度的关系，以此获得整体生命。不能"头痛医头，脚痛医脚"，要坚持"五个指头弹钢琴"，正视社会期待通过人民陪审制度改革来实现司法公正的愿景。

纵观自 1978 年以来近四十年的法官队伍建设（包括正式法官与人民陪审员）历程，不难看出，法官队伍建设始终是以问题为导向的被动式适应性改革。从提升法官队伍素质的要求上看，法官队伍建设沿着具备政治素质、提升专业素质、转变为又红又专的双素质要求，继而增加了职业道德要求，最后形成完整的法官职业素质体系。从提升法官队伍素质的要求上看，法官队伍建设沿着自我培训、借助高等院校培训、高等院校与自我培训结构相结合、统一司法考试的路线实施专业素质建设。从提升法官职业素质的要求上看，法官队伍建设沿着调配、安置、选用、社会招考到从科研机构、高等院校与律师队伍中选聘人员担任法官，从事审判工作。不过，贯穿整个法官队伍建设的核心是司法腐败，这也决定了思想教育、廉洁教育与公正司法教育成为法院系统永恒的主题，继而引出了诸多学术性的对象。比如，对司法主体与司法责任的研究、法官人事制度改革的研究、法官审判与判决责任的研究、法官职业保障与法官司法权责的研究等都需要体系化的理论供给。这些以司法主体及其权利义务责任为对象的专门性研究需要一门学科的支持和统筹，无论是法理学还是立法学，都无法为其输出学科性的专门性理论体系。因此，从理论需求的供给侧研究方面来讲，围绕法院人事改革的研究需要体系化的配套制度支持，而非单一的法官员额制。从源头上而言，着力点应当放在矛盾纠纷共治体系的完善上，培养全社会尊崇司法的法治意识，或许才是最根本的解决方案。

---

①［美］哈德·J.伯尔曼：法律与革命［M］.贺卫方，高鸿钧，张志铭，等译.北京：中国大百科全书出版社，1993：25.

第三章　社会秩序规制与人权保障的加强

关于国家与社会的一元结构或者二元结构对国家政治的影响,构成了政治学关于国家与社会关系的全部研究内容。国家秩序、社会秩序与行为失范构成了判断国家、社会与公众之间合法性关系的表征,而社会秩序、公众秩序的合法性与否则是国家控制社会能力的晴雨表。因此,国家总是通过一定的"法律"符号构建有利于执政稳定性的社会秩序。然而,与国家构建理想社会秩序所不同的是,社会可能配合国家实现秩序建构,也可能因为社会内部隐藏的种种变量而与国家目的相悖。同时,理论上认为社会公众都希望生活在秩序井然的国家秩序中只能是一种"家长式"的主观推理。绝大部分个体首先考虑的问题是自己的生存状况,如何在国家的合法性下围绕生存进一步实现发展谋略。因此,围绕社会秩序的建构,实际上暗含着国家控制社会秩序的需要。在这个过程中,国家必须表现出自己控制社会的能力,进而通过社会控制实现对个人生存谋略合法性的控制。然而,这丝毫不能阻止社会公众在国家秩序与社会秩序合一的前提下失范,并且个体失范往往预示着个体所属阶层的群体失范的到来。在治疗个体失范以及群体失范的过程中,国家势必会因为可能发生的社会秩序失范而采取强烈的刑事措施。在采取刑事措施的过程中,更有可能采用简约程序以求尽快恢复社会秩序,从而确保能够朝着国家理想的秩序前进,甚至还会借助强大的国家力量,直接限制失范个体的人身自由,通过社会隔离,实现秩序稳定。在国家、社会与个人之间围绕秩序建构而发生的博弈内容,汇聚成一点,就是国家发展过程中如何保护人权与刑事追诉之间的矛盾。其中,人权司法保障的程序与程度反映了国家在建构司法秩序过程中自我拘束力的法治化。

第一节　社会秩序失范的形成与表现

"失范"一词是法国社会学家涂尔干在《自杀论》中的核心概念,其内涵意指个人在社会生活中都有一定的欲望并由该欲望支配自己的行为。行为由社会中存在的规范进行制约,部分行为规范的短缺或者说是真空,导致了社会秩序的混乱无序、道德上的无约束,这就是涂尔干所指的病态失范。① 杜尔克姆也描述了失范的

---

①陈程.当前我国社会失范的类型分析[J].社会,2002(12):12-14.

社会状态,大致可以这样理解:社会成员在参与社会生活的过程中,其个人行为受制于一个完整的社会规范体系的控制与调整,社会成员之间存在道德上的关联,各成员都努力地无限接近于完美的人的形象,而且对社会成员的个体幸福明确了阈值。如果这个社会规范体系出现了分散或者冲突、社会成员之间的道德关联出现断裂、个体幸福超出了相应阈值,就会引发社会秩序的失范。① 美国社会学家默顿则从文化角度对此进行了进一步的解释,社会系统中存在体系繁杂却相互关联的社会因素,其中有两个重要的因素——文化目标与制度化手段②。社会系统中的行为都是朝着社会系统中的预定目标发展,这些行为由该目标决定的规范制约,但是行为目标与社会规范待实现的目标之间会存在不一致。如果符合了文化目标的制度化手段不能实现这一目标,社会成员的行为则会越轨,逐渐地就形成了失范。

在社会结构系统中,各结构之间只有达到相互关联且平稳运行的状态,才会出现稳定的社会秩序。随着社会生产力的不断发展,各种生产的日渐专门化与专业化,促进社会分工不断精细化。社会分工的精细化加剧了人口、物质资源、精神思想在社会生活中的流变,由此而生的结果是贫富差距加大,并导致社会分层日渐明显。社会成员关系与社会结构关系在纵向结构上与横向交往上渐趋复杂化,社会成员关系不再是简单的传统道德关系,社会结构关系也早已不再是双重结构之间简单的互动关系,而是在互动中互相转化、在转化中解构与重构社会阶层的关系。宏观上看,在从传统走向现代的转型过程中,社会系统会出现全新的社会目标,结构系统中与新目标不一致的旧的社会规范会被替换,但是这种替换不是一蹴而就的。当旧的规范慢慢退出社会系统后,新的规范尚在孕育和成长之中,由此形成"规范真空"状态,即这一时期出现的越轨行为处于"无人看管"的状态,这可能会引起社会系统从点到面的全面混乱。

改革开放之后,市场化生产逐渐取代计划经济下的集体化生产,以单位为基础的社会成员结构形式逐渐被打破。在集体化生产的组织结构中,成员之间拥有密切的道德联系,而彼此之间的社会交往非常简单。每个成员在社会结构系统中具有相对固定的位置,社会规范能够通过社会结构脉络的渗透,对每个成员实施有效的控制。越轨行为在实施的过程中不会消耗过多物质性的成本,但是,越轨行为主体受到来自社会制裁的影响,往往是以道德批判为主,不仅会影响到越轨行为者本人,而且会殃及其家庭和家庭中的成员,更有甚者被国家以集体的民意予以严惩。随着我国社会转型的现代性越来越显著,传统的以单位为结构基础的社会体制逐渐溶解在社会化、市场化之中,为社会成员提供社会交往的基础是契约,制裁方式则转变为以国家法律制裁为主的方式。与道德制裁相比,法律制裁具有行为的时效性,但是,对于行为主体的影响及影响面却远远不及以道德批判为制裁方式的惩

---

①郭星华.社会失范与越轨行为[J].淮阴师范学院学报,2002(1):35-38.
②[美]罗伯特·K.默顿.社会理论与社会结构[M].唐少杰,译.北京:译林出版社,2006.

罚强度。在社会秩序稳定的情况下,人对自己行为的认知及对行为带来的后果的预计判断具有理性与经济性,都是充足且符合社会规律的,而社会中的人都意欲以最小的成本赢取最大的利润。① 如此一来,低廉的越轨成本与丰厚的越轨收益导致了秩序失范的形成。

每个人都是一个机会主义者,一旦社会规范对社会行为的控制出现了间隙,部分社会成员就会试图利用间隙冲出社会规范的控制机制,以实现自己的越轨性收益。在市场经济秩序下,资本的活跃激发了人的贪婪性。同时,由于国家立法无论是在规模上还是在技术上均未能满足国家控制社会的需要,以至于在社会结构系统中出现了"规范真空"现象。人们难以通过理解正式规范体系来实现对自己行为合法性与合理性的全部正确评价,能够自由选择的个人或者群体则受到了利润刺激,开始冲破社会规范网络的约束。② 在当代中国社会的转型过程中,失范主体或零或整地隐藏在社会各职业中,采用秘密的活动形式,失范团伙内部的伙伴关系也极具隐蔽性。与此同时,还有一部分潜在的失范群体在社会生活中寻求生存,包括流浪群体、青少年、流动人口,他们中的大部分人处于较恶劣的生存环境之中,面对社会转型,不仅自身具备的能力不够,而且在道德观念和法律观念方面也处于比较无知和落后的状态。在强大的社会反差面前,往往容易出现逆反心理和报复心理,不仅自己有意图通过行为失范获得利益,而且容易通过加入其他利益群体的失范行动来达到"泄愤"目的,其结果是扩大了行为失范的社会效应,从而在国家秩序与社会秩序之间制造震荡。1980 年《人民日报》统计到的秩序性失范事件,占了同年该社所报道的社会失范事件的 27.08%。③ 由此可以推断,行为失范频频爆发的最终结果是秩序失范,而秩序失范则是国家控制社会能力式微的体现。因此,针对秩序失范的情形,采取必要的控制措施既是国家秩序建构的需要,也是完善社会秩序与其他合规群体的需要,三方达成的默契推动了自上而下的国家控制社会的一系列行动。

社会系统出现了秩序失范,无论是对国家控制力,还是对社会发展以及公众自身的生存策略都会产生重要的影响。针对财产的盗窃犯罪数量不断激增,随之而来的问题是生命安全得不到保障。与此同时,危害全体社会公共安全、破坏社会公共秩序的行为在数量、危害性方面也有明显增长。秩序性失范主要表现在以下几个方面:第一,社会控制手段不足,包括法律在内的社会规范体系缺少行之有力的手段(来)控制社会成员的不当行为,国家公权力对社会秩序的控制能力不足,法制建设的缺陷日益突出。第二,社会资源分配与利益生产之间矛盾突出,利益关系是社会关系的基础关系,经济秩序与社会结构的变化必然导致社会关系中利益关系的调整。社会成员之间对于资源支配能力的差异与获取利益付出的成本之间基于

---

①郭星华.社会失范与越轨行为[J].淮阴师范学院学报,2002(1):35-38.
②朱力.关于社会失范机制的探讨[J].社会科学研究,2006(5):111-118.
③陈程.当前我国社会失范的类型分析[J].社会,2002:12-14.

自身的调控能力愈显悬殊,难以获得来自国家的公平保障,从而导致"弱肉强食"丛林法则的盛行,进而诱发并加剧行为失范。第三,社会趋利心理向多元化发展。社会转型时期,人们自强不息、勇于奉献等传统价值观受到了来自"唯利是图"等价值观的冲击,但新的价值观尚未完全形成,追求个人享乐的行为在社会交往行为中会体现出强烈的个人主义,并由此产生权利的过分欲望。第四,官僚体制内部也和社会一样普遍出现不良风气,贪腐现象严重,部分官员追求金钱利益和权力刺激,或者恣意妄为、玩忽职守,对行政权缺少相应的监督或者制约机制。[①] 上述种种体制内外的行为失范是构成社会秩序失范的主要力量,并催化潜在失范行为人从心里想法转向现实行动的行为。一场群体性的社会秩序失范与另一场群体性的国家秩序建构,围绕行为合法性展开了来自各个方面的对抗。

第二节　"严打"整治的政策支持与问题衍生

改革开放初期,经济商品化与个人经营合法化促使社会秩序空前活跃,同时由于国家控制社会的规范体系尚未到位,"规范真空"与"控制失范"造成了秩序失范的状态。危害社会公共安全和人民生命财产安全的行为,在全国各地普遍高发,尤其是大中型城市的犯罪在数量和危害性方面都达到了高潮。此时,我国法制建设进程刚起步,法制理念和制度建设都明显阻滞了国家控制社会能力的发挥,社会秩序失范的程度已经超出了司法和执法的控制范围。

面对严峻的社会治安形势,国家开始了新的尝试。对于态度猖獗但数量众多的犯罪分子,国家很难完全依靠国家机器进行全面清理。因此,有必要开展一场以社会动员为主要内容的打击,这就要求国家必须突破传统的依靠国家力量、纯粹行使法律手段的单一控制路径,而要采取动用全社会力量,利用法律、经济、行政、道德等多种措施的综合治理路径。1981年经五大城市治安座谈会总结出的《会议纪要》提出了社会治安综合治理的总方针与两极化的政策,即全党动手,实行全面"综合治理",对于极少数杀人犯、放火犯、抢劫犯、强奸犯、爆炸犯以及其他严重危害社会的犯罪行为坚决依法从重从快惩处;对于大量的有轻微违法犯罪行为的人进行教育、感化、挽救工作,预防犯罪。[②] 1982年,在中共中央颁布的《关于加强政法工作的指示》中,"总方针"与"两极化"两个政策得到了详细解释和发展。在这两个政策的支持下,猖獗一时的违法犯罪活动得到了有效的遏制与打击。然而,指导犯罪活动预防与惩治的依据主要是几个会议文件,无论是实体方面还是程序方面都缺少明确的法律依据。各地司法机关及其司法人员,以及参与综合治理的社会力

---

①向德平,田北海.转型期中国社会失范与社会控制研究综述[J].学术论坛,2003(2):119-124.
②陈兴良."严打"利弊之议[J].河南省政法管理干部学院学报,2004(5):120-123.

量①,甚至普通的人民群众对于"严重危害社会的犯罪行为"都有着不同理解。"两极化"的政策在被不折不扣地执行的过程中,虽然对于社会秩序稳定起到了一定的短暂效果,但由于各地对于文件把握的尺寸不一,并未能从规范意义上解决全国范围内大规模的社会治安混乱问题。相反,"规范性失范"成为国家规范社会秩序过程中的衍生品,形成了新的秩序失范,并且"规范性失范"的危害性远远大于社会行为失范的危害性,一次行为失范不过触犯了规范,而"规范性失范"则从源头上开起了社会秩序的失范。为了防止社会秩序失范的满溢,增强社会规范对社会行为的控制力,1983 年,国家开始了"严打"整治,强调动员社会力量,充分发挥司法部门和执法部门的职能,对严重刑事犯罪行为在法律规定的条件下从重从快处理,对危害性比较轻微的行为从轻处理,以实现对犯罪活动的有力打击和惩治。② 国家能否控制社会秩序的发展方向,体现了国家面对社会秩序失范时的资源动员能力,以及运用资源实现利益最大化的能力。但是,由于参与秩序建构的社会公众基于对个人利益的计算,往往在自身利益能够得到满足的情况下,就降低了参与秩序建构的主动性与积极性,而开始转向怎么能够维护自身利益的个体性思考。

从一系列政策、文件的字面上看,只能看到"严打"整治强调"依法从重从轻"的处理方式,实际上,始于 1983 年以及后来间断性的数次"严打"整治,指导"严打"的基本精神体现了我国刑事政策的多重精神。从"严打"整体的指导精神上来看,"严打"整治要求各级地方政府、司法机关应根据犯罪嫌疑人的具体情况和情节恶劣程度做不同的处理。该关的要关,该放的要放,该严肃的要严肃,该宽容的要宽容。③具体来讲,司法机关首先区分了杀人、抢劫等严重危害社会的犯罪行为和一般的轻微犯罪行为,对于具有严重社会危害性的,应该在法定幅度内从重从快处理,但是对于一般的刑事犯罪,尤其是未成年人犯罪,在判处刑罚的同时要兼顾到刑罚的教育、感化、挽救功能。继而,对严重危害社会的犯罪嫌疑人进行了再分化,如其有投案自首、坦白交代的情节,则从轻发落。因此,"严打"整治就不单单是一次体现国家控制社会秩序能力的刑事斗争运动,而是一次贯彻国家区别对待、宽严相济的刑事具体政策④的社会控制行动,是基本刑事政策在刑事实践过程中的具体化。

在 1997 年《刑法》修改之前,全国人大常委会陆续颁布实施了关于"严打"整治的指导性政策与决定和规定,其中《关于严惩严重危害社会治安的犯罪分子的决定》与《关于迅速审判严重危害社会治安的犯罪分子的程序》的影响最为深远。两

---

①严励."严打"刑事政策的理性审读[J].上海大学学报,2004(4):5-18.

②陈兴良.刑事法治视野中的刑事政策[J].江苏社会科学,2004(5):117-132.

③童伟华.刑事法治视野下的宽容精神——再说"严打"[J].刑事法评论,2007(20):543-548.

④在革命战争时期,我党已经采取了镇压与宽大相结合的对敌斗争策略,将破坏分子区分为坚决不悔改者、首要分子、服从分子并采用不同态度处理。新中国成立初期,为了镇压反革命运动,维护新生政权,中共承继了革命战争时期的策略。在党的七届三中全会中,该策略得到了进一步发展,对反革命运动的首要分子坚决肃清,不处理胁从分子,并且奖励立功者。到 1956 年,一项政治策略已经完全转型为惩办与宽大相结合的刑事政策,时任公安部长的罗瑞卿在党的八大第一次会议中即介绍了惩办与宽大的具体内容。

个文件首先突破了 1979 年《刑法》关于刑事罪名的规定,以政策名义增设了 7 个普遍性犯罪行为的死刑罪名,同时使流氓罪、伤害罪等严重危害社会治安的犯罪行为在刑罚上超越法定刑的规定,增加了死刑罪名;其次,降低了杀人、强奸、抢劫、爆炸等严重危害公共安全的犯罪分子在证据和案件事实的标准,授予司法机关可以不受相关文书送达期限的权力,缩短了刑事被告人的上诉期限。① 随着党的十四大提出建立社会主义市场经济体制基本目标之后,我国进入了新的转型时期,同时也迎来了新一轮的犯罪高潮。流氓团伙作案、抢劫等暴力犯罪、涉枪犯罪多发,到 1995 年,公安部刑事案件立案数量达到了 170 万。针对同样严峻但是特点不同的社会形势,国家于 1996 年 4 月开启了为期近两年的新一轮"严打"整治,这次将严重暴力犯罪、流氓犯罪、涉黑涉毒涉枪犯罪作为重点打击对象。

21 世纪初,治安形势日益严峻,不仅是群众生存的社会环境受到了严重破坏,经济建设与改革开放的进程还受到了阻碍。第三次"严打"整治在 2001 年 4 月拉开了序幕,这次"严打"整治主要针对流氓恶势力犯罪、带有黑社会性质的团伙犯罪、严重暴力犯罪和盗窃等严重影响群众安全的多发性犯罪。连续三次"严打"整治确实在特定的历史时期中起到了打击犯罪、震慑违法分子、促进社会秩序好转的作用。国家控制社会能力进一步增强,改革开放得到了国家机器的有力保障。国家在社会生活中所发挥的巨大能力,证明了国家在社会秩序建构过程中的重要地位。然而,人权司法保障的教义在国家刑事政策贯彻和刑事程序正义之间引起了价值冲突。

一方面,惩办与宽大相结合的刑事基本政策在三次运动的运行中出现了偏差。"严打"整治往往被片面地理解为"依法从重从快"地惩罚犯罪,而"严打"整治政策的宽严相济精神并没有得到很好的执行。"严打"整治本是宽严相济的两方面的相互结合,不应被偏废地统一。在第一部《刑法》颁布之前,该基本政策已经衍生出了宽大处理的具体政策,强调"少杀"和"给出路",各政策相对的适用条件、使用数量、批准权、改造方法等方面均有规定,还衍生出了谦抑的死刑适用方法——死缓政策。我国第一部《刑法》第一条即明确规定:"……依照惩办与宽大相结合的政策……",第二十四至二十六条对共同犯罪中的主犯、从犯、胁从犯、教唆犯等不同角色规定了宽严相济的量刑规则,第六十一条规定了累犯从重处罚的量刑方式,第六十三条则赋予了自首者、立功者获得较轻刑罚的权利,第十四条规定了对待犯罪的未成年人应当从轻或者减轻处罚。然而,在三次"严打"整治的过程中,由于更多地强调从重从快的政治任务,建构国家预设的社会秩序,在中央关于刑事政策的决定迅速得到执行的过程中,宽严相济的政策精神被数字化为"严打"整治政绩。特别是从重打击几类严重危害社会秩序越轨行为的规定,无论是在罪名上还是在量

①唐皇凤.常态社会与运动式治理——中国社会治安治理中的"严打"政策研究[J].法学与政治,2007 (3):121-123.

刑上,稀释了 1979 年《刑法》的柔和性。① 国家安全主义作为司法秩序建构的理念并不排斥对于刑事犯罪的宽大与救赎,然而,失去司法程序拘束的国家安全主义行动,会造成司法秩序的选择性建构,违背司法秩序内在的公平与正义。

另一方面,指导刑事立法的宽严相济政策在 1997 年《刑法》修订案中被删除。胡康生、李福成在著作《中华人民共和国刑事诉讼法释义》中指出,立法者认为《刑法》法条已经规定了具体量刑规则应贯彻"宽严相济"的精神,所以就没有必要在《刑法》的基本原则中强调②。"严打"整治作为一项具体的刑事政策,已经走出了惩办与宽大相结合的框架,甚至完全取代了其在刑事司法中的地位,以至于"严打"整治进行到后来日益僵化,背离宽严相济的宽容初衷,走上了"严打"刑事犯罪的片面发展道路。同时,"严打"整治过程中程序的简化与合目的性的联合办案机制,违背了基本程序规则与宪法关于公民基本权利应受到国家法律保护的精神,对于犯罪嫌疑人或者受害人应当受到保护的权利都造成了不同程度的侵害。"依法从重从快"是"严打"整治的应有之义,但是上文提到的两个《决定》直接从量刑规则、办案程序上突破了原本的法律规定,甚至出现了从杀人案案发到执行死刑仅用了一周左右的时间的情况。③ 如此片面追求办案效率的做法难免在对证据和程序上的认识产生误差,这是对犯罪嫌疑人、被告人基本程序权和基本人权的侵犯。在社会治安严峻的特殊时期,国家刑罚权与法治之间的冲突不可避免,但是以违法手段实现国家刑罚权是法治社会所不能接受的。同时,在刑事案件办理过程中,办案人员对刑事犯罪行为的危害性判断不一,或为避免冤假错案,或怕出现打击报复,每个人对同一行为不可能做出完全一样的评价,所以在处理危害性接近的不同犯罪分子时,办案人员对有的犯罪分子做顶格处理,对有的却以教育感化的态度处理,这样的做法有违司法统一性和罪刑相适应等原则。

社会秩序规制体现了国家把持社会发展的家长式态度,并通过国家对社会秩序调整的话语权,展现国家控制资源、利用资源的能力。"严打"整治既显示了社会秩序在紧急状态下的国家规制,也显示了常态下国家控制社会秩序的一般理念与紧急状态下的特别指导思想。然而,由于国家指导社会秩序规制行动的政策带有一定的官僚主义,同时其维护国家利益的立场决定了社会秩序与国家发展之间的对立性认识,导致政策制定者在制定政策的过程中,更加注重国家力量的显示,于是强调打击效果和社会秩序恢复常态的雷霆之势成为制定政策的核心思想。这一思想不仅忽略了国家与社会之间的关系应是合作而非敌对,而且割裂了国家与社会在秩序系统中的共生关系,即国家在社会秩序中显示自己的控制能力,实现自己的控制行为,而社会则以在国家控制下能够长期存在的事实证明自己对抗国家的力量。同时,国家政策制定者忽略了另外一个至关重要的因素,就是实施国家政策

---

①陈兴良.刑事法治视野中的刑事政策[J].江苏社会科学,2004(5):117-132.

②胡康生,李福成.中华人民共和国刑事诉讼法释义[M].北京:法律出版社,1999:41.

③陈兴良."严打"利弊之议[J].河南省政法管理干部学院学报,2004(5):120-123.

的官僚阶层具有双重性。一方面,官僚阶层是国家政策的执行者,另一方面,是社会秩序的建构者。他们在执行国家政策来规制社会秩序的同时,又在不断地与非官僚阶层一起参与社会秩序的自我建构。尽管国家通过一支忠诚的官僚队伍实现了短期内的社会秩序的规制,达到了预期目标,但是,政策的功利性内隐着官僚阶层通过"严打"整治表现而获得职位升迁的政绩观,最终导致一部分人成为另一部分人谋取利益的工具。所以,国家政策中希望的社会秩序规制是一种有序的规制,其目标在于通过对一部分人的严厉打击,实现大部分人的自我遵从。然而,这一目标在实践中转变为打击的扩大化和政策执行者的自我利益。

国家实施社会秩序规制的本意在于向社会表现自己作为社会主人的责任与能力,并以此证明社会支持国家继续控制秩序的合理性。然而,由于忽略了社会秩序自我进化的强大生命力,特别是忽略了一般民众才真正是社会秩序主体的这一事实,导致国家在规制社会秩序过程中采取绕开、违背甚至破坏程序的运动式法治行动。虽然在一段时期内整个社会秩序在强大的国家暴力下保持着稳定,但是,这种稳定秩序的背后压抑着一般民众对国家行动巨大的不满。因为官僚阶层的奉命执行意识忽略了一般民众对于正义的感受,所以,抛弃了司法程序正义的社会秩序规制不仅制造了冤假错案,而且埋下了司法秩序随时可沦为国家需要的种子。事实也证明了国家在与社会对立中单方面规制社会秩序的后果,是新一轮社会秩序的失范,并裹挟着对此前国家行动中人权保护不足的叠加意识。

第三节　《刑事诉讼法》修改与刑事审判公正

"严打"整治在特定的历史时期取得了一定的成效,但是在经过阶段性"严打"整治后,刑事案件数量依旧庞大,犯罪的数量和手段不断翻新,犯罪也有了新的类型和构成,社会治安仍然存在问题。如图 3-1 和图 3-2 所示。[1]

---

[1]在上述犯罪构成中,罪犯构成也发生了很大的变化。从罪犯年龄看,青年人犯罪比例下降,未成年人犯罪持续增长。18 岁到 25 岁的青年人犯罪比例一度较高,在 1989 年曾达到 60%;1990 年以后,呈持续下降趋势,2008 年青年人犯罪占 23.15%,比高峰期下降 36.85 个百分点。1989—1997 年,14 岁以上不满 18 岁的未成年人犯罪呈下降趋势,由 1989 年的 10.2%下降到 1997 年的 5.8%;但 1998 年以来未成年人犯罪持续上升,2003—2007 年全国法院判处未成年犯罪分子 383071 人,比 1998—2002 年上升 77.97%,占全部刑事犯罪人数的 9.19%,相当于每 10 名罪犯中就有一名未成年人。从罪犯性别看,女性犯罪总体比例较低,几十年来从未超过 5%,但趋势上呈上升势头,从 1995 年的 3.08%上升至 2008 年的 4.53%。从罪犯身份看,农民犯罪比例最大,1994 年一度高达 65.1%,自 1995 年开始,农民犯罪呈平缓下降趋势,2008 年占 52.58%,虽比 1995 年下降了 12.52 个百分点,但仍居各行业首位。工人犯罪自 1994 年以来,下降趋势明显,2008 年工人犯罪占 2.92%,而 1993 年占 12.5%。20 世纪 90 年代初以来,无业人员犯罪持续大幅增长,问题突出,1992 年无业人员犯罪占 10.3%,2008 年达 27.25%,考虑到无业人员的人口数量,其犯罪率应该居各行业首位。摘自:佟季.六十载光辉历程　一甲子司法为民——数说人民法院审判工作 60 年[J].人民司法,2010(1):78-82.

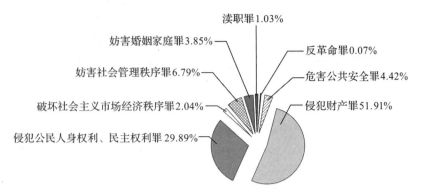

图 3-1　1988 年刑事案件类型统计

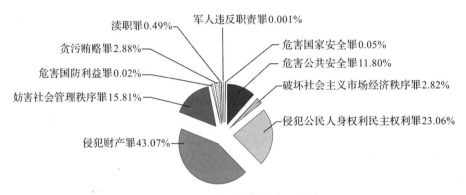

图 3-2　2008 年刑事案件类型统计

资料来源:六十载光辉历程　一甲子司法为民——数说人民法院审判工作[J].人民司法,2010(1):78-82.

　　根据社会治安形势和犯罪特征,结合我国基本国情,为了实现刑事审判的公正、更好地保障基本人权,1996 年立法机关对《刑事诉讼法》进行了第一次修改,这次修改对审判公正的维护主要体现在对犯罪嫌疑人、被告人权利的保障。首先,此次修改吸收了国际公约中的无罪推定原则。依据第十二条的规定,确定犯罪嫌疑人、被告人有罪的权力专属于法院,在法院审判之前,其有无罪行处于不确定的状态,第一百四十条第四款、第一百六十二条第三款则明确了证据不足以证明犯罪事实时不能提起公诉,即疑罪从无。其次,起诉工作完成了从法定主义到裁量主义的重大转变。在此之前,所有满足起诉条件的案件都必须起诉,移送至法院处理,但是修改后的《刑诉法》第一百四十二条规定了检察院在决定起诉时的裁量权,这部分犯罪嫌疑人的犯罪情节轻微,即使进入诉讼程序也是不需要判处刑罚或者可以免除刑罚的,不起诉反而能够减轻法院的审判压力,也能更高效地实现刑事诉讼的感化和教育功能。另外,修改后的《刑诉法》通过扩张被告人的辩护权,强化对办案机关的监督和制约,实现程序正义。在此之前,被告人的诉讼权利受到的保障屡弱,当时的犯罪分子大多是未受过良好教育的人,还有很多是青少年,法治意识甚至是基本的权利意识薄弱,他们根本不知道如何实现自己的主张。因此立法机关为了保障被告人受到公正审判的权利,将辩护律师进入诉讼程序的时间提前,针对经济条件有限的部分被告人还引入了法律援助制度。这些涉及具体制度的修改都是法治建设的一大进步,减缓了冤假错案的大规模爆发,促进了刑事审判的实体公正和程序正义。①

2004年,"人权保障"写入《宪法》修订案,虽然《中华人民共和国宪法》诞生时就确定了这样一条基本原则,但是宪法作为根本大法,约束的是中国全体公民,是经济、政治、文化各领域都需要遵循的准则。2012年《刑事诉讼法》修订案以任务的形式提出了"尊重和保障人权",其中更多的是对公检法三机关的指引,即要求三机关共同处理好惩罚犯罪与保障人权、公正与效率的关系,两者之间相互渗透,不可偏废。从公安机关立案到检察机关提起公诉,从辩护制度到证据制度,从侦查措施到强制措施,从判决做出到刑罚执行,所有制度框架和具体规则都体现了社会主义法治国家对公民基本人权的尊重和保障。建构透明、公开、以人为本的宽严相济政策与刑事制度的统一体,是查明案件事实、实现公正审理的正义基石。《刑事诉讼法》分则中各项制度都能体现出立法机关对刑事司法公正与人权保障并重的追求,从刑事诉讼活动的核心——证据来看,证据相关的各项规定背后的目标都是防范冤假错案的发生,保障公民特别是犯罪嫌疑人、被告人的基本权利,维护司法公正。

在"严打"整治时期,立法层面缺少统一的科学的刑事证据制度,司法层面办案人员的依法收集证据等法治意识薄弱,为了实现"从重从快"处理案件的目标,办案人员采用刑讯逼供等手段获取证据的现象频发,出现了大量冤假错案。随着民众的法治意识逐渐提升,原有的诉讼制度已经无法满足程序正义的新需求。2012年《刑事诉讼法》实现审判公正的重点在于非法证据排除规则的适用,《刑事诉讼法》第五十四条即明确了以非法方法获取的言辞证据应当排除,同时对不符合法定程序、可能严重影响司法公正、不能补正或合理解释而收集的书证、物证也应当排除。第五十四、五十六条则进一步确定了公检法三机关在侦查、审查起诉、审理过程中对非法证据的排除职责,并在第五十七条中明确了证据合法性的证明责任和证明方法。从《刑事诉讼法》中对非法证据排除规则的细节化规定中(可以)看出,刑事诉讼活动不再是对惩罚犯罪的片面落实,而是运用证据来贯彻惩办与宽大的刑事基本政策。认罪认罚制度是宽大政策的具体化表现,但从全国人大关于试点改革的决定说明和最高院最高检2016年《关于认罪认罚制度从宽制度实施办法》(以下简称《实施办法》)中可以看出,居于首位的核心目的都是惩罚犯罪,维护社会稳定,而《刑诉法》和《刑法》真正的核心价值——"保护人权"却被置于次位。虽然两院都在实施办法中反复强调保障人权的重要性,但从价值顺位来看,似乎社会稳定才是

---

① 柯葛壮.论修改后的刑诉法对人权保障之新规定[J].社会科学,1996(6):53-56.

第一追求,所以才以速裁程序维护社会秩序。① 那么在《刑事诉讼法》的下一步修改中,如何在认罪认罚制度下,维护刑事审判公正,延续原有的非法证据排除规则成为促进诉讼义务体系设计的紧迫难题。

非法证据排除与认罪认罚并不矛盾,从制度规定来看,犯罪嫌疑人已经认罪认罚似乎意味着非法证据排除的情况根本不存在。所谓认罪认罚,聚焦的关键点在于:第一,自愿如实供述;第二,对指控事实没有异议;第三,同意量刑。制度本身并不直接涉及证据问题,理论上,实践中犯罪嫌疑人只需要自我认罪即可,但这恰好给办案机关提供了两个非法收集证据的途径可选。第一类,违反条件的认罪认罚。犯罪嫌疑人本身并不愿意认罪,但办案机关通过刑讯逼供等措施,逼迫嫌疑人认罪,以快速进入速裁程序。事实上,这一方式在两院实施办法中是被明令禁止的,适用认罪认罚制度必须征得当事人同意。但进入诉讼程序后,被告人在特定条件下,甚至只有最后陈述的权利。在诉讼即将终结的阶段,如果被告人存在上述情形,那么提出非法证据排除,并得到法院认同的机会能有多少,这是值得怀疑的。第二类,合法进行认罪认罚制度导致办案机关在不影响案件事实的情况下,非法进行证据收集,这是认罪认罚中非法证据排除最为隐蔽的情况。两院在《实施办法》中的第四条,即认罪认罚适用原则第三款中明确规定,"坚持证据裁判,依照法律规定收集、固定、审查、认定证据。"但问题是,两院实施办法并没有具体说明这一制度该如何得到落实、该如何用于坚持证据裁判。

在现实中已经公开报道的认罪认罚案例中,办案机关基本精力都集中于让嫌疑人或者被告人"认罪认罚",这有可能造成律师在认罪认罚制度中的作用被模糊化,虽不是强调律师一定要和检察院站在对立面,但在特定身份条件下,值班律师难免会被社会当成检察院的"说客"。当律师作用被弱化、被模糊化,坚持证据裁判很可能就难以成为办案机关的自觉遵守的行为。如果将整个办案机关看成一个整体,缺少了外界因素的介入和监督,办案机关进行非法证据排除的自觉性又有多大呢? 全国人大在对认罪认罚制度试点改革的说明中明确表示,公检法三机关的关系并不改变,也就是说宪法中分工负责、互相配合、互相制约的关系并无改变。作为刑事诉讼中保障人权原则的最重要的体现,也是刑事审判公正的保障,即使在认罪认罚制度中不曾提及,毋庸置疑,非法证据排除也应当及于此项制度。

《刑事诉讼法》是一部反映国家在不同时期对待形式正义与实质正义孰重孰轻的程序法,无论是出于恢复社会秩序的需要,还是出于维护司法秩序建构法治观念的需要,必须尊重人权在国家治理过程中的基础性地位。法治的核心是程序的安定性,然而,仅有程序的安定性尚不足以实现人权的司法保障。最为根本的方法是转变观念,即不能因为合目的性秩序建构的需要而简化人权保障的司法程序,甚至

①陈光中,唐彬彬.深化司法改革与刑事诉讼法修改的若干重点问题探讨[J].比较法研究,2016(6):24-27.

允许司法机关以外的机关制定、执行侵害人权的次法律制度,比如公安机关制定、执行的劳动教养制度。20 世纪 80 年代,劳动教养被用来当作维护社会秩序的管理方式。随后,其高效便捷的行政处理方式满足了地方政府"维稳"的需要,转变为应对信访人员的行政手段。[①] 劳动教养制度中微量的开放性不能中和其限制人身自由的严格性[②],而劳动教养的执行体制为公安部门垄断全过程提供了处分依据,成为公安机关侵犯基本人权的隐藏途径[③]。同时制度制定与实施过程中的多头体制,导致劳动教养适用对象的不断扩大化[④]。2003 年胡星斗教授发出了废除劳教制度的第一声[⑤],2007 年,69 个学者上书呼吁废除劳动教养制度[⑥],2013 年,实施了60 多年的劳动教养制度被正式废除[⑦]。劳动教养制度的取消,不只是人权保障理念的宪法实现,而且还推动了人权司法保障的进步,同时带动了刑事司法改革,如认罪认罚制度的探索与推广。

　　当代中国的国体结构与政体格局,决定了社会秩序中的越轨性矛盾大多数属于人民内部矛盾,因此,在国家主导社会秩序进化的时代,应当充分考虑个体的人权保障。刑罚权由国家统一行使对于社会秩序的稳定具有可见的影响,刑事司法秩序不可以因为国家安全主义而以牺牲对个人权利的保护为代价。由于刑事司法是国家以公众名义为符号的"侵犯"人权行为,所以,防止公权力借口公众名义牺牲个体权利,从而把人的权利作为合目的性牺牲的选择,这应成为刑事司法程序的信仰。要防止刑事司法秩序的扭曲,其关键在于非法证据排除。与其说实现人权司法保障与国家安全主义的统一是国家理想的刑事司法秩序建构的目标,毋宁说绝对的执行非法证据排除规则是国家建构刑事司法秩序过程中必须坚定的目标。刑事诉讼的目的不只是让国家替代个人实施规范性的报复,还包括国家通过刑事公诉实现国家控制力的维护。因此,《刑法》总是站在维护国家利益的立场来实现对刑事诉讼发展进程的推进,同时又把这种社会秩序的建构任务分配到每一位民众的身上,由此产生了作证的义务。所以,在刑事诉讼过程中,就有可能出现导致被

---

　　①张敏发.论劳动教养制度的废除——从收容对象的历史和现状考察[J].犯罪研究,2013(3):34-37.

　　②2004 年 12 月 13 日司法部发布的《关于进一步深化劳教办特色推进管理工作改革的意见》第二条规定:"封闭式、半开放式、开放式管理是对劳教人员实施执法管理的三种基本模式。封闭式管理是基础,半开放式管理是主要模式,开放式管理应当严格控制……封闭式管理是对劳教人员所内活动范围、处遇予以严格限制的管理。封闭式管理的对象是新收容的劳教人员、未经过脱毒期的戒毒劳教人员、有重大犯罪嫌疑的劳教人员以及其他不适宜实行半开放式管理的劳教人员。对所有新收容的劳教人员应当实行不少于三个月的封闭式管理(含入所教育时间)。"从该规定看,封闭式管理实质就是在一定期限内剥夺劳教人员的人身自由。

　　③刘仁文.劳动教养制度及其改革[J].行政法学研究,2001(4):13-21.

　　④2002 年公安部颁发的《公安机关办理劳动教养案件规定》中的十种适用对象。

　　⑤《对劳动教养的有关规定进行违宪违法审查的建议书》《就废除劳动教养制度致中共中央、全国人大、国务院的建议书》。

　　⑥张敏发.论劳动教养制度的废除——从收容对象的历史和现状考察[J].犯罪研究,2013(3):34-37.

　　⑦2013 年 12 月 28 日第十二届全国人民代表大会常务委员会第六次会议通过《关于废止有关劳动教养法律规定的决定》会议决定。

告成为过街老鼠的诉讼愤怒,而对被害人的过分同情与权利保护的整体正义观,曾一度提高了被告人在民愤面前成为证明国家民主性的牺牲品的可能性。

《刑事诉讼法》中关于被告人依法享有的权利的规定,表明被告人仅对自己实施的犯罪行为负担刑事责任。然而,这并不能成为剥夺被告人一切权利的理由。随着被告人权利保护研究的逐步深入,对被告人的权利保护通过《刑事诉讼法》的修改得到凸显。《刑事诉讼法》是公共机关行使集体权利的规范约定,体现了国家认同意识。在刑事诉讼过程中,代表国家意志提起公诉的检察机关与被告人具有平等的地位。在任何刑事案件中,都不能因为公诉机关代表国家意志就拥有与被告人不对等的权利,"谁指控谁证明"不仅起到严格约束司法权力滥用的作用,而且起到促进公众形成国家认同意识的作用,而国家认同则是公众接受并支持国家控制社会的心理基础。因此,提高人权司法保障力度不只是加强法治建设的政治宣言、推进司法体制改革的驱动力,更是通过人权保障获得所有人基于法律意识的国家认同。党的十八大之后媒体曝光的诸多冤假错案,足以说明法治建设的必要性与紧迫性,也同时证明人权司法保障与国家安全主义之间存在着对立,其中以社会秩序的绝对稳定作为地方官僚阶层政绩的评价标准,是导致冤假错案的直接原因,而权力寻租则是个别官员制造司法不公的源泉。2016 年"山东于欢案"与 2018 年"鸿茅药酒谭秦东案"从侧面证明,人权司法保障是国家责任。国家责任的"缺场",只会导致国家权威的自我消解。国家一旦没有了社会认可的权威,越轨行为就会动摇社会秩序的根基,从而降低国家控制社会的能力。因此,国家只有通过严格诉讼程序,赋予被告人与公诉机关对等的诉讼权利,才能引起国家认同的人民群众共鸣,从而达成社会秩序建构自上而下的共识。

第四章　依法执政建设与司法保障的调整

　　司法秩序是一个在动态中平衡发展的体系,福山认为,有效的国家、法治和民主问责制是司法秩序稳定的三个核心要素,其中有效国家的建立是首要步骤[①]。在这套框架理论下,"民主"制度是国家司法秩序发展的最终形态,但即便如此,当政治制度不能适应变化的社会环境时,仍然会出现衰败。[②] 在政治以追求稳定为目标的前提下,有学者将司法秩序的框架归结于"政治实体,政治规则,政治权威"三者的统合。[③] 在这种框架下,政治制度是司法秩序的核心表现,政治制度的变化发展是司法秩序转变的直接原因。无论从哪一种政治学理论的角度来看,司法秩序都不是一成不变的。然而,司法秩序的变革并不意味着国家动荡,相反,由于经济关系的调整,可能成为国家迈入更加稳定的现代化民主制度的必经之路。因此,稳定应当是一个国家司法秩序的常态化追求,不稳定则是促进国家司法秩序不断完善的动力,而在稳定中寻求变革与发展是一个国家司法秩序不断完善的应有之义。

　　从新中国成立到改革开放,司法秩序稳定都是其追求的目标,只是实现方式的迥异造成了司法秩序外在表现形式上的差异。如果按照韦伯对政治权威类型的描述,新中国成立初期更多强调人格化权威,改革开放期间则运用法理型的政治权威[④],通过宪法和法律来实现对掌握政治权力主体的约束,从而增强依法治国的理念在司法秩序建构中的主导作用。然而,如果统治者能改变法律以适应自己所需,那法治就不会存在[⑤],法治化的司法秩序也就不会存在。改革开放以后,生产力的高速发展以及由此带来的社会转型,制造了政策应当优先法律才能促进社会发展的现象。尽管"有法可依、有法必依、执法必严、违法必究"的法治建设十六字方针不断强化法律规范在改革开放进程中的权威地位,但很多时候却不得不为经济政策让步,甚至被政策超越。政绩与升迁相结合下的官僚体制运行机制,使得政策性

　　①包刚升."福山的菜单"与政治现代化的逻辑——评《政法秩序与政治衰朽》[J]. 开放时代,2015(3): 214-223.
　　②包刚升."福山的菜单"与政治现代化的逻辑——评《政治秩序与政治衰朽》[J]. 开放时代,2015(3): 214-223.
　　③常朝阳.当代中国政治秩序转型及其趋向分析[D].陕西师范大学,2004:12.
　　④常朝阳.当代中国政治秩序转型及其趋向分析[D].陕西师范大学,2004:20.
　　⑤包刚升."福山的菜单"与政治现代化的逻辑——评《政治秩序与政治衰朽》[J]. 开放时代,2015(3): 214-223.

扩张在发展到一定程度时就已明显与国家理想秩序的建构站在了对立面。在"规则和自由裁量权"的斗争中,以儒家文化为代表的"自由裁量权"始终占据上风,这归根结底是中国传统的法治力量过于弱小。① 一方面,表明司法秩序的现代建构不能离开传统的文化支持;另一方面,表明现代的限权思想谋其在整体快速发展的过程中不得不让位于传统的扩权思想。在限权与扩权的博弈中,国家治理社会的行政化路径与法治化路径导致司法秩序建构路径陷入困境,即司法审判能否成为行政行为合法性的最后裁判者。

第一节 《行政诉讼法》实施与司法治理模式的开启

对于中国行政诉讼制度的起源,学界内存在一定的争议,较为普遍的看法认为1989 年颁布的《行政诉讼法》是当代中国行政诉讼制度的开端,但越来越多的学者认为中国的行政诉讼制度起源于中国封建时代的"民告官"和御史监察,而中国近代的行政诉讼制度始于北洋政府时期,1914 年的《行政诉讼法》与平政院的设立奠定了近代中国行政诉讼制度的基础。② 但近代初步形成的行政诉讼制度模式并没有完整地保留下来。1949 年新中国成立初期,无论是《共同纲领》,还是 1954 年的《宪法》都在基本原则上确立了行政诉讼制度。1949 年底通过的《最高人民法院试行组织条例》规定了最高院民事、刑事和行政三个审判庭③,但制度上的初步设立并没有改变计划经济秩序下矛盾纠纷解决的主要模式,而党政机关在当时社会条件下的绝对权威也使得行政诉讼制度从建立之初就注定难以得到有效推进。进入"文革"时期,法院系统整体崩坏,行政诉讼制度的建立也就无从谈起。20 世纪 80年代被普遍视为中国现代法治社会的重要开端,关于《行政诉讼法》的研究也再次兴起。行政诉讼规定首先见于 1980 年《中外合资经营企业所得税法》和《中外合作经营企业所得税法》,但针对的对象却是外国的公民和法人组织,④不过也为中国行政诉讼制度的建立提供了一个很好的借鉴,这也充分说明了行政诉讼制度在现代法治中的重要性。1986 年的《治安管理处罚条例》直接规定了对受到处罚的相对人经申诉后仍不服的可以向当地人民法院起诉,行政诉讼制度的法典化此时已经是大势所趋。1989 年《行政诉讼法》的颁布从形式上初步确立了行政诉讼制度的整体框架,也因此被誉为中国法制化进程的关键一步。2000 年《行政诉讼法》相关司法解释的出台进一步强化了这一形式。

---

① [美]弗朗西斯·福山.司法秩序与政治衰败:从工业革命到民主全球化[M].毛俊杰,译.南宁:广西师范大学出版社,2015:466-468.

② 胡建淼.中国行政诉讼法制百年变迁[J].法制与社会发展,2014(1):28-45.

③ 胡建淼.中国行政诉讼法制百年变迁[J].法制与社会发展,2014(1):28-45.

④ 胡建淼.中国行政诉讼法制百年变迁[J].法制与社会发展,2014(1):28-45.

　　2015 年《行政诉讼法》修订后再次颁布,配套的司法解释也相应出台,可以说我国行政诉讼制度迈出了实质性的一步,集中体现在受案范围的扩大、立案登记制的确定、对复议机关更高的要求、严格的行政机关负责人出庭制度、人民法院附带规范性文件的审查允许以及判决结果执行力度的强化。数据统计结果充分表明了新法的施行成果,2015 年最高人民法院工作报告显示,2014 年各级人民法院受理的一审行政案件 15.1 万件,审结 13.1 万件[①],而 2016 年,新法和司法解释出台以后,这一数字大幅增长。2016 年最高人民法院工作报告显示,2015 年各级人民法院受理的一审行政案件达到 24.1 万件,审结 19.9 万件。[②] 不过,2015 年《行政诉讼法》在对行政权的监督上还有一些试探性选择,典型的就是对行政机关负责人的出庭应诉制度规定不够强硬,仍然允许负责人在一定情况下委托相应的代理人。2018 年 2 月 7 日,最高人民法院颁布了完整的司法解释,对行政机关负责人出庭应诉制度提出了更为强硬的要求。

　　司法治理模式的开启是我国司法秩序重构的一个缩影。自新中国成立以来,如何建设富强、民主、文明、和谐的国家始终是执政党和人民共同思考的问题。在七十多余年的发展历程中,执政党一直苦苦求索强国之路,尽管这种执政宗旨把维护全民福利作为奋斗的目标,然而,如果实现目标的手段不能接受现实条件的限制或者人为地超越一个国家能够提供的内在支持,那么,不仅不能实现治理目标,反而有损于主权的存在和安全。在相当长的一段时期内,中国过多地关注人的思想动态和发展趋势,把人与人之间的关系直接上升到决定社会发展的地位,忽略了人与人之间发生的事这一关系基础,通过思想闹革命来治理人与人之间的关系,治标并不治本,引发深层关系的事没有得到解决,这也是为什么改革开放以后会出现大量社会矛盾的根本原因。

　　中国数千年的发展历史并不缺失法律制度的建设,也不缺乏治理社会的各种理论探索。但是,由于中国没有经历过工业化革命的洗礼,以至于在整个国家阶层结构中没有形成专业化分工,包括官僚体制中的职责分工,特别是社会关系的类型化没有出现细致的层次结构。这样的笼统社会结构导致了国家权力没有形成类型化分配,政府部门不仅拥有绝大部分的权力,更为重要的是,管理社会的各种职能在政府部门里没有职权的分工,这样就导致了现代意义上的行政管理与司法管理之间没有清晰的界限,而是混为一体。由于职能的模糊和统一,自然会导致掌管国家权力的主体在分工上存在着对应的结构。司法与行政合二为一是中国数千年来的一个国家治理特色,这种传统虽然在近代经过西风东进,被现代化的国家管理模式所代替,但是给整个社会制造了一种更为深刻的人文传统,即在中国社会生活的范式下,社会公众发生了纠纷,最终能够做出具有执行力的解决方案的不是司法官

①周强. 2014 年最高人民法院工作报告[R].第十二届全国人大第三次全体会议,2015-03-12.
②周强. 2015 年最高人民法院工作报告[R].第十二届全国人大第三次全体会议,2016-03-13.

员,而是行政官员。这样在中国社会形成了一种传统认识,即政府的最高行政长官才是真正的权力主体,是公平正义的制造者。这种思维惯性延续到了 21 世纪的当代中国,仍然凸显了其巨大的引领作用。① 行政部门吞噬司法部门的功能与权威成为中国社会特有的一种社会心态认知,这也就为新中国成立后的一段时间里的"青天意识"的延续奠定了历史的社会基础,为后来的司法治理模式的推行制造了社会障碍。

一种治理社会模式在一个国家的确立不能不优先考虑政治背景,自国家诞生以后,关于国家政权的理论以及关于如何治理国家的理论层出不穷,其基本的中心在于如何通过国家权力的运作来实现社会的发展进步,或许这其中会涉及利益占有者的阶级属性。但是阶级属性与阶级立场都不能否定国家政权的执掌者在社会发展中的作用。政权掌握者的阶级属性决定了一个国家的政治结构,包括政体与国体的结构。作为上层建筑,政治结构在决定其功能的同时,也决定了整个科层体制的结构与功能,并借此影响到社会生活的方方面面。社会治理是国家政权的应有之义,无论是民族国家还是民主国家,确保政权的贯彻统一,确保国家与社会的安全稳定,确保生产力的高效发展是政权的根本要义。

一个国家选用什么样的社会治理模式必须考虑其面临的社会背景,尤其是处于转型发展中的国家,在经历了不断试错,确定一种社会治理模式的决策过程中,政治结构决定了策略的形成,而策略的形成必须考虑到政治结构,没有政治背景的考量,确定一种社会治理模式只会带来不可估量的社会灾难。纵观社会发展历史,不难得出一个具有普遍意义的结论:但凡某个国家处于一个急剧变革的时代,那么,这个国家最需要的并不是人们希望的法律制度,而是一种具有权威的政府或者带有个人魅力色彩的政治团体。如果一个政治团体具有变革的迹象,必然出现高度集中的权威。这种权威不是制度,因为如果人人都遵守制度的话,就不会发生社会运动了,而只能是个人权威的高度权力化。同样,一个国家如果始终处于社会运动之中,这个国家显然就会处于一种高度集权的状态。无论党制采取何种结构形式,在运动期间必然会出现高度集权,否则社会运动无法受到控制,最终就发展为一个阶级推翻另一个阶级的存在,从而完全掌握了社会运动的主动权,继而掌握了国家政权。

为了能够稳定政治团体的统治、强化自己的政权合法性,权力集中是最好的方式。然而过分的权力集中必然导致行政效率低下,虽然可以实现社会控制的有效

① 中国特有的上访现象足以能够鲜活地说明了这个特有的思维定式。群众热衷于遇到不公平的事情就上访,可以说明:一是相信通过上访能够维护自身的权益;二是群体行动证明了传统"青天"意识依然强烈,制度治理在当下中国具有很大的阻力;三是当下能够体现社会救助的带有志愿性的中介组织不够发达,政府要承担所有人的所有困难,运行成本超大;四是体现了政治代表制度与权力结构体系对群众来说没有任何意义,群众需要的权力就是能够解决问题的权力,至于权力如何分配以实现功能常态运转与民众无关。这些普遍的意识对当下中国推行司法治理直接构成心理上与观念上的障碍。

管理,但是在一个经济濒临崩溃的国家,发展经济才是解决整个国家危机的根本出路。"发展才是硬道理"充分表达了新事物战胜旧事物的内在规律。中国的改革开放实际上是从政治体制改革开始的长征,随后在理顺了政企关系的同时,拉开了经济体制改革的序幕。经济体制改革的轨迹也反映了政治体制改革的路径,并且确立了司法治理模式的政治背景。

改革之初,首先要解决的就是如何改变权力过分集中的上层建筑①中的权力结构问题,如何下放权力成为当时的主要思路。尤其是对于国有企业而言,激活企业的自主性,更需要所有权与经营权的分离。实际上也就是执政党作为人民代表的所有权持有者与作为经营者之间的权力关系,由先前的什么都管变成政治上的管理,这是当时要建立计划商品经济体制的内心要求②。随着改革的逐步深化,暴露出两个方面的问题:一个是经济环境缺乏制度规范,另外一个是缺乏行之有效的制度约束,无法保障党政机关的廉洁。面对腐败现象,中央提到要用法律手段而非专政手段作为治理日益腐败的有效方式③。之后,中央再一次加快了权力结构变革的步伐。为了适应经济形势的发展,中央提出要适当放下权力,完善厂长负责制,要求书记不要包揽企业的行政业务,确保经济大局的稳定④。在邓小平南方谈话之后,江泽民提出要培育自我约束的法人实体⑤,这个概念预示中国社会中接受了现代法治意义上的诉讼价值,肯定了将国有企业作为诉讼主体的政治承诺。⑥

"法律的作用是引入作为政策或者选择事务的制约,来约束具有潜在多样性的人类行为。这样个人就能够在考虑他人利益的同时追求他们自己的优势。约束具有潜在多样性的所有可能的人类行为,是选择的结果或者是一项政策的事务,根据定义,这是一种政治制约。法律的和政治的安排或制度,是解决源于利益差异的冲突的工具,人们为许多共同的政治制约原则所规范,这样人就能够利用社群中其他人的能力。"⑦随着权力的逐步下放,权力结构的格局得到了调整,权力与责任的统一成为中国政治生活中必须解决的矛盾,规范化和法制化对于这个矛盾而言不过是一种静态的规定⑧,而绝大部分矛盾是在动态中引发的。

德沃金认为,"根据一种政治理论,一个个人有权利从事一个具体的政治行为,当他行使这个权利时,他的行为如果得不到保护,那么,在这个理论的框架之内,即

①关于价格、工资改革的初步方案[R].1978-12-20.

②沿着有中国特色的社会主义道路前进[R].1987.

③参见第十三届中央委员会第三次全体会议公报。

④参见1989年11月9日《中共中央关于进一步治理整顿和深化改革的决定》。

⑤参见1992年10月12日《加快改革开放和现代化建设步伐,夺取有中国特色社会主义事业的更大胜利》。

⑥1992年我国颁布了《中华人民共和国民事诉讼法》,这是在《民事诉讼法暂行条例》上的进一步完善,表明了我国社会生活中开始了权利意识的培育,为确立司法治理模式做了社会意识的基础性铺垫。

⑦[美]奥斯特罗姆.复合共和制的政治理论[M].毛寿龙,译.上海:上海三联书店,1999:46-47.

⑧参见1995年9月28日《正确处理社会主义现代化建设中的若干重大关系》。

使这个理论所确定的目标在总体上会因这个行为而受到损害,不保护他的权利也是没有理由的"。① 建立现代化的法治国家,利用司法手段解决中国社会前进中的问题是步入 20 世纪末的中国最为重要的抉择。党的十七大报告明确提出,建设社会主义法治国家,标志着司法治理模式在中国得到了认可。

人类社会的发展史可以看作是一段交换物品的历史。从最初的易物交换到等价物作为中间媒介的交换以及后来的现代期货贸易,无一不是人类为了生活需求而采取的交换。虽然形式是多样的,但是其交换的本质与内容以及最终的目的是不变的。在人类交换的过程中,尤其在初级阶段,即易物阶段,并不存在所谓的权利义务的关系,而是处于"无知之幕"状态下的一种实用主义的需要。因此,这个时候存在的社会关系无非就是一种是否愿意交换的时代关系。直到社会管理者出现以后,才有了现代意义上的强权交换。而随着移民成分的不断增加,特别是在移民给一个地域带来可观的经济效应的时候,作为社会的管理者意识到在交换的过程中必须存在一种规则,这种规则必须体现交易的可靠性而非交易的公平性,毕竟在交换的过程中,交换双方的想法是自由的结晶。于是,权利作为天赋人权的先天知识,已经告诉了社会公众一种全新的世界认识观。人人平等是这个社会得以存在和发展的根本,也由此产生了因为权利义务之间的不对等而发生的诉讼业务,继而孵化出了现代意义上的诉讼雏形。这是经济发展的必然现象,然而这种现象的发生并不是具有普适性意义的人类生活图景,而是基于特定的物质生产条件,尤其是社会产品分配体制而产生的制度规定。

与司法治理模式的开启形成鲜明对比的是行政治理模式的逐步退缩,可以说,自 1989 年《行政诉讼法》出台起,行政权单权力中心结构的治理模式就开始逐步瓦解。② 虽然 1982 年《中华人民共和国民事诉讼法(试行)》的出台基本结束了计划经济秩序下以人民调解模式为核心的矛盾纠纷解决范式,但分出的小部分权力对于过于庞大的行政权而言只是冰山一角,稳定的司法监督模式才是对行政权有效的制约。因此,行政诉讼制度的建立是我国司法治理模式开启的标志。司法治理模式的开启极大地影响着司法秩序的重构,它既是重构过程的体现,也是重构阶段性成果的展示。值得探讨的是,司法治理模式的开启是不是意味着行政治理的完全终结呢? 答案当然是否定的,这也就是为什么很多学者倡导结合中国实际的司法治理模式。事实上,如果单纯效仿美国式的自由民主制度,反而会陷入另一种极端,在司法秩序的重构中演变成司法对于行政的绑架,矫枉过正,这也是福山批判美国司法秩序的原因之一。③ 所以,司法治理模式应当是对司法和行政的平衡,在

---

①[美]德沃金(Dwork R.).认真对待权利[M].信春鹰,吴玉章,译.北京:中国大百科全书出版社,1998:225.

②陈江.从行政治理到司法治理——中国社会治理模式的新选择[J].人民法治,2017(7):7-9.

③包刚升."福山的菜单"与政治现代化的逻辑——评《政治秩序与政治衰朽》[J].开放时代,2015(3):214-223.

平衡中寻求稳定,这就要求在行政诉讼制度的改革中,不能完全偏向于对行政诉讼制度的强化、过分寻求行政权空间的压缩,要做到合理安排、有理有据、平衡双方。

第二节　行政受案范围与行政判决类型

《行政诉讼法》的受案范围是行政诉讼制度改革中的核心,它直接影响到司法权对行政权的监督范围。在 1989 年颁布的《行政诉讼法》中,行政诉讼的受案范围限于部分具体行政行为,但对于"具体"的概念却没有给出相对清晰的内涵界定,从而导致学界多年来产生对于具体行政行为概念区分的争议。行政法学专家方世荣教授指出,最高人民法院对于具体行政行为的定义忽略了内部具体行政行为、非职权性行政行为,并且将行为协议排除在外。[①] 姜明安教授认为构成具体行政行为必须具备四个要件:一是行政权能,即具有权力能力和资格;二是行政权的实际运用;三是法律效果的存在,即通过行政权的实际运用产生了行政法上的效果;四是表示行为的存在,即通过相对人可得知的方式传达自己的意志,这也是行政行为生效的条件之一。[②] 从行政法学的角度出发,姜明安教授的这一定义针对的是具体行政行为的单方性和主体的特定性,是比较权威的定义。但在建立行政诉讼制度的角度上,这一定义的局限性却相对制约了诉讼制度受案范围的扩张。事实上,理论上的定义并没有什么差错,只是立法者在考虑权力划分范围时莫衷一是。

对"具体"二字的认识不清,导致了诉讼制度在建立之初就出现原则性的错误,虽然后面通过肯定式的列举方式明确了受案范围,但无形中也给行政诉讼案件的受理增加了诸多制约。这一问题到 2015 年《行政诉讼法》修订后才得以解决,立法者也终于意识到将司法实践中的问题完全交给理论研究可能引发的风险。另一方面,"具体"二字与"抽象"二字相对,立法者在行政诉讼制度创立之初并不能过分限制行政机关的权力,尤其是"立法权",规则的制定是行政机关权威的象征。在新的《立法法》尚未实施以前,各地方政府的"红头文件"屡见不鲜,如果对其妄加审查,不仅存在无法可循的尴尬,更会影响地方经济社会的发展,从而影响依法治国下法治政府经济职能的发挥。在当时以经济建设为核心的粗放式发展局面下,法院的擅自进入必然会引起行政权的排斥。因此,以行政复议制度代替行政诉讼的改变,率先开启了对下级政府行政行为的自我审查,但这种行政体制内部的自查肯定是无法满足社会需要的。

2015 年,新《行政诉讼法》根据当年《立法法》的修订,删除原法律条文中的"具体"二字,结合过去司法实践中的经验,提出了新的受案范围。当"具体行政行为"

---

①方世荣.论具体行政行为[M].武汉:武汉大学出版社,1996:6-12.

②姜明安.行政法与行政诉讼法[M].北京:北京大学出版社,2011:191-196.

不再成为关注的重点,以肯定式确定的具体范围便受到了很大的关注,这集中表现在新增的征收征用及其补偿案件、滥用权力排除或者限制竞争案件、行政协议案件以及行政裁决案件上。其中,行政裁决并不是《行政诉讼法》明确的受案范围,但在过去的行政诉讼法受案范围的制约框架取消的情况下,行政裁决案件从理论上来说也被确定为受案范围之一。2018 年最高人民法院发布的司法解释,在肯定性列举的基础上,统一了否定性列举,尤其是将过去争议较大的行政机关内部程序性行为纳入司法审判范围,使得各级人民法院针对机关内部有关层报、会议纪要等准备性工作的立案登记工作不再进退两难。

然而,行政行为始终面对着复杂多变的社会利益,对当事人实际权利义务的影响往往难以预料。单纯以"肯定式"或者"否定式"列举的方式,难以建立通过将行政行为长期纳入受案范围来实现行政行为的司法审查。例如,公安机关出于调查取证的需要,对相对人的机动车辆采取行政强制措施,在调查完毕后按照法定程序解除强制措施,但受害人却因此将该公安机关告上了法庭。受害人认为,公安机关提前归还车辆会影响其向相对人的合法索赔。[1] 严格按《行政诉讼法》的规定来说,行政机关对相对人车辆的扣留是出于公法利益上的考虑,完成既定任务后依法返还也是符合法律规定的,受害人所主张的利益受损实际上是一种期待利益的受损,并不是其合法权益的损害。法院最终的判断也与此一致,裁定驳回起诉。[2] 从行政法学的角度出发,被害人的利益实际上属于公法上的反射利益,并不具有可诉性。但《行政诉讼法》明确指出的"合法权益受损","合法"二字该如何理解呢?个人在私法上的权利是处于一种完全不确定的状态,只要不违反法律的强制性规定皆为有效,被害人的权利反而是应当得到支持的。但如果得到司法受案的支持,行政机关的压力就会在无形中增大。在实施行政行为的过程中,任何一方有所不满,均可以此为由向法院起诉,从而增加了行政机关不必要的诉累,也增加了执法的难度,并且与当下社会发展需要的"强政府"不相一致。因此,确定一个行政行为是否属于行政诉讼受案范围,应当立足于《行政诉讼法》第二条,从实际出发考虑当事人诉请的利益是否具有正当性,是否与被告行政机关的行政行为存在直接或间接的因果关系。如果单纯追求符合法律规定,必然会引发合法而不合理的行政行为,而这些行政行为在更高层级的正义理解中也是违法的。

相比 1989 年颁布的《行政诉讼法》,2015 年修订后的《行政诉讼法》有关判决类型选择的法条从原有的两条增加至十条,主要体现在旧判决类型的改变、新判决类型的增加、相关判决选择更加具体化三个方面。而 2018 年最高人民法院发布的司法解释对 2015 年确定的判决类型在实践适用上做出了更加细致的规定。现有的裁判类型主要规定了在原告当事人胜诉的情况下该如何选择,虽然在被告胜诉

---

①王本存.论行政法上的反射利益[J].重庆大学学报,2017(1):76-85.
②徐小娟.浙江宁波鄞州区法院〔2012〕甬鄞行初字第 52 号"陈某与某交警大队道路行政强制案"[C]//最高人民法院中国应用法学研究所.人民法院案例选.北京:人民法院出版社,2013:324.

情况下,原有的行政行为继续有效,但在用词表述上,立法者还是有充分考虑的。在被告胜诉的情况下,将旧诉讼法中的"维持"改变为"驳回"的诉讼请求,进一步表明司法机关不是行政机关的附庸,而是根据宪法独立的司法审查机构。针对行政机关败诉的情况,旧《行政诉讼法》设置了"撤销、变更、履行和确认"四种类型。整体而言 2015 年的规定相对完整,但在细节的把控上还存在部分漏洞。例如 1989 年的《行政诉讼法》在第五十四条第三款中提出,对于"不履行或拖延履行的"被告,判决其在法定期限内履行。2015 年的修订将这一表述拆分为两种情况,一是"不履行法定职责",二是"不履行或者拖延履行法定职责,判决履行没有意义的"。对于"拖延履行且履行有实际意义"的情况,反倒缺失了相对应的判决选择。有学者认为立法者的本意是想用"不履行"涵盖"拒绝履行"和"拖延不履行",只是立法上出现了上下文表述不一致的情形。① 但从 2018 年的司法解释中可以发现,这一细节上的错误反而被进一步放大。2018 年司法解释第九十一条直接指出三种情形下两种不同的处理方式。当"拒绝履行"或者"无正当理由逾期不予答复"的时候,可以依据《行政诉讼法》第七十二条做出履行判决,当"尚需要调查或者裁量",则要求被告重新做出处理。这一解释无疑将"答复但拖延"的情形排除在外了,从实际操作上来讲,如果行政机关搪塞当事人,当事人以"不履行"为由起诉,法院经审查后是无法做出于法有据的判决,只能选择驳回当事人的诉讼请求。这一点相对于1989 年的判决类型的选择是有退步的。

　　另有观点认为,我国现有的诉讼判决类型没有形成体系化,没有能够回归到当事人的诉讼请求中,只是通过散碎的法条构建行政诉讼裁判类型。② 《行政诉讼法》虽然在制度模式上有借鉴参照《民事诉讼法》之处,但行政诉讼标的与民事法律的关系却是不同的,行政诉讼中原告的诉讼请求都具有共通性,都是被诉的行政行为,而法院只有在特殊情况下才能对行政行为中的具体内容进行调整。所谓对当事人诉求的考虑实际是对整个行政行为形成过程的合法性考察,例如法院可以依职权对当事人没有提起的规范性文件进行自主性审查,并决定排除适用。③ 所以,回归到当事人的诉讼请求并不利于行政判决的实际运用,只有从对实际行政行为的处理方式上出发,才能形成有效的行政判决,而不应过分关注当事人的具体请求,从而使行政诉讼制度与民事诉讼制度类化,导致法院在行政诉讼制度中的真正的价值被忽视。

　　行政诉讼受案范围的宽窄反映出法治政府的自我约束程度,而判决类型的有限性,一方面反映出行政诉讼立法的不成熟,另一方面,折射出《行政诉讼法》的谦抑性,即在国家主导社会发展的现代化道路上,由于法治机制的发育尚不能主导社

---

①于洋.我国行政诉讼判决种类研究——基于文本与实践的双重分析[D].电子科技大学,2016:26.

②于洋.我国行政诉讼判决种类研究——基于文本与实践的双重分析[D].电子科技大学,2016:25.

③关于人民法院是否拥有规范性文件的自主审查权目前还是存在争议的。严格按照《行政诉讼法》和相关司法解释规定,人民法院不具有实施规范性文件自主审查的宪法授权。

会变革中的秩序建构,国家不得不通过有意识的立法粗疏为行政权力推动变革提供自由裁量的空间。虽然立法的"留有余地"可能会导致某些行政行为越轨,并导致司法秩序的有限消解,但是,这些暂时游离于法律规范之外的行政行为,可以通过行政复议或者信访途径得到解决。依法行政既是法治建设的内容之一,也是在司法秩序建构过程中,国家围绕社会发展如何平衡依法司法与依法行政之间的权重的关键节点。

第三节　行政判决执行难与判决既判力公信

自《行政诉讼法》实施以来,行政判决执行难是一个长期未能得到根治的症结。行政判决"执行难"问题体现在两个方面:一是行政机关在行政诉讼中的参与程度,二是判决生效后的执行力度。在国家行政强制执行权以及司法中非诉执行制度的保障下,行政诉讼中原告败诉而产生的执行问题并没有产生太大的阻力,行政相对人本身弱小的力量很难与行政机关和司法机关相抗衡,行政诉讼制度中执行难的问题往往体现在以行政机关为执行对象的执行案件中。

行政机关中的执行难问题集中体现在执行制度的设计不周全的问题上。行政机关作为国家的公权力机关,对其财产或者法律责任的执行,由于被执行主体的属性不具备法人性质,因此,不能对照法人照搬执行程序而采用民事诉讼制度中司法判决的执行方案。一方面,作为公权力机关,行政机关并不应当是"执行难"所指向的对象。行政机关的法律责任是行政利益选择导向的结果,既包括对行政权威的维护,也包括对既得利益的维护。与其严格执行行政判决,毋宁建立完善的行政争议一般审查制度降低在《行政法》外做出行政行为的概率;另一方面,行政机关属于官僚体制结构,由领导负责制、垂直领导制与业务管理制相结合。从可执行的角度上来讲,对于行政机关的判决执行实际上并不存在无法执行的情况,可执行的内容无论是行政具体行为还是行政赔偿,做出具体行政行为的行政机关都是有法律责任能力的。行政诉讼判决"执行难",难就难在行政权威与司法权威互不认同。

行政诉讼判决执行难始于诉讼过程中的被告出庭难。依法参与诉讼是司法权威认同的体现,这既是对原被告双方当事人诉讼权利对等的义务强制性要求,也是司法权威和司法公信的社会体系。在 2015 年《行政诉讼法》修订以前,行政机关对行政诉讼制度的参与缺乏相应的保障机制,任意缺席或者任意指定一个工作人员参加庭审的现象司空见惯。2015 年修订的《行政诉讼法》在规定行政负责人出庭机制上仍然持宽松态度,留有选择余地,即在满足一定条件的情况下,行政负责人可以委托代理人到场参与庭审,而条件的范围并没有给出具体的规定。在 2018 年最高人民法院发布的司法解释中,针对行政负责人出庭应诉问题以专章规定的形式建立了更为完善的保障制度。为确保这一制度的顺利实施,司法解释对行政负责人未出庭应诉的情况建立缺席登记制度,据此人民法院可采用司法建议的形式提请相关部门给予处理。应当说,行政机关负责人出庭应诉是法治政府建设成效的体现,也是行政机关负责人具有法治思维的表现。在全面深化司法体制改革的背景下,修订《行政诉讼法》反映了依法治国理念在行政领域内的强行推进,最高人民法院关于适用《行政诉讼法》的解释则说明建立司法权威是建构司法秩序的核心理念。

　　然而,由于行政机关在纵向上实行严格的上下级管理机制,而人民法院实行业务指导机制,这就导致基层人民法院不知如何面对辖区内的地方政府中的顶级部门,如省一级行政机关。例如,某市级公安机关做出行政处罚决定,行政相对人对该行政处罚不服,按照规定向省公安厅提出复议,并对复议做出的维持原行政处罚的结果不服,选择向人民法院起诉。根据《行政诉讼法》有关规定,该相对人既可以向该市级公安机关所在地的基层人民法院提起诉讼,也可以向省公安厅所在地的基层人民法院提起诉讼。当相对人向市级公安机关所在地的基层人民法院提起诉讼时,应向省级两级公安机关提起共同诉讼,此时省级公安厅的负责人没有出庭或者只是委托代理人出庭,该地区的基层法院该如何跨地区,甚至跨层级地向省公安厅或者是省政府提出建议呢?根据宪法,任何一级的司法机关都代表国家行使司法审判权,任何一级的行政机关应当无条件接受来自司法机关的司法质询与应诉义务。然而,由于当地中国法院系统地沿袭行政体制设置,不仅在管辖范围上与行政区划保持一致,而且在法官层级上也与行政机关层级保持对等,这就导致基层法院向省级行政机关提出法律意见的行为被当作"犯上"。随着省级层面上实行法院人事统管改革的全面落地,上述案例该如何破解依然是个难题。可能有人认为,既然在实践层面上难以绕开传统留下的管理思维,可以通过高级法院,向省级行政机关提出司法建议。诚然,这种路径设计不无可行性。然而,如果把基层法院的司法权威降至这种地步,不仅有损司法权威,而且强化了法院管理的行政化,这与"去行政化"的司法体制改革显然是背道而驰。

　　诉讼终结后的判决执行是解决执行难问题的"最后一公里"。与其他诉讼判决难以执行所带来的影响不同,行政诉讼判决难以执行不仅反映出"权大于法"、司法权威在社会生活中尚未建立至上的地位的现象,而且反映出国家控制社会的力量仍然是行政权力,国家生活尚未进入法治状态的事实。与之相对的司法秩序,在其实质上仍然是行政化司法。在2015年修订后的《行政诉讼法》对于执行问题的规定相对较多,在总结十多年执行难的基础之上,完善了以司法建议、罚款、公告、司法拘留和刑事责任为主要内容的法律责任体系。然而,严格的制度体系与具体的制度举措并不存在比例关系。例如,对执行期满拒不履行的行政机关的负责人,按日处以50~100元罚款的规定,这一罚款额度的设置本意在于强调行政机关负责人应当依法履行判决而不履行的个人应负的法律责任。然而,该条规定为公众留下金钱购买甚至替代判决执行的错觉。因为该规定仅仅规定了罚款数额,并没有进一步规定拒交罚款的后果或者罚款来源的范围。行政诉讼判决的执行应由行政机关依法承担责任,作为行政机关的负责人,对行政判决书的履行负有不可推卸的法律责任。通过强制行政负责人以个人缴纳罚款的责任形式承担责任,实现行政判决书的执行,足以证明行政权力在当下国家发展中的主导地位并未因为法律体系的健全而有所退缩,同时从立法机关针对行政机关行为采取的宽松的立法拘束,亦可推断在社会转型时期,司法体制改革与行政体制改革在并行的过程中存在着权威博弈。

行政判决执行难与行政判决的既判力公信具有线性关系,反映着行政机关维护司法秩序的自觉性。判决既判力理论源于民事诉讼原理,当代中国行政诉讼理论早期发展的基本路径或者借鉴民事诉讼理论,或者照搬,使得行政诉讼制度设计在很多地方与民事诉讼制度有雷同之处。有学者认为,行政诉讼判决同样具有既判力,即裁判事项对当事人和法院产生的强制性约束力、通用力。[1] 也有学者据此将行政诉讼的既判力分为积极结果与消极结果,即"禁止反复"与"防止矛盾"。[2]前者着眼于当事人对行政裁判的遵循,而后者则着眼于法院对生效裁判的一以贯之,即审判的结案不等于诉讼程序的完成,只有司法判决中分配的权利义务被诉讼当事人履行完毕之后,案件纠纷才能从形式上被认为已经完结。行政诉讼判决的难以执行,必然使行政诉讼处于不稳定状态,甚至可能出现"反复"。行政机关与司法机关都是国家公权力的代表,都具备运用公权力改变社会生活关系的能力,行政机关面对司法机关的裁判文书,不仅具备"反复"的能力,而且借口公共利益使其具有"反复"的理由。从表面上来看,行政判决既判力的公信在行政机关的执行上体现在对当下司法判决的服从,实质上是又回归到"权与法"在纠纷裁决中权威博弈的旧秩序之中。

从深层次的角度来看,既判力的公信问题更应当反映在两个方面:

一方面,行政机关变相对判决公信力的损害。在掌握公权力的情况下,行政机关具备独立的执法能力,这就有可能产生行政机关表面上遵循行政诉讼裁判,实际上却采用变相迂回的方式独立地行使自己的行政权的情况。在对于这种情况,司法机关是无法监督到位的。在这种情况下,行政机关的不作为很可能会造成行政相对人对司法程序的不信任,从而产生一种"认罚"心理,或者使案件再次进入诉讼程序,造成司法资源不必要的浪费,对行政判决既判力的公信产生变相损害。

另一方面,行政诉讼判决执行难造成的司法失信必定会在社会中造成传染。人们往往以个案正义的实现与否来判断司法公信的存在与否,又以行政机关能否严格履行判决书义务来确定法治环境是否有利于生存。如果说刑事诉讼判决难以执行将导致人们不再相信公共机构的保护能力,民事诉讼判决难以执行将导致人

①汪汉彬.行政既判力研究[M].北京:法律出版社,2009:29.
②田勇军.行政判决既判力扩张问题研究[D].武汉大学,2011:19.

们开始寻求私力救济,那么,行政诉讼判决难以执行的问题则导致人们将"用脚投票"的方式摆脱行政权力的影响,进而导致国家控制社会的能力因为失去控制对象而失去效能。从司法改革到司法体制改革,再至司法体制配套改革的过程,实则是通过司法判决拘束行政行为的过程。在社会主要资源配置权力为行政机关所拥有的时期,虽不能做出一切社会纠纷源于行政分配的论断,但是,绝大部分是因为资源初次分配与资源性产品再分配过程中的不公正。有待成熟的法治环境尚未完全将"权大于法"从司法秩序中剔除,因此,行政诉讼判决难以执行造成的影响绝非是个案不公,而是司法体制改革能否获得来自社会底层力量的支持。

最后,当代中国社会治理过程中的行政权,不仅要依法行政,而且要贯彻落实国家自上而下推行的各项政策。在诸多情形下,来自国家最高权力机关的政策未能经过地方人大立法的转化,就成为指导地方行政机关实施具体行政行为的依据,而政策的制定者与法律的制定者分属两个不同的规范制定系统,这就不可避免地在政策与法律之间造成"打架"现象。执行中央政策快速促进地方经济社会发展是地方行政机关的首要政治任务,这一政治任务随着政策的不断实施,就会与依法履行的具体行政行为交织在一起。因此,对于既涉及政策,又涉及法律的具体行政行为,行政相对人与做出具体行政行为的行政机关的关系不只是单纯的法律关系,还有政策实施主体与政策实施对象之间的政策关系。事实证明,政策引导着当代中国现代化建设的方向与质量,而法律成为引导社会关系规范化的方向与质量保证。因此,行政诉讼判决执行难往往不是因为司法权威低于行政权威,而是背后考核两种业绩的标准存在要求上的差异。

第四节　司法地方化与省一级人财物统管改革

长期以来,司法地方化是影响行政诉讼制度开展的重要因素之一。民间戏称:"吃着用着地方的,能不为地方政府说话吗?"针对法院系统设置对应行政区划设置的诟病,中央提出改革司法管理体制,推动省以下地方法院、检察院人财物统一管理的改革措施的实施,其目的之一就是在于破除基于管理体制的司法地方化。整体改革方案的核心内容是将法院系统的人事管理、财政管理从省以下的地方行政系统中剥离出来,交由省一级政府统筹管理,从而为地方法院摆脱地方政府关于法院人财物的"咽喉式"预算。自部分省市就该项举措试点以来,员额制改革、遴选委员会建立、最高院巡回法庭建设、省一级人财物统筹系列改革方案均取得了成果,司法体制改革初见成效。

2017年最高人民法院公布的改革工作报告指出,21个省市已经完成省以下法院的编制统一管理,13个省市已在辖区内实行人财物统管改革。按照不同地区的实际情况,对于法院财政支出的管理不同地方采取的方案也各有不同,并不是完全意义上的省级统管,还存在省市共管的情况。① 而人事管理,在各级人民法院院长的选择中主要有"省级任免"和"省级提名、分级任免"两种模式②,目前在人员编制改革中,院长的选任主要按照后一种方式推进,即由省提名,按照法定程序分级选举任命,而法院内部法官的选任除了员额制选拔进入法官队伍的方式外,法官遴选委员会承担全部法官的选拔与晋职。

地方法院人财物实行省一级统筹管理,是从法院外部管理机制上破解司法地方化的抽薪式改革。无论是对改革切入点的选择,还是改革力度的举措,省一级人财物统管对于解除地方法院系统独立行使审判权的外部紧箍咒,无疑具有划时代意义。然而,此前多年的行政管理体制机制对于法院管理体制机制的渗透,难以通过一项改革举措而得到彻底的解放。许多以改革的眼光看起来是陋习的习惯思维,依然或明或暗地影响着法院系统与其他系统之间的职能关系。尽管从试点法院取得的成效来看,这一改革的推动与深入值得肯定。然而,这并不能排除改革进程中存在的问题,而这些问题恰恰是这一改革中的"硬骨头"。

法院人事任命体制机制是地方化影响难以被克服的直接原因。各级人民法院的审判管辖区域与行政区划相重合,法院的管理阶层与地方政府班子成员之间形成了深厚的联系。虽然法院领导与地方政府领导之间的人事关系改变了,但是,居于领导岗位的人并没有改变。与此同时,基层法院进行员额制改革时,员额法官首先倾向于法院内部领导干部的职位。尽管提高了担任法院院长职务的专业水准与工作经历,然而并没有彻底关上地方领导政府干部进入法院系统担任领导干部的大门。行政机关的领导干部进入法院担任院长无可厚非,但同时意味着地方性关系也随之而入。因此,法院院长的提名选举与任命体制机制若不能与行政管理干部提名选举任命体制机制截然分开,那么法院院长对地方人大负责、由地方人大选举产生的选人机制,或许会让司法地方化采取更加隐蔽的方式存活下去,即同级人大通过上级人大影响同级法院,继而影响下级法院。这尽管增加了司法地方化的难度,却不能根治地方化症结。

在"省级统管"的思路下,对于法院院长的选任最为理想的模式应当是省级直接任免,但从目前的政策方向,包括最近的修宪建议上来看,这一模式短期内还是很难实现的。因而有学者表达了对当下法院院长任命机制的担忧,认为这一机制是改革不彻底的表现,也有学者直接指出当下这种任免机制与过去的机制并无实质性差异,仍然是上级主导,下级协管。③ 在现有的制度框架下,各级人大对司法监督起着至关重要的作用,而如果单纯将这种监督权笼统地交给省级人大,不仅增加了省级人大的工作压力,而且降低了监督司法权的梯度。司法地方化的本质是避免地方行政机关对司法系统的干扰,而不是排斥各级人大的监督。对于普通法

①于晓虹.2014 年以来法检人财物省级统管改革再审视[J].中国法律评论,2017(5):28-35.

②耿协阳.省级统管背景下的法官任免制度改革探析[J].法律适用,2017(3):90-94.

③于晓虹.2014 年以来法检人财物省级统管改革再审视[J].中国法律评论,2017(5):28-35.

官升任选拔的机制才是需要进一步优化的地方。目前各级人民法院都已经陆续成立遴选委员会,旨在增加选拔的专业性和公正性,从各级人民法院遴选委员会的构成来看,遴选委员会主要由专门委员和专家委员构成,按照少数服从多数的评选方式遴选法官。[①] 清华大学教授于晓虹表达了对于这一机制的担忧,认为社会评选因素在其中产生的影响有限,并且专家委员无法长期稳定地参与。最为关键的一点是,法官是社会人,其婚姻家庭、子女就学、社会关系等无一不与地方人发生直接或者间接的联系。除此之外,司法人员的职业尊严一旦被侵犯,需要地方权力的介入和支持。依据宪法规定,法院并无任何权利和能力保护自己职业的尊严,法院唯一的能力是依法审判。

近年来,一些不法分子肆意冲击司法机关,干扰司法工作秩序,殴打、辱骂、甚至杀害司法人员,其中又以法院系统为"重灾区"。自2008年以来,法官的人身权利受到严重侵犯,频繁遭遇威胁、侮辱甚至杀害。依法保护司法人员的履职安全及尊严,迫在眉睫。法院审判秩序与法官人身权利被严重侵犯的案例举不胜举。有的法院被聚众冲击,法官被辱骂;有的法官秉公办案,庭审期间被殴打;有的法官在履职过程中其设备被砸,证件被撕,受到持续辱骂;有的法官在公共场合被侮辱,子女被伤害;有的法官在休班期间被歹徒杀害;有的法官在享受晚年生活之际在住所被歹徒杀害。[②] 最高人民法院统计数据显示,2008—2016年,全国有213名法官因公殉职,其中因暴力抗法牺牲的近20%。至于受到侮辱、威胁的法官人数实在难以统计,干扰法庭、影响法院正常办公秩序的事件更是多见。司法人员的履职安全得不到保障,就没有司法权威;司法人员失去职业尊严,就没有司法正义。在司法体制综合配套改革被全面推开之际,建立司法人员履职安全及尊严的"防火墙",刻不容缓!

司法人员履职安全与尊严屡被侵犯的原因非常复杂,分析历来的案件事实,主要的原因可以归纳为三个方面:立法不够健全,法官个人信息保护不够完善,公务人员特别保护制度不够到位。

第一,履职安全及尊严立法未能跟进。一是《治安管理处罚法》未能针对司法审判这一特殊情况给予特别立法。大闹法庭、冲击法院、侮辱和威胁法官的违法行为成本较低,法律责任较轻。《治安管理处罚法》第二十三条规定:扰乱机关、团体、企业、事业单位秩序,致使工作、生产、营业、医疗、教学、科研不能正常进行,尚未造成严重损失的,处警告或者二百元以下罚款;情节较重的,处五日以上十日以下拘留,可以并处五百元以下罚款;聚众实施前款行为的,对首要分子处十日以上十五日以下拘留,可以并处一千元以下罚款。二是《刑法第九修正案草案》将第三百零九条修改为:"有下列扰乱法庭秩序情形之一的,处三年以下有期徒刑、拘役、管制

①于晓虹.2014年以来法检人财物省级统管改革再审视[J].中国法律评论,2017(5):28-35.
②司法人员依法履职保障十大典型案例[EB/OL].(2017-02-07)[2020-07-15].中国法院网,http://www.chinacourt.org/article/detail/2017/02/id/2540603.shtml.

或者罚金:(1)聚众哄闹、冲击法庭的;(2)殴打司法工作人员或者诉讼参与人的;(3)侮辱、诽谤、威胁司法工作人员或者诉讼参与人,不听法庭制止,严重扰乱法庭秩序的;(4)有毁坏法庭设备,抢夺、损毁诉讼文书、证据等扰乱法庭秩序行为,情节严重的。"该修正案扩大了行为内容与对象范围,但不精细。《治安管理处罚法》与《刑法第九修正案草案》两相叠加,导致对于冲击审判秩序、侵犯法官履职安全与尊严的违法犯罪行为,有法但松弛,入刑但宽泛。

第二,法官个人信息未能得到封闭式保护。现实生活中,法官作为特殊的公务群体,其个人信息与普通公众信息一样,被植入各个信息数据存储中心,而这些数据存储中心未因为法官这一职务身份而实施特别的加密程序、严格查询手续审查,以及设立信息交换关口。比如,法官个人的通信信息、户籍信息、银行信息、医疗信息、社保信息、住房信息、亲属信息等均未能获得立法保护。相关持有信息的部门既未对法官信息进行技术保护,也未从事针对特殊行业人群信息保护的专业培训,以至于出现"信息寻租"的现象。例如,有的法官遭受人身威胁,事后查明违法分子获得法官个人手机号码的渠道来自某信息系统。① 司法职业群体信息的开放式管理本身既是对司法职业的轻视,也是对司法人员尊严的侵犯。

第三,对司法人员的特别保护缺失国家责任。司法人员是实现国家政治和谐、政策实施、正义信仰、维护秩序的特殊职业群体,国家应当通过立法、执法、司法以及对社会力量的动员与整合,为司法人员的履职安全及尊严提供特别保护举措,从而在司法人员与外来危险之间建立一道"安全隔离带"。然而,任何人只要凭借有效身份证即可进入法院,经过简单安检即可进入法庭,为冲击法院、大闹法庭提供了方便之门;司法警察警力不足,执行法官不具备强制执法权,又助长了违法犯罪分子的嚣张气焰;执法不严、迟于惩治、社会舆论监管力度不够,更导致了违法犯罪分子为所欲为,公然侵犯司法人员的人格尊严。所以说,对司法人员的特别保护缺失国家责任。

提升司法人员履职安全及尊严是一项系统工程,既需要立法、执法、司法部门的制度合作与落实协同,又需要诸如通讯、银行、交通、航运、公安、民政、社保、医疗、教育等公共信息数据收集、储备、查询部门的信息,实现技术标准的统一和信息查询的统一。建立在党委领导下,以政府主导、公检法司为主体、全社会积极参与的制度完善、技术研发、普法宣传、事故预防、违法惩治的保障系统,不啻为司法体制综合配套改革中的鼎力配套。

第一,进一步完善细化法律法规,提高打击准确度与惩罚凸显度。完善细化法律法规是提升司法人员履职安全及尊严的前提性与基础性工作。建议修订《治安管理处罚法》第二十三条、第六十五条,增加个人与聚众冲击、扰乱公共秩序的内

---

① 司法人员依法履职保障十大典型案例[EB/OL]. (2017-02-07)[2020-07-15]. 中国法院网,http://www.chinacourt.org/article/detail/2017/02/id/2540603.shtml.

容,增加法院、法庭的安保措施等;或者单列扰乱、聚众冲击法院、法庭公共秩序的内容;细化《中华人民共和国刑法修正案(九)(草案)》第三百零九条的内容,对以往案件的统计,可以采用枚举法和兜底条款相结合的立法技术,扩大司法人员履职安全及尊严的刑法保护范围,提高量刑幅度。同时,动议地方人大对立法权,对于故意侵犯司法人员履职安全、伤害司法人员尊严的违法犯罪行为,应当在行政法规中给予一定的行政决定、监察处理,直至移送司法机关。对于党员,一律交由监察部门处理。

第二,进一步健全规范信息数据,提高查询保密度与获取困难度。健全规范信息数据,提高个人信息保密度与获取困难度防止法官个人信息泄露,从源头上杜绝不法分子利用信息威胁司法人员的可能性。因此,要建立党委领导下政府负责的信息监管共享系统。即以公安机关网络监督技术部门为中心,电讯、银行、交通、民政、医疗、教育、保险等相关信息数据部门为依托,整合分散的社会信息数据,集中建成进出口唯一的"大数据中心"。同时,司法机关应同步加强内部信息管理,实行个人信息与办公信息分类管理的模式,杜绝在网络平台、电子信息公示牌、对外联系方面使用个人信息的现象,从源头上筑起防止信息泄露的"大坝"。

第三,进一步明确各级部门责任,提高执行协同度与预防多维度。明确各级部门责任、提高执行协同度与预防多维度是预防、打击侵犯伤害司法人员履职安全及尊严的"硬道理、硬措施"。建立以公安为主、其他职能部门为辅的责任体制,健全街道预防、社区教育、片警上门、律师服务的全方位预防机制。与此同时,针对扰乱、冲击法院法庭秩序,侮辱、殴打甚至杀害司法人员的行为应当立即处理、及时严惩。彻底从执法力度、广度、深度、强度四个方面解决预防不够、打击不力、惩治不硬、宣传不广、威慑不足的疲软保护。与此同时,司法机关内部应强化门禁监管、出入安检制度的落实,加强法警的用法能力、单兵作战能力、快速反应能力、及时出警能力的训练,提高内部安全保障系数。

法官履职尊严得不到保障只能向法院院长或者上级法院诉求,而上级法院又只能通过同级党委人大指令下级地方政府支持法院工作。司法地方化的难度转化成法院系统内部的司法行政化,而司法行政化则是"以审判为中心"的改革目标。随着省一级人财物统管与员额制法官制度的实施,高级人民法院的行政职能不仅没有弱化,反而得到增强。湖南省高院研究室副主任邓志伟统计某高院与下级法院的非审判业务的"行政通知"数量,发现从 2004 年到 2014 年,此类通知的数量逐年递增,2014 年已经超过了 250 份。[1] 南京市建邺区法院王亚明法官认为,地方保护实际是小概率发生事件,上下级法院之间的行政干预在声讨地方保护主义的声浪中反而被很好地隐藏。[2] 去地方化改革本身就是对中国传统官僚制的挑战,而

①邓志伟.高级人民法院职能的调整与优化——基于司法行政管理的功能定位[J].中国应用法学,2017(6):19-32.

②王亚明.法官员额制的结构改革新探[J].法治研究,2017(5):67-77.

法院党委的领导和综合管理工作的需要就注定了法院去行政化改革的困难。在去地方化的改革中,各级人民法院的领导在无形中变成了下级法院的领导,而像上海那样将各级人民法院作为一级预算单位来统筹管理的做法在全国范围内还是很难推行的。① 多数省省级财政部门出于对人力物力的考虑,只能直接与省高院对接,再由省高院与下级法院对接,无形中上级法院就把控了下级法院的"经济命脉"。

司法地方化根深蒂固,司法行政化亦非一朝之症,可以说,司法地方化与司法行政化是我国行政管理范式下的两种表现形式,前者在法院体制之外,后者在法院体制之内。司法的地方化与行政化说明国家权力在纵向上的层级结构与横向上的职能结构尚不精细,在改革司法地方化与司法行政化的过程中,既要防止分权论,又要防止独立论。在人民代表大会制度下,我国各级机关都是政府部门,只有分工不同,没有分权独立。因此,"去地方化"的改革目的不是让法院自成体系,而是如何在党的领导下确保法院依法独立审判。所以,司法秩序的建构从国家层面上讲,是关于审判秩序重构的改革。这是依宪执政下,依法治国、依法行政在法治国家、法治政府、法治社会三位一体建设中司法秩序的理想建构。

①于晓虹.2014 年以来法检人财物省级统管改革再审视[J].中国法律评论,2017(5):28-35.

第五章　审判秩序调整与司法责任的落实

权力是调整关系、分配资源、裁断公平、保证公共秩序的权利概括与强制力联姻的衍生物。权力自从来到世上,就不断滋生并日益强化摆脱权利、为所欲为的专制主义。权力一旦不被监控,必然会被滥用。① 纵观国家发展史,权力与权能紧密联系在一起。无论是民主制国家还是君主立宪制国家,权力在权能实践的层面上,由不同的权力部门行使。每一个权力部门,在履行国家职能的过程中,虽然在其内部会细分为更为具体的职能机构,但是这些具体的职能机构在维护自身部门权益的选择中形成了利益共同体。因此,任何一项关涉审判秩序的改革,其实质都是权力部门的部门利益在权力格局中的重新划分与调整,这看似是某个部门内部的一场改革,实则牵一发而动全身,必然触及甚至分割其他权力部门的利益。为建构理想司法秩序而推进的司法改革,其目的是为了实现司法公正,提高司法公信力,树立法律权威,塑造法律信仰。然而,由于司法改革与司法公正催化审判秩序的调整,一场以司法秩序的理想建构为主旨的司法改革在追求司法公正的过程中,推开了审判秩序重构的大门。同时,审判秩序的重构,亦为司法改革的推进与司法公正的实现提供了有利的条件。在具体的司法改革的制度设计、措施实施与改革反思方面,政统与法统、情理与法理、民意与法意、程序正义与实体正义、监督与制约等五对范畴内部的各自冲突,汇聚成司法改革进程中难以破解的政治困局。确定以重构审判秩序作为司法改革的突破口,建构理想司法秩序,从而促进人民主权下司法秩序、社会秩序、司法秩序与审判秩序的统一,是通过司法改革聚焦司法公正,实现理想司法秩序的必经之路。

第一节　司法行政化与"以审判为中心"改革

司法行政化,即以行政的目的、构造、方法、机理及效果取代司法自身的内容,形成以行政方式操作的司法。② 司法行政化的最大特征,就是在应当居中裁判的司法过程中受到行政色彩染指,从而导致证据失真,判决不公,由此生成司法裁判

---

①[法]孟德斯鸠.论法的精神[M].张雁深,译.北京:商务印书馆,1961.
②龙宗智,袁坚.深化改革背景下对司法行政化的遏制[J].法学研究,2014(1):132-149.

的"行政审批制度"①。根据《宪法》规定,本应经由独立行使审判权而制作的司法判决书,因为行政审批机制的渗入而导致司法不公。司法行政化的根本影响在于使司法陷入"塔西佗陷阱",从而导致在程序正义过场的同时制造了审判的形式化。因此,从追求司法公正这个结果进行逻辑倒推,可以得出必须把司法审判从行政化审批中解放出来的改革判断。所以,去司法行政化的目的是为了更好地实现"以审判为中心",而"以审判为中心"的改革在中国的语境下就是:司法审判必须先"去行政化"。

引致司法行政化的原因很多,既有司法理论研究指导司法实践薄弱的原因,也有制度规定造成的结构性缘由,同时还与我国传统的权力运行惯性有着不可忽视的深层次联系。从表面上看,审判权运行过程中应当遵循的独立审判规律未能被严格贯彻,而是采用行政管理范式运行审判权,从而导致两种不同属性、应当遵守各自运行规律的权力,均采取了行政管理范式,由此造成司法依附于行政以及司法行政化的不良倾向,其中重要的因素之一在于对司法(权)理解的偏差。② 基于一种权力属性理解上的偏差,必然会在实践上设计与之相符合的运行机制。倘若没有行政化的运行机制,也就难以形成司法行政化。司法功能设置的非司法化与国家机能分化不足构成了司法行政化的权力结构与运行机制,③从而在法院内部普遍存在着司法裁判职能与司法行政管理职能的混淆问题。具有较高行政级别的司法官员与普通法官在行使司法裁判权的过程中存在着严重的不平等,④这种不平等的根源始于司法审判过程中存在的行政审批制度。

从理论研究方面来讲,司法行政化的形成与我国政治学、司法学基础理论研究薄弱以及指导实践乏力有关。至少在理论上没有澄清权力及其权能的分类、属性和运行规律,导致这一理论研究薄弱的直接原因与我国传统的权力运行体制机制有着不可分割的紧密联系。自古以来,司法是行政附属功能的观念与实践满足了社会管理的现实需要,并被人民民主专政强化了其在司法和社会管理过程中的工具性与实用性。司法为国家发展保驾护航的实用主义价值观从未让位于司法是社会正义源泉的精神信仰价值观,这种根深蒂固的观念不只是形成了一种传统,而且在社会治理过程中生成了司法权力运行行政化的基因。

司法行政化的诟病困扰着法院独立审判的宪法精神在具体司法过程中的严肃落实,其内部的司法管理行政化则使得法官依法独自审判的权力演变为案件审批

---

①司法裁判的行政审批制度是指法院按照上令下从、垂直领导的原则,由具有较高行政级别的法官对下级法官的司法裁判进行审查并决定是否批准的制度。陈瑞华. 司法裁判的行政决策模式——对中国法院"司法行政化"现象的重新考察[J]. 吉林大学(社会科学学报),2008(4):134-143.

②任永安. 论司法行政化及其解决之道[J]. 暨南学报(哲学社会科学版),2009(5)59-63.

③龙宗智,袁坚. 深化改革背景下对司法行政化的遏制[J]. 法学研究,2014(1):132-149.

④陈瑞华. 司法裁判的行政决策模式——对中国法院"司法行政化"现象的重新考察[J]. 吉林大学(社会科学学报),2008(4):134-143.

制度,司法程序中缺少"通过诉权来制约司法裁判权"的机制①,这自然为行政化管理方式的介入提供了生存空间,并形成了司法地方化,违背了"审理者裁判、裁判者负责"的司法规律。任何权力在运行的过程中,为了保障该权力的顺畅运行,必须为之良好运行提供足够的体制机制性条件,包括制度与物质两个方面的主客观条件,这是确保审判权独立运行、司法权威树立的基础性要素。首先,要坚持司法权威权力化和司法权力权威化②,这是从理念上破解司法行政化的第一步,更是建成一个自治的法官职业共同体,正确处理好司法职业共同体与党的领导的关系的第一步③;其次,必须把司法审判权与司法行政权进行分离④,即审判事务由审判者负责,司法行政事务由管理者负责,各行其道;最后,若要在法院审判管理、司法行政管理、上下级法院业务管理上"去行政化",必须阻隔行政性要素介入审判,具体举措需从强化法院的司法审查功能、审判功能以及终局性纠纷解决功能入手,建立审判独立的"二元模式"⑤,从而建立司法审判权和司法管理权各自独立运行的双轨机制。

司法行政化是系统症结,不是在司法审判过程中由于存在司法审判与司法管理的问题而导致职能不分的结果,而在阶级对立下坚持以人民民主专政的理念指导司法审判的必然结果。与之同步的观点是,国家安全、社会稳定与整体秩序的维护是司法审判的内在职能,这就从司法审判的出发点熔铸了集体权利而非个人权利保护的正义观。而生产资料公有制与中央地方的二级治理结构,必然导致国家审判权的地方化与地方权力机关借口实现中央下达的各项指标而干预甚至直接左右司法审判的行政化结果。因此,提高司法公正的前提是为司法主体独立审判建构价值无涉的司法环境。其中,关键在于从外部阻断行政机关、立法机关通过监督、信访实现对司法审判活动的目的性干涉,而根本在于杜绝行政机关、立法机关把党对司法的领导转化为对司法审判活动的掣肘行为。从内部建立符合司法审判规律的司法管理体制,最大化保障人民法院独立审判的司法空间,其根本在于建立"谁裁判、谁负责"的司法责任,聚焦于"以审判为中心"的诉讼改革上。

"以审判为中心"不仅是在"分工负责、互相配合、互相制约"的基础上,注入"递进制约"的创新和发展⑥,而且实现了从"顺承模式"向"层控模式"的转变⑦。从理

---

①陈瑞华.司法裁判的行政决策模式——对中国法院"司法行政化"现象的重新考察[J].吉林大学(社会科学学报),2008(4):134-143.

②廖奕.司法行政化与上下级法院关系重塑——兼论中国司法改革的"第三条道路"[J].华东政法学院学报,2000(6):41-44.

③王申.司法行政化管理与法官独立审判[J].法学,2010(6):33-39.

④任永安.论司法行政化及其解决之道[J].暨南学报(哲学社会科学版),2009(5):59-63.

⑤为了从制度上支持对行政因素的阻隔,需要在确认法院独立行使审判权的同时,确认法官独立行使审判权的原则,从而形成二元模式的审判独立。龙宗智,袁坚.深化改革背景下对司法行政化的遏制[J].法学研究,2014(1):132-149.

⑥樊崇义."以审判为中心"与"分工负责、互相配合、互相制约"关系论[J].法学杂志,2015(11):1-10.

⑦李奋飞.从"顺承模式"到"层控模式":"以审判为中心"的诉讼制度改革评析[J].中外法学,2016(3):744-765.

论层面上讲,实现"以审判为中心"要贯彻权力制衡原理、繁简分流原理、证据裁判原理与法律监督原理。① 其前提是优化司法职权配置、规范司法权力运行,核心在于"以庭审为中心"。② 在具体审判过程中,要求审判全过程实行以司法审判标准为中心的原则,核心是统一刑事诉讼证明标准。③ 所以,要从控方证明责任的有效履行、法院审判的严格把关,以及庭审的实质化④来强化证据抗辩主义,落实裁判者责任。通过建立完善的制度保障体系,扭转庭前会议的实体化倾向,进一步完善法律援助制度,确立直接言词原则,⑤实现庭审实质化的有效推进。然而,"以审判为中心"虽然有利于证明体系建设的标准化,且有利于推进裁判思维法治化、裁判过程实质化、裁判责任实定化⑥,但不是证明标准的统一⑦,在侦查、起诉与审判的不同阶段,各自应当建立独立的证明标准。立案标准的证明要求低于公诉机关起诉标准,起诉标准低于审判标准。这是每个阶段固有职能的内在规定,三个阶段坚持不同的证明标准,也是分工负责、相互配合同时相互制约的体现。立案阶段的证明达到主要证据确凿、案件事实清楚即可,起诉阶段的证明标准应以起诉罪名与证明责任相符合为基本要求。与侦查立案和起诉阶段相比,审判阶段对于证明标准具有价值无涉特性,既不能为证明被告无罪或者有罪寻找证据,也不能因为受制公诉机关的监督而认可其提供的证据。审判过程中的证据必须经过庭审质证、经过双方无异议之后,才能作为自由心证的依据。而在司法成本的经济观念视域下,推行认罪认罚从宽制度能够节省大量的刑事司法资源,推动"以审判为中心"的改革。

2016 年 10 月,最高人民法院、最高人民检察院、公安部、国家安全部、司法部联合下发了《关于推进以审判为中心的刑事诉讼制度改革的意见》,强化了司法责任制。然而,为了更好地促进人民法院独立审判,而不受制于来自外界的行政压力,应当淡化司法责任制⑧。"去行政化"改革是为了突出"以审判为中心"的诉讼理念,从而更好地实现人权的司法保障。基于刑事诉讼的特点,学界往往把"以审判为中心"的改革视为服务于解决刑事诉讼中人权司法保障的矛盾指向。这就导致围绕"去行政化"的目的被具体化为刑事诉讼中"以审判为中心"的改革,同时延伸到了庭审实质化。但是,诸如法官等级评定制和院长辞职制却可能强化法院管理制度中的行政化色彩⑨。在"去行政化"的改革中强化了"以审判为中心"的司法

① 樊崇义.以审判为中心的几个理论问题[J].法治现代化研究,2017(2):95-102.

② 卞建林,谢澍."以审判为中心":域外经验与本土建构[J].思想战线,2016(4):112-117.

③ 沈德咏.论以审判为中心的诉讼制度改革[J].中国法学,2015(3):5-19.

④ 龙宗智."以审判为中心"的改革及其限度[J].中外法学,2015(4):846-860.

⑤ 张泽涛."以审判为中心"的内涵及其制度完善[J].法学,2016(11):61-69.

⑥ 魏新璋."以审判为中心"诉讼制度改革的法院视角[J].法治研究,2016(3):103-109.

⑦ 陈卫东.以审判为中心:解读、实现与展望[J].当代法学,2016(4):14-21.

⑧ 谢佑平.论以审判为中心的诉讼制度改革——以诉讼职能为视角[J].政法论丛,2016(5):109-115.

⑨ 谢佑平,万毅.司法行政化与司法独立:悖论的司法改革——兼评法官等级制与院长辞职制[J].江苏社会科学,2003(1):139-143.

责任制,而在强化司法责任制的改革中又加深了"司法行政化"。

第二节　立案登记制与法官员额制改革

立案登记制度的立法意图是为了解决人民"告状难"的问题,其本意可以追溯至新中国成立初期废除《六法全书》。人民当家做主下的法院应当无条件接受人民的诉求,这是四部宪法关于"国家的一切权力属于人民"的内在规定。然而,人民法院对于社会纠纷能否进入诉讼程序必然有一个立案审查过程。立案审查既可以阻止主体不适格、证据不充分与事实不清楚的纠纷消耗司法资源,从而提高司法效率;也可以通过立案审查这一程序性设计,在社会生活中塑造程序意识,从而有利于规范社会关系的诚信建设。但是,由于立案审查制度与庭审制度没有在证据标准上建立各自的规格体系,以至于立案审查程序变相成为庭外审判程序,以法官审判的标准审视当事人提起诉讼的资格。一方面,剥夺了当事人通过起诉获得司法正义支持的权利,另一方面,也为地方保护制造了经由立案即可实现的利益寻租空间。特别是对于一些涉及地方经济利益或者纳税大户的经济合同纠纷,法院往往通过立案审查裁定不予立案的方式,从而实现对地方利益的保护。

随着人民权利意识的不断增强、律师行业的持续发展,涌向法院的社会纠纷数量超过了法院审结案件的司法能力。因此,为了缓解"案多人少"的矛盾,借助立案审查程序的过滤功能减少进入审判环节的案件数量成为法院务实的制度选择。立案审查之所以能够成为法院裁定不予立案的理由,除上述视立案审查与诉讼审判为一体化程序的原因之外,还有一个更为关键的原因在于法制不健全,即在立案审查阶段因为法律缺失规定而导致裁定不予立案。同时,起诉证据标准也因为缺失专门的证据法律体系,导致因证据不足而被裁定不予立案的情形也不在少数。为了维护自身权益,信访制度成为当事人向法院提起诉讼遭遇驳回之后的权利救济渠道。涉法上访、进京上访以及泄愤性的群体事件,把立案审查制度推向诟病的高峰。然而,这一制度自 1978 年始运行了近三十年,直到 2015 年才由立案登记制替代立案审查制度。在法院内部办案的法官数量没有增加的前提下,尽管立案登记制实现了"让人民满意"的权利诉求愿景,但是,"案多人少"的矛盾的两个"难以改变"不仅"成为制约法院整体工作发展的短板"[1],而且成为制约司法公正与效率满足人民需求的障碍。最高人民法院针对这一矛盾,主要从六个方面减少法官非审判业务,提高社会纠纷的社会资源配置减少司法资源投入,从多元纠纷解决的社会

---

[1]中国法院的司法改革(2013—2016)[EB/OL]. (2017-02-27)[2020-09-03]. 中国法院网,http://www.court.gov.cn/zixun-xiangqing-144192.html.

化入手,提高审判效率。① 内部人员挖潜成为解决"案多人少"矛盾的首选,法官员额制应运而生。

根据最高人民法院关于法官员额制改革的计算方法,85％的法院工作人员被调配到审判一线,通过提高法官员额比例分配,增加办案法官人数,实现案件数量与办案法官数量的线性比例降低。然而,在法官人数编制总量上受到限制的情况下,案件增加的速度与数量远远高于法官员额的比例调整速度和数量。在案件总量的参照下,法官员额的数量几乎呈现零变动状态。虽然从数字上实现了一线员额法官和审判辅助人员的比例达到85％,然而,围绕入额所产生的利益群体分化与重构,是否能够实现让最优秀的法官集中到审判一线的改革目标,不是一个简单的制度颁布实施,而是多个类型的群体围绕入额与否所展开的"成本—收益"的博弈②。现实薪酬待遇、后期职业发展、社会风险、岗位责任与生活品质无一不成为法官参与入额竞争的考虑因素。结构性考试、行政化测评与自主性选择的考核体系,一方面导致富有办案经验但理论不足的老法官选择退出员额竞争,另一方面使在缺乏办案经验但理论较强的年轻法官队伍中呈现出一部分人参与入额竞争,另一部分人选择离职、退出入额的状态。与此同时,审判团队中存在着年长的老法官作为年轻法官的辅助人员的情形,办案经验与司法理论之间的冲突交织在法官员额制改革之中。

法官员额制的制度逻辑与实际运行之间发生了偏差,不仅未能让优秀法官受惠,而且导致离职的法官多半是优秀法官③。员额制改革的初衷是提高审判实效,因此,集中优秀的法官到审判一线是改革目标实现的关键所在。所以,制定系统的优秀法官的遴选标准是法官员额制实现目标的必要内容。然而,问题也就出现在入额标准的制定与实施方面。入额的门槛条件与优秀法官的标准在具体运行过程中出现混同。把个人学历、办案年限、审结率、上诉率这些与优秀不能发生直接逻辑关系的要素作为竞争性要素,而稀释甚至忽略判决理由书写、调研能力、专业理论水平、案例撰写等表征优秀能力的要素,导致入额的法官不一定就是本院优秀的法官,而优秀的法官流失较多。应当说,就适用普通程序审理案件的数量而言,我国法官人均办案量与其他国家的法官人均办案量相比基本持平。④ 中央政法委关于法官员额制不高于39％的专项编制从理论上讲能够满足案件审理需要,然而,由于这一比例未能针对不同地区、不同层级、不同类型的法院给予区别对待和分类编配,以至于法院之间"案多人少"矛盾的差异化未能与入额法官比例之间建立个案性的对接。实行员额制之后,有的法院缓解了人案矛盾,有的法院由于法官流失

①中国法院的司法改革(2013—2016)[EB/OL].(2017-02-27)[2020-09-03].中国法院网,http://www.court.gov.cn/zixun-xiangqing-144192.html.

②屈向东."成本—收益"视角下法官员额制改革的博弈问题[J].理论探索,2016(3):117-122.

③刘斌.从法官"离职"现象看法官员额制改革的制度逻辑[J].法学,2015(10):47-56.

④陈永生,白冰.法官、检察官员额制改革的限度[J].比较法研究,2016(2):21-48.

反倒加剧了人案矛盾,还有的法院走在争取扩大编制的路上。最高人民法院关于各级人民法院院(庭)长办案数量的规定,不仅挤占了入额法官的员额,而且由于院庭长本身要承担一部分行政管理工作,不可能与其他专职法官一样办理同等数量的案件,因此在入额法官比例不变的情况下,院庭长入额与必须办案的规定于无形中加大了其他法官的工作量,这使得人案矛盾进一步加剧。

最高人民法院在 1999 年发布的第一个"五年改革纲要"中,明确提出把探索法官员额制作为推动司法改革的重要任务之一,"正规化、专业化、职业化"是这一改革基于当时改革情境提出的法官队伍建设目标,这既是指导思想,也是价值观,同时还是具体工作思路与目标。然而,随着立案登记制改革与法院内部司法审判权与司法管理权的逐步分离,特别是司法责任制的贯彻与落实,法官员额制要解决的问题不只是队伍建设,更是要为法官完善司法责任制建立系统的职业保障体系,单纯的待遇吸引与严格的责任惩戒,只会造成趋利与责任的分离。法官员额制是提升法官社会地位、塑造正义形象、树立司法权威、培育法律信仰的制度切入点,因此,要"妥善处理实践中法官员额的稀缺性与开放性、法官身份的终身性与流动性的矛盾"①。其中,最为关键的是为法官公正司法与司法责任的权责利统一建立系统的制度保障体系。所以,如何把法院独立审判落实到法官独立审判是法官员额制与立案登记制共同解决告状难与人案矛盾的根本出路上来。值得注意的是,立案登记制解决了立案难,但是立案登记并不意味着登记即进入诉讼。纠纷是否进入诉讼环节,仍然需要诉讼审查,只有符合审判条件的,方可进入诉讼环节。任何一个国家都从来没有把纠纷一经登记就必须进入审判环节作为司法制度的精神。恰恰相反,国家司法资源的高贵性决定了提起诉讼的苛刻性,表现为起诉条件的法定性。从立案登记到审判环节需要设计案件分流程序,解决社会纠纷是全社会的责任,法院只处理那些具有法律争议的纠纷。因此,立案登记制只是实现了纠纷受理从职权主义到诉权保障的转换,而未能建立社会化的纠纷解决系统。所以,在立案登记制替代立案审查制之后,解决"案多人少"矛盾的另一个配套改革就是完成社会纠纷综合协同治理体系的建立。必须把立案登记制与法官员额制放入司法改革的大视野下,同步推进其他相关配套制度,才能防止因为不同阶层的利益导致法官员额制的"碎片化"②,在解决立案难的政治承诺中,适度提高诉讼成本,加上司法审判权运行的司法化保障,才能达到制度改革的效应。

第三节　公检法分工负责与法官责任制建设

司法责任制肇端于 20 世纪 80 年代的错案追究制,经由 90 年代末期的审判责

---

①丰霏.法官员额制的改革目标与策略[J].当代法学,2015(5):140-148.
②宋远升.精英化与专业化的迷失——法官员额制的困境与出路[J].政法论坛,2017(2):101-107.

任制、21世纪初期的法官责任制,直至党的十八大提出司法责任制。1998年,最高人民法院发布了《人民法院审判人员违法审判责任追究办法(试行)》与《人民法院审判纪律处分办法(试行)》两个文件,在"二五改革纲要""三五改革纲要"中规定了审判责任。党的十八届三中全会提出了完善主审法官与合议庭办案责任制,十八届四中全会明确了"办案质量终身负责制和错案责任倒查问责制"。随后,2015年9月21日发布实施了由最高人民法院负责起草、中央全面深化改革领导小组第十五次会议审议通过的《关于完善人民法院司法责任制的若干意见》。2016年7月,中共中央政治局委员、中央政法委书记孟建柱在长春召开的"全国司法改革工作推进会"上做了"坚定不移推动司法责任制改革全面开展"的重要讲话。从错案追究到司法责任,既是司法机关对社会呼吁司法公正的积极回应,也是中央高层力推"谁裁判、谁负责"的改革精髓[1],是司法改革的本质要求与目标定位[2],其内容包括结果责任、程序责任与职业伦理责任[3],是三种责任的复合体。因此,司法责任制不是法官问责制,也不是错案追究制,应是内部追责,而不是外部担责。[4] 司法责任制的核心要义与科学内涵是"让审理者裁判,由裁判者负责"[5],其前提是只有建立起司法机关依法独立行使审判权的保障体系,才能让审理者裁判的价值从逻辑转化为现实,然后才有让裁判者负责的条件和责任结果。然而,由于对于责任、问责和负责等概念的混用[6],导致人们对司法责任有一种先入为主的追责性理解。与此同时,围绕司法责任制讨论的对象基本上是以法官这一群体为责任主体的研究,也就是说,以司法主体的责任建构与改革在现实的理论视野下集中于法官。一方面,说明司法改革的核心要义是以法院为主体的"小司法"改革,另一方面,说明司法责任的建构区间主要被界定在审判过程之中。然而,在我国特殊的政法语境下,司法机关的概括性与职能的包括性使得司法机关的"司法"概念在现实中被扩大了外延,以至于检察机关、司法机关[7]、公安机关[8]以及法院均被纳入司法机关。因此,中央文件下的司法责任不能被狭义地理解为法院的审判责任,而应从政法工作的大概念来理解司法责任。由此一来,司法责任应与宪法中"分工负责、相互配合、相互制约"的规定保持一致,这是理解司法责任并为之设计配套改革制度的基本前提。

---

①最高人民法院司法改革领导小组办公室.最高人民法院关于完善人民法院司法责任制的若干意见读本[M].北京:人民法院出版社,2015:39.

②张文显.论司法责任制[J].中州学刊,2017(1):39-49.

③陈瑞华."法官责任制度的三种模式"[J].法学研究,2015(4):4-22.

④胡仕浩.论人民法院"全面推开司法责任制改革"的几个问题[J].法律适用,2016(11):90-96.

⑤张文显.论司法责任制[J].中州学刊,2017(1):39-49.

⑥傅郁林.司法责任制的重心是职责界分[J].中国法律评论,2015(4):169-174.

⑦此处的司法机关是指以司法部为最高行政机关的以监狱、律师、法制宣传等为主要工作的司法部门。

⑧严格地说,公安机关是行政机关,但是其内部有履行诉讼准备工作的职能机构,如经侦、刑侦等部门,这些内设机构的职能被归入到司法诉讼的范围。因此,广义的司法包括公安机关。

　　一般而言,司法过程仅仅是指审判过程。司法的过程就是法律适用的过程,法律适用的过程需要把以证据展示、当事人抗辩为前提的庭审作为启动法律适用的发动机。司法的过程也是法官自由心证、履行自由裁量权的过程,因此,司法的内涵被限定在审判过程。与西方国家对司法过程的定性标准不同,我国对于司法理解的标准是以功能为划分尺度的,即凡是为诉讼准备履行职权的机关部门都是司法机关,这些司法机关所实施的工作都被认定为司法过程的内容。因此,司法责任这个"牛鼻子"是一个概括性词汇,在不同的诉讼阶段,该概念有着不同的内涵与外延。正是由于司法责任的内涵与外延界定模糊,才导致"到底哪些情况该承担责任? 是违法办案,还是办案瑕疵? 是作风责任,还是程序错误?"[①]成为理论界与实务界的共同疑惑。尽管司法责任制主要是用于解决司法权、司法监督权、司法行政领导权难以区分的状况,落实审判权、检察权由人民法院、人民检察院独立行使的规定[②],但是其涉及范围并不排除公安机关侦查部门移送案件过程中应当承担的责任。

　　司法责任制是指司法机关在办理案件的过程中按照职权规定应尽义务而没有尽到,或者明知违背公平正义而做出带有个人倾向性的司法判断或者做出及于一般人的智力理解的司法认知而应当承担的不利负担。司法责任制包括公安侦查机关在侦查取证过程中的执法责任,检察机关在公诉过程中的起诉责任以及人民法院在审判过程中的裁判责任。对于侦查部门而言,司法责任应以证据在事实层面与程序层面两个维度的真实性、合法性为责任要素。对于侦查人员在侦查过程中故意捏造或者通过非法手段获得证据的行为,无论该证据是否对案件的审判发生不利影响,侦查人员都要对其承担不利后果的责任,无论该后果是否发生。也就是说,侦查阶段的司法责任不以后果为责任要件,而以行为为责任要件;对于公诉部机关而言,明知证据不足、案件事实不清、不具备起诉条件而强行起诉的;或者在法律条文竞合的情形下,故意以有利于或者不利于犯罪嫌疑人的罪名提起公诉且理由难以成立的,应承担不利后果;对于人民法院而言,司法责任制是指在事实清楚、证据确凿的情形下,故意做出明显有利于或者不利于任何一方当事人且引起当事人上诉信访的判决,而应承担的不利后果。法官责任应以后果为责任要件,侦查人员与公诉人员应以行为为责任要件,这是我国宪法中关于司法机关"分工负责、相互配合、相互制约"规定的内涵。

　　分工负责的理论基础是权责统一,不同机关在不同阶段履行不同的职能,各机关应当承担与该职能相一致的责任。因此,侦查机关、公诉机关与审判机关应当分工负责,各负其责是分工负责的延伸,也是权能属性与权责一致的内在要求。相互配合的理论基础是人民主权,我国《宪法》规定国家的一切权力属于全体人民,司法

　　①温红彦,张毅,王比学,徐隽.深化司改提升公信力——来自司法体制改革试点省份的调研与思考(上)[N].人民日报,2015-06-23(04).
　　②傅郁林.解读司法责任制不可断章取义[J].人民论坛,2016(8):82-83.

机关代表人民行使国家权力。因此,面对侵害人民利益的不法分子,司法机关应当在法律规定的范围内依法相互配合,坚持人民民主专政,保护国家、集体和人民的合法权益。相互配合的目的在于提高司法效率,从而避免"迟来的正义"。所以,对于懈怠配合或者配合不当的部门和具体办案人员,依法追究其责任是对人民主权这一权力基础负责的诚信义务。相互制约的理论基础源于权力的统一性,即为了更好地发挥权力的公共服务功能,在不同类型的权力之间通过权能的彼此啮合,实现不同类型权力之间的制约,从而在权力运行平衡的基础之上实现权力履行公共职能过程中的公平正义。我国《宪法》中关于司法机关"分工负责、相互配合、相互制约"的规定,是人民主权确保各个权力机关在履行各自权能过程中保证国家权力统一到"人民利益至上"的根本性要求,也是我国人民代表大会制度与生产资料公有制相一致的必然回应。

司法责任制是推进司法改革全面深化的切入点,但是,司法责任制不仅仅是限于司法机关与司法人员的责任制,也包括司法机关以外的行政机关、立法机关应当承担的司法责任,比如利用职权,任意刁难司法、干涉司法、蔑视司法、否定司法以及局部执行司法判决的行为,都应当承担与其结果危害程度相一致的司法责任。因此,《领导干部干预司法活动、插手具体案件处理的记录、通报和责任追究规定》①不仅是落实司法责任制的配套措施,而且是通过司法责任的社会化推动法治建设的关键环节。司法责任制既要在司法机关内部的"以审判为中心"的改革铺垫下,实现"让审理者裁判,由裁判者负责"的司法主体者的法律责任,又要在司法机关外部彻底建立一道防火墙,"凡是领导干部干预司法活动、插手具体案件处理的,不论什么形式,都应当如实记录,随案入卷",实现领导干部作为单位责任主体的法治责任。同时,司法机关内部的司法责任制的实施应在时效上正确理解"终身"的相对性,防止司法责任制适用的扩大化和任意化。② 因此,对于审判团队的主审法官与审判成员、主审法官与人民陪审员、庭长与主审法官、审判委员会与委员之间的责任划分需要加强精细化建设。认为严格执行司法责任制就能实现司法公正与司法效率的改革思路,是"毕其功于一役"的功利主义主张。司法终身责任制是催化不出司法公正的果实的。

司法责任制不是解决司法腐败的良药,更不是杜绝冤假错案的妙方。倘若坚守对立的观点,离开法治思维的理性思考,司法责任制有可能导致新的"合法性不公正"。在以强化法官审判责任为"牛鼻子"的新一轮司法改革进程中,把司法责任制简单地等同为司法惩戒制的行为,体现了司法工具主义的改革观。对司法的过程缺失信任,对法官的理性缺失包容,社会期望法官充分公正司法,却不相信法官能够公正司法,这种环境背景下出台的司法责任制极有可能让法官陷入司法责任

①2015 年 3 月 31 日,中央全面深化改革领导小组第十次会议审议通过了《领导干部干预司法活动、插手具体案件处理的记录、通报和责任追究规定》。

②陈光中、王迎龙.司法责任制若干问题之探讨[J].中国政法大学学报,2016(2):31-41.

的"塔西佗陷阱"。

首先,司法审判与司法责任之间不具有直接推理属性。严格地讲,司法责任制只聚焦于法官群体,其他被冠以"司法"的办案人员不能成为司法责任制的指向对象。法官应当对其所做出的司法判决承担一定限度之内的责任,这一现象古已有之。"五罚不服,正于五过;五过之疵,惟官,惟反,惟内,惟货,惟来。"任何不为自己的过错承担责任的行为是最大的不正义。当我们把正义之剑交到法官手中的时候,我们没有理由怀疑法官将剑指向何人的选择。对于进入司法诉讼的每一个案件,每一个人都从不同的角度发出自己的理性之声。但是,我们不能因为法官发出与众不同的声音而否定其依据理性做出的判断,追究其独立见解的责任。

我国《法官法》规定法官拥有八项权利和十项义务,其中,第三十二条第八款规定法官不得"玩忽职守,造成错案或者给当事人造成严重损失","法官有本法(即《法官法》)第三十二条下列行为之一的,应当给予处分;构成犯罪的,依法追究刑事责任"。法官必须有为自己的不当判决接受法律责任的担当,但是法律必须为所谓的"错案"界定标准。司法过程是一个法律推理过程,判决理由讲究逻辑判断的真假,而非大众生活常识中的情理。在法官的世界里,没有错误的判决,只有理由不充分的判决。一份判决理由若不能够令人信服,就一定会被推翻,但绝不意味着它是错误的。真正的错案往往不是因为法律适用出现了问题,最值得忧虑的是该案如何进入司法的过程。近几年经由最高人民法院依法再审做出的无罪判决的案件,无一不在司法过程中隐隐约约地闪现非法律因素的介入。司法审判是以理性自治为基础的法律适用活动,不能运用权责利统一的行政思维来监管法官的审判行为。

司法责任制是对司法审判的事后责任追究,而司法责任的产生是在司法过程之中。案件一进入司法过程,司法责任就已经潜伏,然而对责任的追究却是在事后。法官应当为自己故意行使的司法不当行为承担必要的责任,但不能因为众人的呼声而将法官钉在"错案"的耻辱柱上。无论在什么时候,针对任何性质的案件,众人审判必须服从于法官的独立审判,这是对法官职业的尊重,也是对正义的尊重,更是对法官遴选制度的尊重,体现了人人守法的法治理念。否则,如果法官一想到自己将因为内心确信而受到社会的审判,我们很难相信惶恐不安的法官还能在司法过程中坚持独立地思考。

其次,法官独立审判与司法责任制之间不具有直接逻辑关系。任何一个案件的审判必须遵守严格的证据规则,程序正义的实现依赖于程序具有的过滤作用,即通过法官引导诉讼当事人进行的当庭质证,实现非法证据排除。与此同时,法官确定每一个证据的证明能力而不仅仅只是证明力,从而为判决理由提供事实支持。但是,证据总是喜欢与法官开玩笑,总有一两个调皮的证据躲在法官的视线以外,此时法官不得不依靠自己的专业知识和职业经验,通过在庭审过程中的察言观色,使得天平在内心确信的支持下倾向正义的一方。只要法律不能对证据证明能力提供可以量化的规定,就必须接受法官对证据证明结果的主观判断。在具体案件审理过程中,主观判断的事实存在暗含着社会判断必须服从法官理性的要求。法官的主观性必然表现出个人认知能力的有限性,忽略法官个体认知能力的有限性,过分地追求法官的零错误,实际上是革命浪漫主义情怀在司法过程中的再现。零错误的司法标准不仅不能提高法官个体的司法审判能力,而且会驱使法官个体处处寻求司法制度体系的内部保护,从而降低整个法官队伍的审判质量。一方面,社会试图通过建立健全完善的监督体系来实现司法公正;另一方面,法官为了降低自身的司法风险,不得不充分利用审判制度的缝隙,寻找司法"暗门",从而降低自身可能面临的司法风险。司法责任终身制只能促使法官规避责任,甚至借助制度保护自己,这就可能造成制度允许的冤假错案的发生。

法官必须要对进入司法过程的案件发表个人意见,陈述判决理由。作为被公众视为正义使者的主体,法官极有可能遭遇社会公众产生与其不同甚至是截然相悖的正义观的情况。法官只能保证自己对案件的理解是在司法程序的保障下,依据法律做出的符合内心确信的正义判决,却不能保证这份判决完全符合大众的正义判断。"所有法官都应该能够完全独立地完成自己的工作,而不需担惊受怕。决不能弄得法院一边用颤抖的手指翻动法书,一边自问,假如我这样做,我要负赔偿损害的责任吗?……只要真诚地相信他做的事情是在自己的司法权限之内,他就不应承担责任。"①若只因为社会公众的正义判断满意度低而否定法官依据法律做出的判决,否定的不仅是法官作为司法正义输出主体付出的劳动,而且还包括国家法律的权威。司法责任终身制恰好是社会公众苛求法官公正司法的产物,它满足了社会公众的泄愤心理,却把法官关进了制度的笼子里。

在司法外部监督体系和法院系统内部考核体系制造的双重压力下,法官、法院构成了风险利益共同体,寻求司法安全的最大公约数成为规避司法风险的利益共谋。审判委员会在司法实践中表现出来的诟病就是最好的例证。法院系统在外部监督权力的高压下努力编制法网,同时又不得不为本系统规避风险预留后门。披着两张皮的司法终身制的实质是全社会对法官行为的完美主义期待,如此一来,其不仅在法律上未能为法官审判过程中可能出现的"合理性错误"落实责任,而且把法官推向司法责任终身制的漩涡。这导致法官审判案件的注意力从证据转向责任,回应正义疑问的判决理由成为如何规避司法责任的说明书。

再次,有限豁免权与责任终身制是一对矛盾的统一。司法责任是对理性判断的质疑,苛求法官无过错的责任制不是理性的思考。无论法官做出何种判断,只要没有足够的证据证明其做出的裁判是出于个人私利而违背程序和实体规定的,法官就必须得到宪法的绝对保护。法官在司法过程中往往受到办案经验的左右,离开办案经验,就无法完成法律推理。允许法官运用职业经验审判案件,一方面能够

---

① ［英］丹宁.法律的训诫[M].杨百揆,等译.北京:法律出版社,1999:15.

体现全社会对法官职业道德的信任；另一方面可以彰显全社会法治思维的层次与境界。职业经验在司法过程中表现为内心确信，内心确信既是对证据规则的有益补充，又是法官独立审判的象征。内心确信允许法官在审判过程中存在经验性错误，只要是非故意或者是重大过失状态下造成的经验性错误，法律应当豁免由此而产生的不利后果。法官应当享有豁免权，豁免权不仅是对法官的保护，更是对正义的保护。没有了豁免权，整个社会失去的不只有法官，还有人们为自己立法的正义。

　　确保案件审理不因自己的故意或者重大过失而有失公平是法官应尽的义务。法官是国家审判权赋予正义化身的特殊主体，随着时间和空间的延展，正义的瑕疵必将会因为人们认知能力的进步而被发现。国家必须对法官做出的正义判决进行时效性保护，根本原因在于法官的理性与判断具有时空性。作为普通人中的一员，法官与其他人一样受制于其所生活的社会所能提供的判断环境。法官只能保证审判行为的绝对正义，却不能保证审判结果的绝对正义。法官基于自身能力做出一项偏离正义的误判，并不一定是法官个人的故意或者过失，可能是程序设计与实体法律本身存在的瑕疵把法官推向了误判甚至是错判的审判台。

　　既然法官依法实施程序并在实体法范围内履行自己作为审判者的法律义务，就应当因此而获得绝对的法律权利。法官应当负责，但不应当终身负责。当一个法官入职的第一天就开始背负终身追责的风险，走在终身责任制的刀锋上，那么正义还存在吗？不追究法官的责任是不正义的，过分追究法官的责任则是更大的不正义。终身责任制是对司法正义不信任的表现，是司法正义不恰当实施行政化管理的体现。当正义被"无错"审判时，正义就已成为工具，失去了独立存在的价值。法官尚未出庭，终身责任制的刀子就已经架在了其脖子上面。司法责任终身制与其说是为了确保司法公正，毋宁说是让法官以独立审判的形式完成行政权力的法治意图，"浙江叔侄案""呼格吉勒图案""聂树斌案"都隐隐约约地透露出如此的吊诡。国家和社会不能因为制度设计的瑕疵，就把所有的不公正作为结果归结于法官个体的主观判断，把制造公正的人置于不公正的状态之中，这是法治最大的悲哀。

　　最后，维护法官尊严与保障制度是司法职业内在的规定。法官尊严源于司法公信力，司法公正是司法公信力的基础，是法官获得尊严的保证，法官尊严则是司法得以公正的基础。法官尊严与司法公正的交集是司法信任，即整个社会应当相信法官做出的判决，只有法官拥有了职业尊严，法官才能从内心世界为自己的行为负责。建立健全法官制度的目的不是为了追究法官经历司法审判之后的对与错，而是为法官尊严的树立建起制度的高墙。

　　贯彻司法责任制的前提是建构符合我国政治体制机制与司法体制机制耦合的司法豁免权，其核心是司法信任的建立，基础是审判权公开独立运行的体制机制，其终极的价值追求是通过豁免权、责任限定与责任惩戒的合力，建设专业化、职业化、精英化与专门化互相融合的法官培养、遴选和任命体制机制。要让法官担负审判责任,必须先通过法律授予其审判豁免权。没有司法豁免权的先行授权,司法责任制就不可能发挥其应有的功能。围绕"谁裁判、谁负责"的改革目标,不仅需要对法官职业保障制度、合议庭与审判委员会制度、国家赔偿制度、上下级法院绩效考核制度、独任审判员制度等一系列制度进行重构,还需要对诉讼制度体系内部规定之间的啮合程度进行进一步梳理调适。就现阶段而言,实现审判权与审判管理权的科学配置是司法责任制的突破口和切入角,规范法院独立行使审判权与庭审实质化之间的主体间的代理权限是司法责任制的内在要求。建立以有限豁免为要件的司法责任制是法治思维的体现,要从国家和社会彻底摒弃"轻程序,重实体"的司法陋习开始。

要实现法官尊严的制度保障首先要修订《法院组织法》《法官组织法》中关于法官责任的规定;其次,要完善法官遴选制度和人民陪审员制度,要把庭审秩序纳入《刑法》保护之下;再次,建立严格的法官弹劾程序,非经极其严格的审查程序不得影响、干涉法官正常的工作;最后,建立严格的法官行为保护制度,严厉惩处干涉司法的权力行为,为法官的独立审判建成良好的司法环境。

第四节　涉诉信访与最高人民法院巡回法庭设立

信访是国家最高权力机关为了体察民情、提高人民主权制度优越性而通过各种不同渠道聆听人民群众对于政府工作的批评、建议以及个人关于不公正待遇的陈述性请求而建立的制度。[①] 信访理念与实践源远流长,根据《周礼》中的记载,"肺石听辞"与"路鼓之制"可被认为是最早的信访形式,后又发展演变为"挝登闻鼓""鸣冤鼓""邀车驾"等形式,其目的在于一方面突显皇帝倾听民情民意的仁道之治,另一方面有利于皇帝通过直诉的形式整肃纲纪,维护统治。与我国古代社会中的信访性质不同,现代信访的目的不是让信访者通过向最高权力机关进行陈述而得到权利救济,而是通过信访这一形式,建立人民群众与政府部门的民主协商渠道,从而更好地实现人民当家做主。应当说,信访是政府与社会之间关于国家治理、社会治理的一种形式,是人民群众政治参与的表现。然而,随着社会治理模式的转变,在司法成为社会纠纷解决的主要选择之后,尤其是在《行政诉讼法》颁布实施后,针对法院不予立案的涉法信访转变为涉诉信访,而司法地方化造成的司法不公引致更多的涉诉信访。信访不再是人民群众政治参与的渠道,而成为纠纷当事人谋求权利救济的另一个主张通道。

---

①根据国务院《信访条例》中的规定,信访被定义为中华人民共和国公民、法人或者其他组织采用书信、电子邮件、传真、电话、走访等形式,向各级政府或者县级以上政府工作部门反映冤情、民意或官方(警方)的不足之处,提出建议、意见或者投诉请求。

　　2004 年,最高人民法院在长沙召开的全国法院涉诉信访工作会议上第一次将当事人因为不能通过正常诉讼渠道解决的涉及司法判决的信访概括为"涉诉信访"。2014 年,最高人民法院对于如何理解"涉诉信访"给出了权威性的解释。① 2010 年完备社会主义法律体系的建设任务如期完成,之后涉诉信访不仅迎来了法制化的挑战②,而且在信访体系与诉讼体系建设之间制造了难以互动的巨大张力③。与此同时,涉诉信访打破了司法救济的终局性④。诱导涉诉信访的深层次原因在于诉讼当事人希冀通过更高权力介入司法过程,谋取更多的司法外利益⑤,司法体制本身的缺陷⑥又是这一深层次原因的直接推动器,折射出立法、行政、司法三大国家机构系统化处理社会纠纷流程过程中的不协调⑦。非法治化处理信访问题的方式则进一步推动信访人蔑视司法权威,强化了通过非正常的权力干涉实现更大法外利益的企图。对于人民法院而言,涉诉信访的存在,既是对司法公正的考验,也是对诉讼制度的反省,同时对全社会的司法观念与国家治理观念提出了变革的要求。

　　针对涉诉信访的现象,通过司法改革推进人民法院独立审判是减少信访的直接原因,而建立一个具有"公信力诉愿的审理程序"⑧则是确保司法公信的基础性条件。由于信访的对象是较高权力机构,因此,通过规定权力机构针对同一个信访达到一定次数必须解决⑨和建立主要领导干部问责制⑩倒不失为解决涉诉信访的有益探索。然而涉诉信访与其他类型的信访不同,按照最高人民法院关于涉诉信访的解读,行政机关与立法机关均无权力处理涉诉信访。首先,该类信访的起因或者是不服判决,或者是已经二审终审,又或者是因错过诉讼时效以及未经过审级程序而直接向上级法院提出信访。其次,按照诉讼类型划分,涉及刑事诉讼信访的大多数是因为冤假错案,涉及民事诉讼信访的大多数是因为法律责任判处不当,涉及

　　①2014 年,最高人民法院印发了《关于进一步推进涉诉信访工作机制改革的若干意见》,《若干意见》提出了"诉访分离",明确界定了"诉"与"访"的概念。"诉",是指符合法律规定的条件,可以按照诉讼程序解决的诉求,一般包括起诉、上诉、申请再审、申诉等。"访",是指信访人诉讼权利已经丧失或者充分行使完毕,仍通过来信来访等形式向人民法院表达意愿,反映与诉讼有关但不能通过诉讼程序解决的问题和事项,或者违反诉讼程序越级向人民法院反映诉求。张景义.依法扎实推进涉诉信访改革:专访最高法院涉诉信访机构负责人[N].人民法院报,2014-03-20(01).

　　②王恒."涉诉'信访处理机制研究"[J].湖北经济学院学报,2017(6):107-108.

　　③熊云辉,邓周和军.分而治之　和谐共存——信访制度与司法制度比较分析[J].法治论坛,2007(4):19-35.

　　④章彦英.涉法涉诉信访之案件成因、制度困局与破解之道[J].法学论坛,2011(1):55-61.

　　⑤袁小刚.涉诉信访成因再探——从外生变量入手的因果关系分析[J].湘潭大学学报,2014(1):59-64.

　　⑥李红勃.到人民法院去:当代中国涉诉信访的法社会学分析[J].中国法律评论,2017(2):69-85.

　　⑦魏治勋.涉诉信访的"问题化"逻辑与治理之道[J].法学论坛,2011(1):40-47.

　　⑧张千帆.关于吉林辽源市老上访户李桂荣的初步调查报告[EB/OL].(2011-07-13)[2018-02-24].爱思想,http://www.aisixiang.com/data/39783.html.

　　⑨何包钢.协商民主是解决上访问题的有效方法[N].光明日报,2009-09-08(05).

　　⑩杨瑞龙,尹振东,桂林.上访与对地方官员问责:一个新政治经济学的视角[J].经济研究,2010(12):60-69.

行政诉讼信访的大多数是因为当事人认为法院与行政机关"官官相护"以及判决难以执行。涉及刑事诉讼与民事诉讼的信访,归结到一点就是司法不公;涉及行政诉讼的原因既有立法不健全,也有政策行为问题未能及时法制化,还有行政机关拒不执行司法判决。最后,涉诉信访能否被解决既是中央对地方政府的要求,也是地方党政对人民法院的要求。来自最高人民法院与所在区划同级党政机关的双重压力,在政治问责与司法问责之间形成了巨大的张力,这不仅摧毁了审级制度的规定,而且提高了审判行政化的发生率。

自 2004 年最高人民法院把解决涉诉信访作为专项工作以来,各地法院借助司法改革的契机,至 2014 年,人民法院内部基本形成了系统的涉诉信访工作处理的制度、办法与措施①。与此同时,为了进一步推动地方各级人民法院扎实解决涉诉信访问题,最高人民法院针对该项工作,根据不同涉诉信访内容成立了督导组。②由此可以推断,依法解决涉诉信访应是十八届四中全会之后司法改革的内容之一。2014 年 12 月,最高人民法院印发了《关于依法维护人民法院申诉信访秩序的意见》③,从维护信访秩序、切断缠访、依法治理闹访、维护法院尊严入手,规范涉诉信访秩序。该改革举措不仅建立了涉诉信访工作的秩序,实现了信访的"去司法化"和司法的"去信访化"④,而且从侧面推动了最高人民法院设置巡回法庭的改革。

信访制度在"法"治型国家之前的"政"治型国家时期⑤,具有一定的制度合理性,为正义的实现起到补充作用。然而,随着"政"治型国家向"法"治型国家的转化,这种依靠行政手段替代社会纠纷解决过程中居中输送正义的司法手段,不仅强化了行政机关既当裁判员又做运动员的强制力量,而且为通过政治要挟⑥获得额外利益的企图提供了土壤。最高人民法院作为政治角色的必要构成单元与司法系统内最高级别的审判机关,其在中国政法的语境下,既是政治权力机关,又是司法审判机关。不仅承担了理解中央重大路线、方针、政策的政治责任,而且具有释明司法过程中具体法律应用的解释权力。在作为司法正义终极裁决者的同时,内在规定了现实条件下被赋予裁断涉诉信访的历史使命。2014 年 10 月 23 日,《中共中央关于全面推进依法治国若干重大问题的决定》(以下简称《决定》)做出最高人民法院设立巡回法庭的战略性举措。习近平总书记指出:"最高人民法院设立巡回法

①罗书臻.全面深化涉诉信访改革,努力提升诉讼服务水平[N].人民法院报,2014-12-13(1).

②张景义.依法扎实推进涉诉信访改革:专访最高法院涉诉信访机构负责人[N].人民法院报,2014-03-20(1).

③该《意见》明确了申诉信访人员应当遵守法律、法规和司法解释有关诉讼参与人行为规范的规定。对有轻微缠访、闹访行为的,法院的司法警察要进行劝阻、批评、教育;对扰乱申诉信访秩序的,司法警察要采取训诫、制止、控制、强行带离等处理措施;对司法工作人员进行侮辱、诽谤、诬陷的,人民法院可以罚款、拘留;对有聚众哄闹、寻衅滋事或者自杀自伤造成恶劣社会影响以及煽动、串联、胁迫、教唆他人采取极端方式缠、闹访的,要依法追究刑事责任。另外,对极端闹访行为,人民法院认为有必要的,可以通过媒体向社会予以公布。

④王次宝.涉诉信访法治化:类型、规范与程序西部[J].法学评论,2017(4):53-65.

⑤王天林.中国信访救济与司法最终解决原则的冲突——以涉诉信访为中心[J].学术月刊,2010(10):21-27.

⑥周力.涉诉信访的政治逻辑[J].云南大学学报(法学版),2010(5):134-137.

庭,审理跨行政区域重大行政和民商事案件。这样做,有利于审判机关重心下移、就地解决纠纷、方便当事人诉讼,有利于最高人民法院本部集中精力制定司法政策和司法解释、审理对统一法律适用有重大指导意义的案件。"①不难推断,最高人民法院设置巡回法庭的目的有三:一是通过一审程序解决跨行政区域重大行政和民商事案件,从根源上解决司法地方化;二是在具体法律适用上给予指导,实现法律适用的统一;三是最高审判机关重心下移除了有利于方便当事人诉讼和就地解决纠纷,还隐含着另外一层含义,即涉诉上访也要就地解决。无论是涉及终审判决的,还是涉及未经上诉程序、提起再审程序或者监督再审程序的,既然最高人民法院派出机构驻在地方,必然要代表最高人民法院接访。因此,可以推定最高人民法院巡回法庭的职能应当包括对涉诉信访的处理。

2016年12月19日,《最高人民法院关于巡回法庭审理案件若干问题的规定》中明确了关于处理涉诉信访的具体程序与要求。从理论上讲,巡回法庭的职能定位回避了"去地方化"的使命与要求②,但是巡回法庭对于重大行政、民商事案件的一审、二审程序的审核与判决不仅起到统一法律适用的作用,达到一把尺子裁量正义的目标,从而在根源上避免因司法不公而引起的涉诉信访,而且对于刑事申诉案件的直接受理,可以在根本上实现人权的司法保障落到实处,既降低涉诉信访当事人的救济成本,也降低人民法院依法处理涉诉信访的非司法成本。然而,把所有的社会矛盾都交由法院通过司法判决实现了止纷定争的目的,然后又追求所有人对司法判决投出"完全正义"的一票,这种思维是凌驾于法治之上而对法治提出的非道德性要求,是"法治不能承受之重"③。当然,涉诉信访的生成诱因不能排除司法不公的存在,然而,全社会基于"权大于法"获利的共识可能远比司法不公更为严重,而这种司法认知形成的背后是"权治"下的法治,而非法治下的"治权"。因此,只有公权力在观念上树立法律至上的司法观念,并把这种观念普及至全社会成员,才能真正树立司法权威,从而让涉诉信访回归至信访制度设立的初衷,促进全员参与法治建设的良性循环。就此而言,最高人民法院设立巡回法庭的重大意义不仅在于方便诉讼、统一法律适用、输出标准化正义,而且有利于扭转信访制度的非正常运行,对于行政体制改革、归正当事人司法认知、理顺行政与司法之间的秩序建构具有整合性作用。

第五节　法律解释的司法竞争与指导性案例的地方性

司法解释是法律适用过程中不可缺少的规则析产,并因此形成法律续造。不

---

①习近平.关于《中共中央关于全面推进依法治国若干重大问题的决定》的说明[C]//中共中央文献研究室.十八大以来重要文献选编(中).北京:中央文献出版社,2016:152.
②秦汉.宪法视域下巡回法庭的"去地方化"功能[J].政治与法律,2017(3):104-114.
③许章润.司法权威:一种最低限度的现实主义进路[J].社会科学论坛,2005(8):5-25.

同法系的国家,依据宪法规定或者法律传统,司法解释既可由立法机关完成缕析,也可由学者专家著述,还可由司法官员推理。一般而言,在崇尚制定法典传统的大陆法系国家,司法解释多数交由立法机关行使;在崇尚判例法传统的普通法系国家,则是"法官造法"。随着大陆法系与普通法系的逐渐融合,出现了法典与判例法并存的现象,立法解释与司法解释不再泾渭分明。一方面,立法解释负责对法典的解释,同时规制司法机关的法律续造;另一方面,司法机关以法官创制或者案例判决的形式"造法",在遵循成文先例的前提下,应现实审判的需要来填补法典的缝隙。规则创制由单一的立法机关或者司法机关,转变为立法机关与司法机关并存的二元结构双轨制。法律续造成为法典主义下规则供给的二元进路之一,并在立法视域下引起规则创制的补偿性竞争。与国外法律传统不同,我国实行一元立法主体下三级立法体制,体现了法典主义的立法特征,同时兼采普通法系国家的法律续造形式。根据我国宪法规定①,司法解释作为法律解释的下位范畴,应当属于立法机关。

然而,在立法过程中,"人们都没有能力预见到在实际生活中可能出现的多种多样的情况"。② 所以在司法过程中,法官基于个案正义而不得不为之的一项工作就是对法律进行必要的解释,其目的是"只想让规范开口说话"③。法律解释是一种方法体系的总和,包括司法解释的利益衡量与法律续造。法律续造涉及法律漏洞填补、规则补充与规则创制。由于法律续造是法官的专门性私属,并有可能突破立法的法秩序,所以法官的法律续造既是司法方法,也是权力运用过程中的必要内容。对司法过程中的法律续造是否需要以及如何实施规范调整的问题,是"司法学回应和引领司法体制改革的科学发展和稳健深化"④不能绕开的驿站。我国政治权力一体化的格局架构,特别是法律体系的不发达,导致认可法律续造必然引发规则创制的司法竞争。因此,应对司法解释的由来及效力进行结构性解读,在拒绝司法解释"立法化"的同时,应当建立案例指导制度,勾兑法律的原则性与案件的个体性,以期满足"同案同判"的正义承诺。

"法律是被设定的东西,源出于人类。"⑤法律在被适用的过程中不能不被解释,否则,案件将因为法律规则的不周全而难以实现司法正义。人类认知规则能力的内在差异,"使得无论是什么艺术在任何时候都不可能制定出可以绝对适用于所有问题的规则。"⑥社会总是处于变革的运动发展之中,涌向法院的社会纠纷亦随之不断涌现新的类型。"法律所未及的问题或法律虽有所涉及而并不周详的问题

---

①我国《宪法》第六十七条规定,法律解释权属于全国人民代表及其常务委员会。

②[英]丹宁.法律的训诫[M].杨百揆,译.北京:法律出版社,1999:13.

③[德]拉伦茨.法学方法论[M].陈爱娥,译.北京:商务印书馆,2003:194-195.

④石东坡.当代本土法治进程中法律续造空间的可能性——基于新《立法法》第一百零四条对司法解释的限定[J].江汉学术,2015(4):15-21.

⑤[德]黑格尔.法哲学(序言)[M].范扬,张启泰,译.北京:商务印书馆,2007:15.

⑥[古希腊]柏拉图.法律篇[M].张志仁,何勤华,译.上海:上海人民出版社,2001.

确实是有的。"①由于"具体应用法律"必须要与案件事实建立直接的法律推理关系,所以,对如何"具体应用法律"的说明构成了法律条文的适用性解释。

"凡属于法院审判工作中具体应用法律、法令的问题,由最高人民法院进行解释"是两个决议和《立法法》第一百零四条共同规定的司法解释权限。不难看出,授予最高人民法院"具体应用法律"的解释权有其时代的合法性,而司法解释"立法化"则源于立法规定留有空间的正当性。"在性质上,法律绝非一成不变的,……法律也因情况和时运而变化。"②法律体系的建设工作举步维艰,经由立法机关制定颁布的法律屈指可数③,诸多部门法属于空白等待立法状态。立法机关授权最高人民法院审判委员会行使"具体应用法律"的解释权。一方面,表明了立法机关已经意识到法律制度体系不健全对司法实践的影响程度;另一方面,体现了立法滞后应由司法解释弥补来满足社会发展需求的法制观念。1954年《宪法》第七十八条的规定为最高人民法院司法解释的"立法化"提供了宪法保障④。司法解释"立法化"是法律续造下允许司法竞争的必然趋势⑤。由此附随疑问,如果依据《立法法》第一百零四条的规定可以提高司法解释法治化⑥,那么,司法解释法治化是否意味着规则创制的司法竞争合法化?因此,尽管司法解释由批复转变为指导性案例,在全面深入推进司法体制改革的过程中,仍然无法避免法律解释的司法竞争。

"因为解释的可能性受制已通过的立法"⑦,所以,尽管最高人民法院的法律续造是司法裁判统一的保证,但司法解释的规则效力因为个案正义的需要而有利于实现"同案同判"的司法改革目标。但是,正如"法律有时给行政划了一个圆"⑧一样,依据《立法法》规定,当法官在司法过程中遇到"法律的规定需要进一步明确具体含义"的情形时,各级人民法院应按照逐级请示的程序,呈至最高人民法院。如果能够通过"具体应用法律的解释"做出判决,那么,最高人民法院则以案例形式进行批复。2010年以后则转变为指导性案例,呈报程序与内容也与此前的司法批复有着完全不同的路径。因此,最高人民法院对"法律的规定需要进一步明确具体

---

①[古希腊]亚里士多德. 政治学[M]. 吴寿彭,译. 北京:商务印书馆,1965:163.

②[德]黑格尔. 法哲学[M]. 范扬,张启泰,译. 北京:商务印书馆,2007:7.

③1949年9月,中国人民政治协商会议通过了《共同纲领》,其中第十七条明确规定:"废除国民党反动派政府一切压迫人民的法律、法令,制定保护人民的法律、法令,建立人民司法制度"。1950年4月13日,中央人民政府委员会通过了新中国第一部婚姻法,1950年6月,中央人民政府委员会通过了土地改革法,1951年2月,中央人民政府委员会通过了惩治反革命条例,1952年中央人民政府委员会批准了惩治贪污条例,1953年2月制定了选举法,1954年制定了新中国第一部宪法和五部国家机构的组织法,包括全国人大、国务院、地方人大和人民委员会、法院和检察院的组织法,1954年12月,全国人大常委会制定了"城市居民委员会组织条例"等。1955年之前部门法的贫乏显而易见,法律功能的欠缺亦是不言而喻。

④1954年《宪法》第七十八条规定:人民法院独立进行审判,只服从法律。

⑤石东坡. 立法需求的生成与确立问题研究——析《立法法》第七十八条第四款[J]. 法学论坛,2016(1):5-14.

⑥刘风景. 司法解释权限的界定与行使[J]. 中国法学,2016(3):207-225.

⑦[英]詹宁斯. 法与宪法[M]. 龚祥瑞,侯健,译. 北京:生活·读书·新知三联书店,1997:175.

⑧章剑生. 依法行政原理之解释[J]. 法治研究,2011(6):7-16.

含义的"解释,虽然有利于裁判统一,解决司法实践中法律适用的疑难,但是违背了《立法法》的立法意图,而且,"具体应用法律"的适用条件被忽视,是对《立法法》第一百零四条授权的扩用。

"一切知识都来自感觉和反省,而非天赋或先验。"①法律续造是司法方法与具体应用法律的统一,对规则创制的贡献价值一方面取决于法官识别法律的深度,另一方面取决于法官创制规则的道德自觉,而法官创制规则的道德自觉又受制于立法技术的水平。立法技术的发达程度与法官创制规则的道德直觉性成正比关系,即立法技术越高,法官遵守法典的道德自觉性就越高,创制规则的道德自觉性也高;反之,立法技术的低下促使法官产生蔑视法典的心理沟壑,创制规则的道德自觉性就会沾染功利,导致道德自觉性下降。立法的边际效用,既催生了司法解释的竞争性意识,又激起了司法解释主动发现规则的道德意识,这种主动作为内在的愿望的道德,应是法律义务的道德与愿望的道德在法制建设中的统一。② 然而,司法解释的愿望道德沾染了"司法独立"的性情,工具主义指导下对"具体应用法律"的解释,不仅没有实现法律解释的内在和外在道德的自我约束,反而导致司法机关擅自"立法",为司法解释"立法化"穿上了道德外衣,实现司法解释效力的自我授权,从而消解国家立法机关的规范权威,掩盖"权力失序"的结果。

法律解释不仅要对法律条文进行切合社会发展需要的解释,而且要对为什么这样解释做出法理上的论证。法律续造不只是法律解释的正当性选择,而且是支持法律判决正义的合法性来源。司法不仅"是由具有习惯性权力,或契约性权力,或宗教权力,或政治权力对争端各方当事人进行宣判的法庭对争议进行有序处理的一种过程"。③ 自 1982 年以来,最高人民法院颁布的典型案例对于下级法院的审判工作起到了一定的指导作用。④ 为了更好地适应经济体制改革带来的社会变化,迅速回应社会纠纷猛增的态势,确保全国法院审判案件"一把尺子量到底",最高人民法院"还选编印发了一些执行政策法律较好的典型案例"⑤,这在事实上形成了最高人民法院司法解释的规则创制权,司法解释"立法化"的惯性一直持续至案例指导制度的确立。

"自由,一旦没有权威的合理平衡,就会被滥用。"⑥司法解释的自由体现在个案性规则的个体意志性中,法典主义的权威体现在法律条文的整体稳定性中。司法解释"立法化"所引发的关于规则权威效力的博弈,构成规则创制的竞争性市场。

---

①［英］罗素.西方哲学史(下卷)[M].马元德,译.北京:商务印书馆,1981:140.

②［美］富勒.法律的道德性[M].郑戈,译.北京:商务印书馆,2005:123-127.

③［美］罗斯科·庞德.法律史解释[M].邓正来,译.北京:中国法制出版社,2002:27.

④参见 1982 年《最高人民法院工作报告》:最高人民法院和部分高级人民法院还选编印发了一些执行政策和适用法律较好的经济犯罪的典型案例,供各地人民法院处理案件时参考。这些工作对地方各级人民法院正确地定罪量刑,提高办案质量,起了一定的指导作用。

⑤参见 1983 年《最高人民法院工作报告》。

⑥［法］耶夫·西蒙.权威的性质与功能[M].吴彦,译.北京:商务印书馆,2015:4.

保障市场良性运转的基本规则之一是产权界定,立法解释与司法解释如同市场经济场域中的合作伙伴,促进法律的成长是两者共同的目标,保持合作的有序应是实现共同目标的基础。所以,界定立法解释与司法解释的权限是确保法律解释中规则创制竞争有序性的第一规则。然而,最高人民法院先是突破了《宪法》关于法律解释的授权,后又突破了《立法法》的规定参与规则创制的竞争,司法解释"立法化"事实上已破茧成蝶。最高人民法院司法解释"立法化"于无形中与立法机关的规则创制形成了司法竞争,法学界对此评析不一。2015 年《立法法》针对司法解释权及司法解释的程序做了立法修订[①],有学者认为,在规定司法机关行使司法解释权权限的同时[②],也应为防止司法解释"立法化"准备好下一步法律修订的必要工作[③]。实际上,早在《立法法》出台之前,最高人民法院已经获得来自全国人大常委会关于司法解释的授权[④]。通过与修订后的《立法法》第一百零四条的立法目的比较,不难看出,最高人民法院拥有司法解释权有其必然的历史环境因素。倘若缺失对司法解释权历时性的进一步澄清,那么,《立法法》再修订时依然无法厘清立法解释与司法解释之间的权限边界,这不仅强化了司法解释的"立法化",促进规则创制中的司法竞争,而且为最高人民法院建构指导性案例乃至催生判例法建构了一道不可逾越的制度性障碍。

指导性案例是"地方上"的已决案件被最高人民法院施以"标准化"后的成品,体现了知识再加工与普遍化的社会学意蕴。《现代汉语词典》(2005)把知识定义为:"人们在社会实践中所获得的认识和经验的总和"。案例源于已决案件的典型性,已决案件基于当时本案事实的唯一性而具有成为指导性案例的可能。一般性的已决案件难以发育成指导性案例,只有那些孕育了法理意义上的裁判规则的案件,才具有实现矫正正义的价值,后经过合法程序的确认,发育为指导性案例。指导性案例是法官个人知识与社会知识体系互动的睿智符号,体现了法官通过个案审判过程中对权利义务关系的再分配而形成的规则认知,是法律适用和审判经验交互综合的果实。"知识不仅仅是一种表象,而是一种在世的互动模式。这种模式

---

①《立法法》第四十五条规定:法律解释权属于全国人民代表大会常务委员会。法律有以下情况之一的,由全国人民代表大会常务委员会解释:(一)法律的规定需要进一步明确具体含义的;(二)法律制定后出现新的情况,需要明确适用法律依据的。第一百零四条规定:最高人民法院、最高人民检察院做出的属于审判、检察工作中具体应用法律的解释,应当主要针对具体的法律条文,并符合立法的目的、原则和原意。遇有本法第四十五条第二款规定情况的,应当向全国人民代表大会常务委员会提出法律解释的要求或者提出制定、修改有关法律的议案。最高人民法院、最高人民检察院做出的属于审判、检察工作中具体应用法律的解释,应当自公布之日起三十日内报全国人民代表大会常务委员会备案。最高人民法院、最高人民检察院以外的审判机关和检察机关,不得做出具体应用法律的解释。

②刘风景.司法解释权限的界定与行使[J].中国法学,2016(3):207-225.

③李燕.最高人民法院具体应用法律解释权的规范分析[J].江汉学术,2016(5):49-54.

④1955 年《全国人民代表大会常务委员会关于解释法律问题的决议》规定:一、凡关于法律、法令条文本身需要进一步明确界限或做补充规定的,由全国人民代表大会常务委员会分别进行解释或用法令加以规定。二、凡关于审判过程中如何具体应用法律、法令的问题,由最高人民法院审判委员会进行解释。

包含了被表象的对象或现象,也包含着情境安排——只有在这些情境中,表象才是可理解的,它们与其他表象和实践才能有意义地联系起来"。① 指导性案例隐含着法官个人对于法律理解与适用的箴规,表征着法官个人的生活经验和正义观念的历史积累。法律理解、生活经验、正义观念、文化认知、学历教育、家庭背景、审判经验与司法环境等,共同构成了法官个人知识的源泉,并转化为锁定法官自我体认的认知定势与逻辑轨迹,继而渗透到对案件理解、法律推理之中,最终对裁判规则和判决理由产生排他性影响。指导性案例强调一般层次上的法律适用,其目的在于实现"同案同判"的司法统一。

我国掩盖了法官个人知识对指导性案例的生成过程的形成与适用的深层次影响,案例不仅被定位于"指导"地位,而且被赋予下级法院审理"类似"案件"应当参照"的强制性价值。然而,后案法官是否能够与前案法官对案例理解保持一致性,并不取决于发布案例主体的地位。"指导性案例的约束力应来源于该案例的内在指导力,即裁判理由的正当充分与被广泛认可。这就需要将案例的选择建立在案例市场和法学理论的充分竞争基础上。"②案例内在指导力的基础是前案法官将个人知识传递给后案法官的信息说服力,如果后案法官拥有化解或者否定信息说服力的知识能力,案例内在指导力不会因为案件类似而对后案法官发出绝对的命令。法官个人知识是特殊的司法经验,源于长期司法审判的经验积累。只有在特定的场域中,法官个人知识的特殊性才可以得到普遍性的检验,而特定的司法场域性不仅意味着案件事实的类似,而且也包括司法环境的类似。因此,地域性很强的案例经由最高人民法院的发布程序,升级为普遍意义的知识,不仅否定了案例的地方性,而且否定了案例的个体性。知识是"行动中的科学"③,研究法官个人知识对指导性案例形成与输出的影响,有利于完善指导性案例体系,健全指导性案例适用规则,规范以司法实践为规则创制渊源的法律续造,从而提高指导性案例的适用频度与被接受度。

我国建立案例指导制度的目的,是为了实现"同案同判"的结果正义。通过制约法官自由裁量权的行使,解决以往"同案不同判"带来的司法失信。与英美法系中的判例法有所不同的是,最高人民法院发布的指导性案例不被作为判决依据,也不具有司法解释效力,仅仅是"类似"案件应当参照的旁物。由于"案例承载的任务更多的是对法律适用本身的一般解释,停留在法律适用的一般层面,往往难能反映深厚的法律价值观和其内涵。"④所以,后案法官选择案例的理由论证不是对法律

①[美]约瑟夫·劳斯.知识与权力——走向科学的政治哲学(中文版序言)[M].盛晓明,邱慧,孟强,译.北京:北京大学出版社,2004:2,14.
②李友根.指导性案例为何没有约束力——以无名氏因交通肇事致死案件中的原告资格为研究对象[J].法制与社会发展,2010(4):86-96.
③盛晓明.地方性知识的构造[J].哲学研究,2000(12):36-44.
④杨洪逵.案例指导:从功利走向成熟——对在中国确立案例指导制度的几点看法[J].法律适用,2004(5):12.

适用的说明,而是在比对两个类似案件的基础之上,在"基本参照规则、实现同案同判的认识规则、断定同案的判断规则、形成同判的约束规则、回归规则"的推理导引下①,完成案例裁判规则与后案案件事实的逻辑对接。因此,指导性案例的裁判规则在不能作为"判决直接依据"的规定中悄然转变,成为标准化审判的模具。

从理论上讲,案例指导制度有助于推进"案多人少"矛盾的解决,然而也因此导致案例指导下"法官在努力解决纠纷,而不是确认法律规则"②的司法"急就章"现象。"最高人民法院就是为了判决的统一才设立的。人们曾认为在法律旁边,必须由一个法院来保证法律始终得到同样的执行。如果最高人民法院做不到这一点,它将是无用的。"③最高人民法院发布的指导性案例能否保障法律适用的统一,关键不在于案例发布主体所处的科层位阶,而在于案例自身具有多大范围上的普遍性价值。建立案例指导制度的初衷是为了统一法律适用,限制法官的自由裁量权,实现"同案同判",所以指导性案例的目的在于技术标准化的输出,而非立法意义上的规则创制。托举指导性案例裁判规则的基座是个案,个案经验经由法官个人知识的化合与提炼,辅助于审判委员会的集体讨论④,经过地方各级人民法院的推荐、遴选和最高人民法院的行政确认,转化为可以指导全国类似案件的技术性规则。最高人民法院的行政确认,无论采用何种集体议决的形式,最终的结果都是强化了法官个人知识在裁判规则中的核心地位。然而,裁判规则内在的逻辑结构与裁判的机理形成表征着承载法官个人知识的个性,即便在最高人民法院审判委员会的集体讨论之下,发布的指导性案例仍是集体意志格式化的数据卷号,也不能摆脱案例创制集体中每个成员个人知识的结构性影响。相反,更加激发了参与讨论的法官挖掘个人知识的潜力和欲望,继而形成至少现在难以定性的"知识—权力—知识"的循环。

"在法制建设无法很好地为社会剧烈转型带来的种种问题提供解决基准时,转向经由判例来实现法律的发展并不明智"。⑤ 然而,"处于转型阶段的中国,目前并未建立所有的正义规则,法院在规则形成过程中仍然具有十分重要的功能。即使在法律体系比较完备之后,法院的这种规则形成功能仍然只会受到约束,而不会也不应该丧失"。⑥ 法院不是立法机关忠诚的传声筒,而是有一定见地且被宪法授予

---

①黄泽敏,张继成.案例指导制度下的法律推理及其规则[J].法学研究,2013(2):38-59.

②苏力.送法下乡:中国基层司法制度研究[M].北京:中国政法大学出版社,2000:183.

③[法]雅克·盖斯旦,吉勒·古博.法国民法总论[M].陈鹏,张丽娟,石佳友,等,译.北京:法律出版社,2004:396.

④《最高人民法院关于案例指导工作的规定》第六条规定:案例指导工作办公室对于被推荐的案例,应当及时提出审查意见。符合本规定第二条规定的,应当报请院长或者主管副院长提交最高人民法院审判委员会讨论决定。由此断定,最高人民法院发布的指导性案例是经过审判委员会集体讨论,吸收审判委员会委员的各方意见而形成的合意。

⑤刘加良.论委托调解的功能[J].中外法学,2011(5):101-107.

⑥蒋大兴."法官言说":问题意识、特殊知识与解释技艺[J].法学研究,2011(6):43-47.

独立行使审判权的主体,应当主动解释因立法欠缺与法律续造受限而造成的法律适用不统一的司法疑难。按照现行《立法法》第四十五条规定:"法律解释权归属立法机关,司法机关有向立法机关提出法律解释的草案建议权。"同时,该法第一百零四条规定:"最高人民法院、最高人民检察院做出的属于审判、检察工作中具体应用法律的解释,应当主要针对具体的法律条文,并符合立法的目的、原则和原意"。"具体应用"与"符合立法的目的、原则和原意"限制了司法机关在案件审判过程中的法律续造权。指导性案例的裁判规则,破解了立法解释与法律具体应用之间"同案不同判"的矛盾。在案例法官总结概括裁判规则的过程中,该规则的适用范围拘泥于原案事实、证据以及案件参与人的信息综合。从形式上看,案例法官总结的裁判规则是个人杰作,但是,裁判规则是以判决被接受为合意的总结。判决被接受是因为法官个人知识输出了案件参与人认可的正义期待,而裁判规则在规范的意义上,并没有为类似案件提供法律适用的定性规则,而是提供了类似案件如何处理的定量规则。所以,裁判规则的"标准化"立意,是对法官个人知识的放大与催肥,不能化成"类似"案件应当"参照"的普适性规则。

"应当参照"凸显了指导性案例适用的行政化特征,其背后隐藏着"对立法和法官、检察官的不信任"①。指导性案例的目的在于"限制自由裁量权的滥用,杜绝同案不同判现象,维护法律适用的统一"。② 然而,后案判决理由被案件事实规定于证据与事实的关联之中。法官个人知识能否整理出事实与证据之间的逻辑关系,决定了判决理由的公信程度。法官应当针对案件事实输出合乎事实——证据之间的逻辑关系的判决理由,但因为与指导性案例存在类似性,所以,后案判决理由不得不转化为本案参照或者拒绝参照指导性案例的论证。"下级法院审理的案件经过最高人民法院发布之后便作为比审理该案之法院的级别更高之法院的'指导',这种带有'上级遵从下级'意味的案例指导制度似乎有违司法判例制度的原理"。③ "应当参照"而又不"作为判决直接依据"的科层强制,这意味着"指导性案例输出的不是权威性规则,而是权力性规则",④因此,适用指导性案例的判决理由等于变相剥夺了当事人实质的诉讼救济权。在这个过程中,"特定的理由已经预先确定,而特殊的规则的建立或引申,要服从一种打算建议使用而被假定为具有强制性的技术。"⑤对此,法官唯一的选择不是及时改善自己的知识结构,积极回应顶层权力的压制。恰恰相反,法官采取的对策往往是如何利用自己的个人知识来规避,乃至拒

①吴英姿.案例指导制度能走多远?[J].苏州大学学报,2011(4):69-72.

②刘树德.最高人民法院司法规则的供给模式——兼论案例指导制度的完善[J].清华法学,2015(4):81-93.

③何然.司法判例制度论要[J].中外法学,2014(1):234-258.

④刘树德.最高人民法院司法规则的供给模式—兼论案例指导制度的完善[J].清华法学,2015(4):81-93.

⑤[美]本杰明·内森·卡多佐.法律的生长[M].刘培峰,刘骁军,译.贵阳:贵州人民出版社,2003:37,36.

绝带有强制性的技术指导。

"一个判决中有约束力的部分仅仅是'判决理由'（做出判决的理由）"①,判决理由之所以能够对当事人产生约束力,并非因为"理由"依法而生,而是因为"理由"源自对诉讼信息的调和。因此,"上一个案件判决形成的案例,适用后续相似的案件,可以抑制同案不同罚的'场域—惯习'"。② 但是,作为后案判决理由的约束性来源,指导性案例能够改变法官个人知识的作用力指向,却无法消解法官个人知识在判决理由形成过程中的主导性权威。即便是同一个法官,伴随着审判经验的积累,也会不断通过知识改变自己思考的路径。每个人的习惯"是一个开放的性情倾向系统,不断地随经验而变,从而在这些经验的影响下不断地强化,或者调整自己的结构。它是稳定持久的,但不是永久不变的"。③ 包括曾经参与相同案件审理的法官、检察官、律师,随着认知能力的提高与案件诉讼的亲历,其对于案例的解读也发生着变化。法官解读案例是知识生产的另一种形式,在受到旧有知识约束的同时,又进行着新知识的生产。

"解读就是一种占用潜藏于文本之内的符号权力的方式。因此,类似于宗教文本、哲学文本和文学文本,对法律文本的控制就是在解释斗争中所赢得的奖品。"④ 司法审判的"场域—惯习"是知识之间的互动,衬托出主体话语权的性情倾向。"这些性情倾向在实践中获得,又持续不断地旨在发挥各种实践作用;不断地被结构形塑而成,又不断地处在结构生成过程之中。"⑤ 创制案例的"场域—惯习"在对后案进行指导判决的过程中,已经被后案法官按照判决理由的定制而完成了解构——重构。"每一个判决的形成有其不同的时间或空间上的原因,但当时决定审判结果的因素,会因为时间的经过或空间的改变而不存在。若仍坚守'判决拘束原则',极易产生不公平不合理的结果。"⑥ 因此,指导性案例的时效性直射出其有限的案件适用宽度。

"对象决定方法。"⑦ 一方面,我国现行法律界定了法院在法律适用过程中的解释权;另一方面,"法官能否担当判例制度的重任,是值得怀疑的"⑧。法官队伍业务素质的经验化与地方化,"由于历史的、体制的等多方面的原因,整体上还不高,尚不足以承担起创制判例的任务"⑨。其中,最为关键和重要的原因是法官业务素

---

①鲁伯特·克罗斯,J. W. 哈里斯.英国法中的先例[M].苗文龙,译.北京:北京大学出版社,2011:46-47.

②骆群."场域—惯习"理论视角下的案例指导制度[J].北方论丛,2010(3):163-166.

③骆群."场域—惯习"理论视角下的案例指导制度[J].北方论丛,2010(3):163-166.

④布迪厄.法律的力量——迈向司法场域的社会学[C]//强世功.北大法律评论(第2卷第2辑).北京:法律出版社,2000:502.

⑤骆群."场域—惯习"理论视角下的案例指导制度[J].北方论丛,2010(3):163-166.

⑥潘维大.英美法导读讲义[M].台北:瑞兴图书股份有限公司,1995:87-88.

⑦[德]齐佩利乌斯.法学方法论[M].金振豹,译.北京:法律出版社,2009:1.

⑧杨洪逵.案例指导:从功利走向成熟——对在中国确立案例指导制度的几点看法[J].法律适用,2004(5):12.

⑨周道鸾.中国案例指导制度若干问题研究[J].中国法律,2010(1):30-34.

质的专业精度,难以透过法律适用的表层,为后案提供深邃的法理认知。在"让人民群众在每一个司法案件中都感受到公平正义"的司法改革价值追求面前,最高人民法院选择把指导性案例作为法律适用统一的规则供给方式,应当说不啻为短期弥补司法能力短板的应急改革措施。同时也从反面有力地证明,法官个人知识对案件审判的影响力度。"在没有现成的一般性原则可选用的情况下,勾选抽象规则的能力当然会不断地得到发挥,而机械地运用文字程式则会扼杀这种能力。"① 所以,指导性案例能够提高审判效率,却造就了凡事都看案例的审判风气,挫伤了法官为社会秩序发现规则的智慧激情,遏制了法官队伍整体上法律适用水平的提升。

在寻找"类似"的过程中,法官"可以援用一些外在资源来补充这些观念、原则或先例,并把他们的逻辑工具运用于经过这样调整或修正的前提"。② 逻辑工具的对象是法官个人知识所呈现出来的技术路线,后案法官若要建构案例要点与判决理由的一致性,必须从案件事实出发,往返于本案理解与案例解读之间,在已决案例与待决案件之间建立裁判规则与案件事实之间的关联性。对案件事实的理解承载着"地方性知识","人类行为学的研究结果表明,各民族都有尊重甚至迷恋本民族传统的倾向"③,传统倾向构成了地方性知识的核心精神。不同的法官,基于自己的社会阅历、专业水平、思辨能力与办案经验,根据对"地方性知识"的理解,把持着对案件事实的"内心确信",并将其作为自己审视案例与案件之间"类似"维度的精准卡尺。后案法官对案例的理解是对案例裁判规则的知识重构,而不是对案例事实的知识重构。服从于个人知识结构的理解,有可能导致指导性案例转变为消解法官创制规则、助推法官主动放弃"自由裁量权",避免司法责任追究的"合法性理由",并伴生庭审实质化的"合法性危机"的照壁。前案法官个人知识酿造出具有普遍意义的指导性案例要点,经过后案法官个人知识对于案例要点的解析之后,案例的指导性就已经偏离指导性案例规定的航向。与其说法官个人知识可以被当作故意误读案例的工具,毋宁说法官之间不同的个人知识结构,制造了案例输出和案例参照之间"合法性"与"合理性"的冲突。

"越靠近塔顶的程序在制定政策和服务于公共目的方面的功能越强,越靠近塔基的程序在直接解决纠纷和服务于私人目的方面的功能越强"。④ 有学者认为,指导性案例的运行状况并不理想:不仅案例的适用率低,且大都是隐性适用。⑤ 尽管在 2011 年 12 月 20 日,最高人民法院发布的《关于发布第一批指导性案例的通知》

---

① [英]费里德利希·冯·哈耶克.法律、立法与自由(第 1 卷)[M].邓正来,张守东,李静冰,译.北京:中国大百科全书出版社,2000:134.

② [美]本杰明·内森·卡多佐.法律的生长[M].刘培峰,刘骁军,译.贵阳:贵州人民出版社,2003:37,36.

③ 董茂云.比较法律文化:法典法与判例法[M].北京:中国人民公安大学出版社,2000:41.

④ 傅郁林.民事司法制度的功能与结构[M].北京:北京大学出版社,2006:8.

⑤ 陈树森,龙森森.案例指导制度运行的问题、原因解析与机制重构[J].上海政法学院学报,2014(6):9-15.

（法〔2011〕354 号）指出，"各高级人民法院可以通过发布参考性案例等形式，对辖区内各级人民法院和专门法院的审判业务工作进行指导，但不得使用'指导性案例'或者'指导案例'的称谓，以避免与指导性案例相混淆。"带有浓厚行政色彩的司法管理并未提高参照性案例的适用率。某省的实证研究显示：适用指导性案例的结案数占该省法院系统结案总数的 0.58％，地方法院更习惯于选择本院已决案件和本省高级法院参考性案例作为参照案例[1]，其他研究者的实证数据佐证了这一事实[2]。其中的原因不言自明，本院已决案件最接近法官所处司法环境的"地方性知识"，这些"地方性知识"是法官个人知识的重要组成部分。本院法官的知识同构为本院法官选择本院已决案件作为参考案例提供了对话的直通车，一方面，后案法官不会因为自己的知识结构而误读本院前案法官输出的案例逻辑；另一方面，前案法官输出的案例规则带有鲜明的地方性，更利于后案法官借助"异同比对"、"归类取舍"的技巧，书写令人信服的"裁判理由"。[3] 同一法院前后案法官个人知识的同构性为本院已决案例成为参考案例预制了接口，同时也为最高人民法院"类似"案件"应当参照"的案例指导制度贴上了隐性封条。

①四川省高级人民法院，四川大学联合课题组.中国特色案例指导制度的发展与完善[J].中国法学，2013（3）：34-35.

②北京市高级人民法院课题组.关于完善案例指导制度的调研报告[J].人民司法，2007(19)：66-69.

③冯文生.审判案例指导中的"参照"问题研究[J].清华法学，2011(5)：90-106.

第六章　司法规律初探与司法改革的症结

2003 年《最高人民法院工作报告》提出："根据党的十六大提出的司法体制改革总体要求，……不断完善中国特色社会主义司法理论，使之(法院改革)更加符合司法的本质、特点和规律。"十八届四中全会之后，把握司法规律、促进司法公正、完善司法责任制，既是实现"努力让人民群众在每一个司法案件中都感受到公平正义"的司法秩序理想，也是司法理论研究的前沿问题指向。"没有革命的理论，就没有名副其实的革命运动。"①中国社会主义司法理论不仅要对中国传统司法经验进行历史的总结，而且要在现代治理的背景下，对现代司法规律进行探索概括。在司法改革过程中亟须理性认知的根源性问题和传统性问题，需对近四十年的司法改革进行阶段性梳理才能得知，它是中国特色社会主义司法规律对司法体制改革理论研究的能动。中国的司法改革已走入深水区，回溯改革历程，透视改革共识难题，审视司法理论研究与司法改革之间的互动关系，是司法学研究的视域之一。中国特色社会主义司法理论的不足乃至缺场，为西方司法理论占据"主场"提供了空间，根本原因在于中国问题的思考与探索缺少"深描"意识。中国司法改革是一项前所未有的探索性事业，在不断完善顶层设计的同时，更需要符合中国社会现实的中国"本土"的支持。为司法改革的全面深入提供方法论，是司法基础理论研究的历史责任，应坚持历史与逻辑的统一，重塑传统司法文化的价值，开启社会主义司法理论研究的法门。司法权力组织的行政化与诉讼目的的合政策性，在共同驱动诉讼程序的进程中彰显职权主义，这揭示了社会转型时期政策实施与纠纷解决并存的诉讼导向。纠纷解决过程中，情理与法理的冲突，要求在司法改革进程中，建构国家司法与社会司法对接的体制机制，完善社会纠纷多元调解体系，建设刑事案件分层体系。在全面推进司法体制改革过程中，应贯彻明德慎罚的传统经验，这是中国现代法治建设的不二选择。

第一节　社会主义司法规律：双轨科层结构下合政策性职权主义

司法规律是对一段时期之内，对已经过合法性检验的司法案件及其审判过程

---

① [苏联]普列汉诺夫.普列汉诺夫哲学著作选集(第 1 卷)[M].北京:生活・读书・新知三联书店,1962:98.

的事实进行归纳,进而提炼具有指导意义和普遍意义的一般性理论,为同质结构中的社会纠纷解决提供技术路线和哲学思维,并展现出具有国别性的社会制度特征和民族传统基因。中国特色社会主义司法规律,蕴含于中国司法实践的历史之中。所以,探寻中国特色社会主义司法规律不能按照西方中心主义输出的司法规律,来进行标准性的总结。随着司法体制改革深层次、全方位与大格局的全面问鼎,总结近四十年司法改革历程的阶段规律,是预测、指导后续司法事业建设不可绕过的驿站。从司法权力组织形式、司法程序控制与司法目的三个维度进行概括,中国特色社会主义初级阶段的司法规律在一般意义上可以表述为:双轨科层结构下的合政策性职权主义。

一、双轨科层结构:司法权力组织体制与运行机制

司法权力组织决定了司法程序的价值追求与制度设计,在欧陆法系与英美法系之间,司法程序体现了职权主义和当事人主义的区别,其根源在于司法权力组织的不同形式。一般而言,欧陆法系的司法权力采用科层式组织[①]的形式,在司法程序中表现为职权主义;英美法系的司法权力采用协作式组织的形式,在司法程序中表现为当事人主义。我国现阶段的司法权力组织的架构,既有欧陆法系科层式结构的特征,又有英美法系协作式结构的特征。在司法机关内部,司法权力表现为纵向上的科层式结构,比如人民检察院系统与人民公安系统。虽然人民法院系统内部规定,最高人民法院与地方各级人民法院之间为业务指导关系,然而,上诉案件率、结案率、调解率等年度考评体系的体制机制,已经将业务指导于无形中转变为行政管理的一种手段,此举有利于"加大上级人民法院对下级人民法院领导干部的协管力度",由此导致最高人民法院在司法解释权威的基础之上增加了科层权威[②]。在司法机关之间,司法权力组织表现为横向上的协作式结构。根据《宪法》第一百三十五条[③]的规定,司法机关应当在司法过程当中互相配合,以中央政法委员会为最高权力机构、自上而下的各级政法委员会为一级组织的科层金字塔的形式来实施。尽管《宪法》未对民事案件的分工机制做出明文规定,但在司法实践中,公证部门、公安部门、妇女联合会、共青团委员会等行政机构,都为民事纠纷的"案结事了"在不同程度上发挥着支持、共同参与纠纷解决的配合作用。

依据现行《宪法》的规定,全国人民代表大会作为人民行使国家权力的最高机关,应对所有履行国家权力职能的机关享有直接的管理权。司法权力机关在纵向

---

①米尔伊安·H.达玛什卡.司法和国家权力的多中国面孔[M].郑戈,译.北京:中国政法大学出版社,2004.

②直至2015年,最高人民法院才提出"克服监督指导工作中的行政化倾向,取消对高级法院的统计考核排名,指导高级法院取消对辖区法院不合理的考核指标"。参见:最高人民法院工作报告[R].2015.

③我国现行《宪法》第一百三十五条规定:人民法院、人民检察院和公安机关办理刑事案件,应当分工负责,互相配合,互相制约,以保证准确有效地执行法律。

上,应当服从最高权力机关的领导,在横向上应当相互配合,遵循最高权力机关的授权性规定。在现阶段,司法权力组织的双轨科层体制结构,是国家根本政治制度的内在规定,这也是在社会转型时期,政府合法干预国家发展的经验使然。一方面,整个社会的权利自治意识尚不发达,有组织的内部行政管理,是推进司法程序正义的实现的前提条件;另一方面,司法机关之间的职能总和促进了司法权权能的实现,职能总和决定了司法机关之间的合作,但是这种合作的出发点与落脚点是实现国家的治理职能,而非单纯的个案正义。司法权力组织采取双轨科层体制,符合社会主义初级阶段政治、经济、文化和社会发展的物质条件水平,司法改革历程取得的成效,证明了该体制设计维护国家秩序的可靠性与稳定性。

二、合政策性:司法程序运行的目的规制

在任何一个国家,其司法程序的运行必须与国家治理目标保持一致。在国家治理范式转型的变革阶段,司法程序运行的目的之一,是通过司法程序在判决理由中输入国家政策,从而引导社会整体秩序的合目的性建设。否则,作为参与制定政策的司法机构,会把司法程序正义的自我判断代入到政策系统中,从而导致政策实施过程中的不稳定。自 1978 年恢复司法常态以来,无论是刑事诉讼还是民事诉讼,司法程序运行的目的都定位于合政策性,其体现了政策实施指令司法保障的国家意志[1],彰显了国家发展秩序与司法程序目的共构于行政化的时代特征。

就我国的刑事司法政策而言,其对刑事司法程序的影响至深,并指导、决定着每一次全国性或者局部性的集中打击犯罪行动。1983 年 8 月 25 日,中共中央颁布的《关于严厉打击刑事犯罪的决定》被不折不扣地执行,其指导方针是"依法从重从快"。同年 9 月 2 日,《关于严惩严重危害社会治安的犯罪分子的决定》针对几类案件做出了特别规定。[2] 为了体现打击刑事犯罪的决心与力度,对于死刑案件的上诉与抗诉期限,《全国人民代表大会常务委员会关于迅速审判严重危害社会治安的犯罪分子的程序的决定》做出了特别规定,这一时期刑事司法政策可被归纳为"从重从严从快"。为尽快促进社会治安好转,保障改革开放的顺利进行,最高人民法院将杀人、强奸、抢劫、爆炸等严重危害公共安全和社会治安案件的死刑核准权授权于高级人民法院。[3] "从重从严从快"的刑事司法政策在 1996 年、2001 年的两次"严打"整治中,以及区域性综合治理中作为基本原则被贯彻坚持。随着建设和谐

---

[1]其后果则是导致"司法行政化"、"司法地方化"与"权大于法"的法治诟病,并引发"执行难"、"乱管辖"、"告状难"以及冤假错案等一系列司法不公的连锁效应。

[2]对流氓罪、故意伤害罪、拐卖人口罪等 7 种犯罪具有特定情节的,可以在刑法规定的最高刑以上处罚;《决定》被赋予法律效力,采取"从新"原则,在决定公布之后审判上述犯罪案件,适用《决定》的规定。同时,对程序规定也将上诉与抗诉期限由 10 日改为 3 日。参见:李天裕,李继华.我经历了三次"严打"[N].检察日报,2008-05-15(04).

[3]最高人民法院颁布的《关于授权高级人民法院核准部分死刑案件的通知》,其基础是 1981 年《全国人民代表大会常务委员会关于死刑案件核准问题的决定》和 1983 年《人民法院组织法》。

社会理念的提出,"宽严相济"与"从重从严从快"两项刑事司法政策成为刑事司法的根本纲领,凸显出刑事追诉结果与司法政策目的的一致性。

尽管民事司法程序注重当事人的契约自治,然而,其发端于以追赶西方现代化为目标的经济体制改革,暗含着当事人契约自治应让位于国家总体发展的秩序管治。改革开放初期,中央出台的一系列关于经济发展的法律法规,无一不是经济政策的国家意志转化。宪法中关于私人财产的模糊表述,与实体法上关于"国家、集体和个人合法权益"保护顺序的规定,在民事司法程序过程中体现出民事判决要维护国家、集体利益的偏向性。即便是个体之间纯粹的契约性纠纷,倘若争议标的额度较大,属于地方政府招商引资的项目或者一方当事人是纳税大户,诉讼进程中的政策性解读将为司法判决的输出指明方向①,民事程序中的职权主义显而易见。遵守国家政策与尊重社会公德成为无法可依状态下的法院做出判决的原旨依据。② 崇尚和建设社会公德是政策的内容之一,民事立法中的合政策性承载着判决理由的依据,合政策性驱动司法判决转变为保障经济政策实现的宣言书③。随着民商事法律法规体系的不断完备,特别是市场经济的民主意识与法治意识愈发紧密地结合,民事司法程序的合政策性必将被逐渐弱化,直至民事司法程序完全回归当事人主义控制。然而,在改革开放近四十年,民事司法程序目的的合政策性是这一阶段的一般性规律,这一点毋庸置疑。

三、职权主义:刑事民事程序的控制倾向

从法理上讲,刑事司法程序与民事司法程序由于纠纷性质的不同,应当采取不同的诉讼程序控制机理。比如,科层式结构采取职权主义,协作式结构采取当事人主义。就案件性质而言,无论司法权力采取何种组织形式,刑事司法程序一般都采用职权主义,民事司法程序一般都采用当事人主义。正如前文所论,国家基本政治制度与社会转型发展的现实理想,决定了我国当下刑事程序与民事程序采用相同的程序控制模式,即以职权主义下的司法能动型为主,以兼顾当事人主义下的司法回应型为辅。少数刑事案件采用当事人主义下的回应型模式,比如自诉案件;部分民事案件采用职权主义下的司法能动型模式,比如法院在提出法律建议和主动上门宣传法制的同时,鼓励当事人提请司法诉讼。总体上讲,刑事司法程序与民事司法程序均表现为职权主义下司法能动模式,并主导司法程序的行进。

刑事追诉是国家作为公共管理部门建构公共秩序应当履行的契约性义务,通

---

①1996 年《最高人民法院工作报告》(以下简称《报告》)提到:"有的法院在处理一些经济纠纷案件时搞地方保护主义,偏袒本地当事人,裁判不公。"2002年《报告》中提出:"在民商事审判中,平等保护不同诉讼主体、不同地域当事人的合法权益,中立公正,不偏不倚。"

②《民法通则》第六条规定:民事活动必须遵守法律,法律没有规定的,应当遵守国家政策。同时,第七条规定:民事活动应当尊重社会公德,不得损害社会公共利益,扰乱社会经济秩序。

③2006 年《报告》中提出:"加大对知识产权的司法保护力度,促进自主创新能力和国家创新体系建设。"2014 年《报告》中提出:"清理一些地方限制立案的'土政策',坚持依法受理案件。"

过公权力的主动介入,以守护人的身份,为让渡权利的社会公众提供安全秩序。世界上刑事追诉的发动一般分为刑事自诉与刑事公诉,检察官为国家公诉人,我国亦不例外。就刑事案件线索的发现来讲,我国采取群众举报线索、侦查机关发现案件与法院接受自诉案件三种途径,以保证国家机关介入刑事案件的及时性。司法机关不仅有权决定刑事程序的动议,而且有权垄断掌控刑事程序的行程。根据我国《刑事诉讼法》的规定,侦查机关可以根据证据收集情况,自我决定案件是否移送公诉机关,公诉机关享有不起诉的自由裁量权。与国外的辩诉交易不同,我国的不起诉制度不是关于公诉人与私人之间针对罪行与效率之间如何交易的规定。比如,当下推行的认罪从宽制度,有利于提高刑事追诉效率。然而,犯罪嫌疑人认罪名的行为与量刑从宽的规定,不是嫌疑人与公诉机关之间的协商结果,而是公诉机关依据罪刑法定原则做出的单方确认。又如,庭审实质化改革强化了审判者的司法责任,但同时也强化了公诉机关起诉前的职权主义,同时催化了侦查机关调取、收集有罪证据的倾向性。司法权力在刑事司法程序中对每一个环节的过分参与,目的在于控制整个程序,而后果则为职权主义的扩张提供了合法性空间。

与刑事程序控制的机理不同,民事程序控制主要体现当事人契约意志的自治,实行"不告不理"原则。但是,实体法关于国家、集体利益与私人利益保护顺序的规定,使得民事程序进程中预留了职权主义介入的空间。例如,调解作为我国一项传统的社会纠纷解决范式,其过程鲜明地表现出职权主义的烙印[1]。如关于调解前置的规定[2],修订后的《民事诉讼法》虽然取消了调解前置的强制性,缩短了从调解到判决之间的诉讼周期,但固化了调解在诉讼程序中的前置性地位。民事诉讼应当坚持当事人主义,司法权应当尊重私人主体间的合意自由。然而,遵照现代民事司法原则,一味强调民事诉讼过程中当事人主义下的举证责任,会导致传统社会中依据情理交往的日常活动无法应对以证据作为纠纷处理原则的现代法治。民事纠纷的处理不当,往往会引起恶性的刑事案件。[3] 为了防止民事纠纷转化为刑事案件,同时树立起司法权威,人民法院只能启动职权主义,收集有利于审判的各种证

---

①我国民事诉讼法中关于离婚案件的诉讼程序结构中,把调解作为审判的前置程序,显现出私人主体自治过程中职权主义的主动性与强制性。

②《民事诉讼法》第九条规定:"人民法院审理民事案件,应当根据自愿和合法的原则进行调解;调解不成的,应当及时判决。"

③1983 年《最高人民法院工作报告》(以下简称《报告》)中写道:"因人民内部矛盾得不到及时的解决而引起犯罪的,在不少地区占百分之八十左右。"1985 年《报告》重申:"因一般民间纠纷而激化为重大刑事犯罪的案件所占的比重也较突出。"1986 年《报告》:"当前,一个特别值得注意的情况是:群众中因一般民事纠纷激化而发生凶杀、重伤害的案件十分突出。"1987 年《报告》:"当前更值得注意的是:严重伤害、凶杀案件中,有80%左右是由于民间纠纷没能得到及时发现、教育、疏导和处理,矛盾激化而造成的。这种情况已经不是一年、二年了。"1990 年《报告》:"从去年审结的伤害、杀人等犯罪案件看,由于民事纠纷矛盾激化形成的,约占这两类案件总数的百分之七十。"2000 年《报告》:"依法妥善处理属于人民内部矛盾的各类纠纷案件,对于化解社会矛盾,预防犯罪,搞好社会治安综合治理,维护社会稳定起到了重要作用。"

据①,从而在"案结事了"的过程中输入职权主义的能动性,使得保障经济政策的目的得到贯彻,为经济体制改革保驾护航。随着律师制度体系的逐步发达,特别是民事诉讼理念的改变,民事诉讼中当事人主义的特征越来越鲜明,司法责任制、员额制与立案登记制等三项制度的合力,进一步强化了民事程序动议中当事人主义的主导作用,民事司法程序的职权控制将逐步让位于当事人的自控。

　　司法改革是司法事业向前发展的必然环节,改革只有与当时的社会条件相适应,才能促进社会发展。肇端于 1978 年的司法改革,是社会主义司法事业不断完善的环节,这一时期国家政治、经济和文化等社会条件的快速变迁,决定了我国司法权力组织形式体现为双轨科层体制,诉讼目的落脚于政策实施兼顾纠纷解决,司法程序的控制凸显职权主义,部分类型的刑事诉讼与民事诉讼又表现为较强的当事人主义。一言以蔽之,社会主义现阶段的司法规律可以概括为"双轨科层体制下的合政策性职权主义"。

第二节　争议与共识:四十年司法理论研究

　　法治是权力与权利之间交换社会关系的平台,一旦权利不能得到可诉的正义满足,以国家权力为基础的司法就必须踏上改革的征程。党的十八大以后启动的新一轮的司法改革,其根本动力是"击碎司法地方保护主义的硬壳,以诉讼方式将涌入上访渠道的社会矛盾解决重新地方化"。② 引发司法地方保护主义的根源是地方财政 GDP 与政绩的挂钩,因此,从根本上讲司法地方化是央地两级财政改革留下的后遗症。新一轮司法改革的实质,是中央政府为地方政府化解矛盾不力的"买单"。司法改革是对司法本性的重塑③,挑战了法院组织法的功能定位与宪法授权。所以,"中国司法改革应当着眼于改进政治与司法的关系"④,"体现了执政党对中国近现代和当代政治的考量和反思,反映了一种政治决断:建设现代民族国家,将国家的力量延伸到共和国的每一寸土地,不但以此来保证国家的统一,民族的团结,更要把原来更多归属于边寨、家族的村民塑造成可以更多享受国家直接保护的公民,把法律统一起来"⑤。然而,现在最为紧缺的不是对司法改革的愿景设计,而是为司法改革输出符合中国社会现实的理论智慧。"目前的司法改革理论是以立法、行政和司法的三权分立为背景展开的,其所提出的方案不能解决人民代表

　　①《民事诉讼法》第六十四条第二款规定:人民法院认为审理案件需要的证据,人民法院应当调查收集。
　　②姜峰.央地关系视角下的司法改革:动力与挑战[J].中国法学,2016(4):127-142.
　　③孟凡麟.司法改革:司法本性的沦丧与重塑[J].甘肃社会科学,2003(2):93-95.
　　④肖金明.司法改革的目标与司法模式——基于政治与司法关系的改革思路[J].山东大学学报,2009(3):84-90.
　　⑤[日]棚濑孝雄.纠纷的解决与审判制度[M].北京:中国政法大学出版社,1994:21.

大会制度下的'司法'公正问题。"①舶来的西方理论不失为司法改革的技术借鉴，然而，"司法改革的理论依据在形式上应具备系统性和彻底性，在内容上要处理好共识性与平衡性"②。所以，要坚持"汲取中华法律文化精华，借鉴国外法治有益经验，但决不照搬外国法治理念和模式"③的基本原则，为司法改革提供符合建立中国特色社会主义的司法理论成为摆在司法理论研究面前重大而紧迫的时代任务。

一、司法改革程式与理论输送

"司法改革的外向性、多层次、立体化的特点会给改革顺利推进增添一些困难，但只要区分轻重缓急、统筹规划、有序推进，对各项司法改革措施做出科学的战略安排，就能够避免'补丁式'的改革，最终实现建设公正高效权威的社会主义司法制度的目标。"④由此产生了一个逻辑追问，"如何看待顶层设计在司法改革中的作用。"⑤当前中国司法改革必须妥善处理顶层设计与"摸着石头过河"的关系，顶层设计依赖于"摸着石头过河"的经验，也必须在"摸着石头过河"的勇敢实践中推进。"当我们试图将司法独立作为法治的一项基本原则应用于实际，用来指导我国司法改革的实践时，应当抱着非常慎重的态度，对适应该原则可能出现的各种结果以及由此产生的负面影响，要有足够清醒的认识和充分的思想准备。"⑥思想准备的充分解决依靠理论研究的追踪和前瞻，"司法改革研究路径的选择应考虑到司法改革的理论需要"⑦。尽管存在着不同渊源的理论之争，但是，理论译介、自创的研究活动以及理论之间的相互不服，都为司法改革提供了可反思的理论读本。

（一）司法改革的路径与理论方向

司法改革从总体上讲，可以分为两个阶段，每个阶段都有鲜明的指导思想、制度设计、改革目标与效果反思。从司法改革的积极性上讲，可以概括为被动改革与主动改革；从改革的指导思想上来分，可以概括为"依需改革"和"依法改革"；从司法改革的进度上看，可以概括为框架建设与制度细化。从"依需改革"到"依法改革"，这一变化可以作为司法改革四十年来的分水岭。司法改革最初的动因源于民事案件数量的激增导致法院面临着"案多人少"的困境。为此，最初民事证据举证方式改革的初衷是为了提高民事案件审判的效率。证据方式改革的不断完善，倒逼庭审方式改革。庭审方式改革的过程中发现了司法不公的若干问题，于是，审判方式改革被推到改革前线，直接拉开了司法改革的序幕。概而言之，司法改革的路

---

① 李小明.论司法改革的理论基础及方向[J].法律科学,2000(5):3-9.

② 方宏伟.司法改革理论的特质[J].理论视野,2013(10):80-82.

③ 十八届四中全会《中共中央关于全面推进依法治国若干重大问题的决定》。

④ 蒋惠岭.顶层设计视角下的中国司法改革战略[J].行政管理改革,2015(2):21-26.

⑤ 葛洪义.关于司法改革的几点认识[J].法制与社会发展,2014(6):17-19.

⑥ 方立新.司法改革的动因及其制度设计[J].浙江大学学报,2001(6):108-116.

⑦ 方宏伟.论司法改革研究路径的选择[J].江苏社会科学,2013(5):73-79.

线不仅起于民事司法改革,而且改革进程几乎雷同于民事司法改革的轨迹。从1978 年伊始,司法改革的总体思想是依需改革,显示出被动的回应式改革。改革目的受制于司法实践面临的问题,比如"案多人少"、告状难、司法公正与司法效率、执行难等,围绕这些审判方式改革过程中出现的问题,触发法院地方化、司法行政化、法官遴选制度、审判委员会制度、人民陪审员制度、法官责任制、法院人员分类管理等制度的重构。但是这些制度的重构是为了补漏,改变人们心目中的司法形象,所以,这一阶段的制度设计具有"脚痛医脚、头痛医头"的诟病。

党的十八届四中全会做出《中共中央关于全面推进依法治国若干重大问题的决定》之后,"实现立法和改革决策的衔接,做到重大改革于法有据、立法主动适应改革和经济社会发展的需要"。这是司法改革重大转向的路线依据,是法治建设的质的飞跃,法治内涵从满足纠纷解决的需要转向引导社会秩序的形成上来,体现了法治思维在推进司法改革进程中的主导作用。"依法改革"与"主动适应"从根本上确定了社会主义法治理论研究的基调与原则,"必须从我国基本国情出发,同改革开放的不断深化相适应,总结和运用党领导人民实行法治的成功经验,围绕社会主义法治建设的重大理论和实践问题,推进法治理论创新,发展符合中国实际、具有中国特色、体现社会发展规律的社会主义法治理论,为依法治国提供理论指导和学理支撑。"①对司法理论研究提出了两个基本要求:一是具有中国特色,二是具有社会主义法治属性,这是中国特色社会主义司法理论研究的基本轨道和方向。

司法改革的实质是改革司法,通过消除司法领域里的弊端,包括体制与机制两个方面存在的不足与缺陷,实现社会纠纷的正义矫正。然而,中国司法改革是在经济强势发展的条件下展开,加之立法准备不足,面临大量的各种类型的案件时,司法的硬件资源与软件资源呈现出捉襟见肘的状态。特别是无法可依与立法粗疏的软件资源,不足以为法官审判提供足额的规则供给,司法政策成为纠纷解决的法理依据。但是,社会纠纷的产生在基层,解决也在基层,这就导致中央颁布的司法政策在执行过程中,成为推动基层法院审判"简约化"的顶能量。司法改革可以改变司法体制与司法机制,但是不能改变社会结构,尤其是不能改变社会矛盾的发生源。所以,缺失理论的顶层设计极可能催生基层司法改革的运动化,这种自上而下的推动改革方式最容易导致地方改革的"跟风跑"。"如果这种运动思维及支持运动发展的社会结构条件不能得到彻底改变,那么司法政策的治理化和地方实践的'运动化'就有可能还会出现。"②司法理论研究不能时滞于指导司法改革的顶层设计,顶层设计不仅要具备顶层的高度,而且要能够为基层所理解和接受,达到上下贯通,从而形成改革共识的合力。

"司法改革所依赖的理论需要有共识性。"③中国地方的司法系统在纵向组织

①参见十八届四中全会《中共中央关于全面推进依法治国若干重大问题的决定》。

②钱大军,薛爱昌.司法政策的治理化与地方实践的"运动化"——以 2007—2012 年的司法改革为例[J].学习与探索,2015(2):73-78.

③方宏伟.司法改革需要怎样的理论[J].甘肃政法学院学报,2013(6):76-89.

上简单明了,三级法院层次分明;在横向组织上比较,因各地区经济社会文化发展不均衡,同一级别的法院之间差别较大。这不仅表现在各个地区的社会风俗习惯与民众法律意识不一上,还表现在各个地区的纠纷类型与地方政府法治能力的差异上面,特别是后者,地方政府法治能力在中国现实的政治体制与行政区划格局中,对地方法院司法改革发挥出杠杆性的影响力。所以,司法理论研究的首要任务是要获得来自各个方面的认同,不仅要能够在改革决策集团中得到认同,而且要在改革参与者、被改革者当中得到认同。认同是形成共识的前提,因此司法理论研究要服务于"顺利地推进中国的司法改革,既要着眼于在司法工作中坚持好群众路线,又不可无视现代司法制度的科学要求和普遍规律的可适性。就需要将历来我们在司法工作中坚持群众路线的经验和方法提升到现代化水平,赋予其现代性意义;同时又需要把现代司法制度的科学要求和普遍规律与我们在司法工作中坚持群众路线的宝贵经验有机地结合起来①"。司法理论要达成共识,必须得把道理讲清楚,而要把道理讲清楚,首先要洞察司法改革所处的社会现实与司法运作的现状,因此,司法理论研究必须摒弃西方理论的教条主义,从西方理论的泥淖中抽身出来,把目光下沉,盯在中国司法改革的现实视域上。

(二)司法改革的制度建设与理论供给

党的十八大之前,司法改革的制度推进属于"摸着石头过河"的模式。一方面,制度建设缺少系统性设计,凸显司法改革的系统设计不足;另一方面,制度建设缺少问题性导向,凸显司法改革的担当责任不足。造成制度建设两面弹性的原因是多方面的,其中,司法理论研究供给迟钝或者供需错位负有不可推卸的口实。党的十八大以后,司法改革的制度建设体现出三个特性。

一是具体性。人权司法保障不是一句空话,而是系统的制度落实,否则人权司法保障将因为无法可依而成为一句口号。制度的具体性一方面体现为制度的翔实与细密,另一方面,体现为制度的体系化建设。只有制度的具体性与体系化相结合,才能保证人权司法保障在各个层面与不同纬度上的全方位实现。《关于全面深化改革若干重大问题的决定》对人权司法保障提出了具体要求。如表 6-1 所示。

表 6-1 《关于全面深化改革若干重大问题的决定》对人权司法保障提出的具体要求

类　型	内　容
程序方面	进一步规范查封、扣押、冻结、处理涉案财物的司法程序
规则方面	严禁刑讯逼供、体罚虐待,严格实行非法证据排除规则
制度方面	废止劳动教养制度;健全国家司法救助制度,完善法律援助制度
机制方面	健全错案防止、纠正、责任追究机制
其他方面	逐步减少适用死刑罪名;发挥律师依法维护公民和法人合法权益的重要作用

《全面推进依法治国若干重大问题的决定》在《关于全面深化改革若干重大问题

---

① 文正邦. 论司法改革与公民参与问题[J]. 法学,2010(3):60-65.

的决定》的基础上，对加强人权司法保障又提出更为具体的新要求。如表 6-2 所示。

表 6-2　《全面推进依法治国若干重大问题的决定》对加强人权司法保障提出的新要求

类　型	内　容
人权保障	强化诉讼过程中当事人和其他诉讼参与人的知情权、陈述权、辩护辩论权、申请权、申诉权的制度保障
原则制度	健全落实罪刑法定、疑罪从无、非法证据排除等法律原则的法律制度
司法监督	完善对限制人身自由司法措施和侦查手段的司法监督
纠错机制	加强对刑讯逼供和非法取证的源头预防，健全冤假错案有效防范、及时纠正机制

二是系统性。围绕建成具有中国特色的社会主义审判权力运行体系这一关键目标和加强人权司法保障的总体价值要求，《最高人民法院关于全面深化人民法院改革的意见》（以下简称《意见》）提出 7 个方面共计 65 项司法改革举措，涉及法院组织体系、司法管辖制度、法官履职保障、审判权力运行、法院人事管理等各个层面，并设定了具体的路线图和时间表。详情如表 6-3 所示。

表 6-3　《意见》的总体要求

年度	总体要求	内容一	内容二	内容三
2015	健全三个机制	权责明晰、权责统一、监督有序、配套齐全的审判权力	审判流程公开、裁判文书公开和执行信息公开三大平台	覆盖全面、系统科学、便民利民的司法为民机制
2016	定位科学、职能明确、运行有效	以审判为中心的诉讼制度	法院职权配置	
2017	分类科学、分工明确、结构合理，符合司法职业特点	法院人员管理制度		
2018	形成信赖司法、尊重司法、支持司法的制度环境和社会氛围。			

三是连续性。为了全面和有效地贯彻党的十八届三中全会、四中全会提出的加强人权司法保障的司法改革要求，《意见》确立了全面深化人民法院改革的总体技术思路，以加强人权司法保障作为推动机制健全、制度完善的"核动力"，坚定不移地提出"到 2018 年初步建成具有中国特色的社会主义审判权力运行体系"的目标。

综上所述，顶层设计对于指导全国司法改革推进所起到的作用举足轻重，人民代表大会制度在保障司法改革"为民性"的本质上发挥出关键的保障作用。"2012年以来，在司法改革前，全国人大及其常委会通过行使决定权而对司法改革起着引领作用；在司法改革中，全国人大及其常委会通过行使监督权而对司法改革起着监督作用；在司法改革后，全国人大及其常委会通过行使立法权而对司法改革起着巩固作用。"①然而,这也暴露出司法理论研究的薄弱,这从理论输出的效度与维度可以管窥出。

司法理论研究既要注重基础理论研究,又要关注具体司法制度研究。基础理论研究必须站在中国现实的立场,清透司法改革的问题所在,才能开出有疗效的药方。否则,守持西方服饰的理论,改革中国长袍的礼仪,难免贻笑大方。"我国当下的司法改革从整体上讲是在司法规律的意义上进行的,然而在实践中这些改革措施与旧有体制中的某些因素存在诸多冲突。"②符合司法规律的改革是最科学,也是最有成效的改革。就其"本文"③而言,"司法规律"的知识图像是西方司法经验的理论转译,缺失中国司法经验的"民族性"。党的十八大之后,中央提出符合"社会主义司法规律"的司法改革范式,为司法理论研究确定了重点指南。"司法改革构成了中国政治发展的一个理想的切入区,契合于中国社会进步的内在逻辑,契合于中国政治发展稳定、渐进的原则和制度化、法治化的历史趋向。"④这对于当下中国而言,司法改革与社会发展保持同步,毋庸置疑是社会主义司法规律的具体体现。

新一轮司法改革的目标之一就是回归司法的本相,改革此前司法行政化的司法范式。司法行政化的存在有其一定的合理性,包括制度上、经济上与政治体制上的理由。在中国社会进入改革开放的初期,单就整体利益发展的角度而言,司法行政化曾经发挥出积极的作用。如同一把"双刃剑",司法行政化也带来了司法机制内的痼疾。就此而问,中国特色社会主义初级阶段的司法建设是不是必须要经过司法行政化,这需要理论的论证。不能因为司法行政化在当下引发了司法不公的后果,就否定司法行政化曾经存在的合理性,包括这一规律的可能性。随着法治国家、法治政府与法治社会一体化建设的推进,司法行政化逐渐不适应社会发展决定的社会意识,因此,改革司法行政化是司法改革的重要任务之一。司法行政化既包括外部的司法行政化,也包括内部的司法行政化。就法院系统内部而言,改革司法行政化就是"理顺司法权与司法管理权之间的关系,达到司法权与司法管理权之间的平衡。"⑤司法管理权不仅是司法机关内部的行政管理权,还包括司法机关外部的行政管理权。就具体制度的制定来说,理论提供的支持受制于学科知识体系,难以在宏观视野下提出制度体系建构的系统方案,多数停留在自己熟悉的领域。司法理论输出具有非系统性与非本土性,一旦用来指导司法改革的制度建设,必然会导致制度在运行过程中发生冲突。一言以蔽之,在司法改革推进制度配套建设的

---

①郭文涛.论全国人大及其常委会在推动司法改革中的作用:基于 2012 年以来司法改革的实证分析[J].人大研究,2017(5):27-33.

②李拥军.司法改革中的体制性冲突及其解决路径[J].法商研究,2017(2):15-25.

③[美]克里夫德·吉尔兹.地方性知识[M].王海龙,张家瑄,译.北京:中央编译出版社,2004.

④程竹汝.司法改革:建构中国政治发展的张力结构[J].政治与法律,2000(3):3-7.

⑤崔永东.司法改革与司法管理机制的"去行政化"[J].政法论丛,2014(6):19-25.

过程中,司法理论的式微显而易见,司法理论研究的重要与紧迫应运而生。

(三)司法改革的思路纷争与理论归因

中国司法改革的争论起先并无方向上的分歧,学术界关于司法改革该到何处去的看法,一方面,被世界图景下中国法治该到何处去的宏大叙事所遮掩,另一方面,司法改革初期亟须理论供给的时代任务转换成西方司法理论的译介与输入,理论上的饥渴替代了理论上的争执。随着西方理论的不断输入,不同学派皈依了不同的观念,关于司法改革方向与模式选择的立场性对立开始日渐明朗。2008 年,一张挑战书的"司法决斗"①,揭开了司法改革背后暗流涌动的路线批判。"一方严词捍卫司法职业化、精英化的道路,一方大肆鼓吹司法民主化、大众化的路线。"②除此之外,还有支持司法改革应中西融合的折中主义学派。概括说来,围绕司法改革的理论供给存在两大学派,激进派与折中派,激进派包括精英派与大众派。引发学术界司法改革争论的理源于各自的理论认知,然而,任何一方的理论解读都不自觉地只看到了理论自身逻辑的结构完整性,忽略了理论的基础事实存在所需要的总体条件,从而造成对西方话语中心主义的臣服,其中的原因是多样的。

中国司法改革始于何时并不是一个定论,站在不同的立场,基于不同的视角,司法改革的起点都无法给出一个确定的时间定格。③ 若从法院角色与功能进入国家建设、社会发展与秩序建构的时间上来看,"中国司法改革的真正起点是 20 世纪 90 年代"。④ 改革伊始,就遭遇铺天盖地的西方法理学的教义灌输,自后更是一波更具有冲击力的西方司法经验的来袭。司法改革的中国实践被湮没在西方理论体系之中,一切司法改革举措都被冠之为某某模式、某某主义或者某某理论,即便是具体的司法改革措施、制度的出台与颁布,也被贴上西方理论的标签。似乎若不能在西方理论体系中找到依据,中国的司法改革就是错误的,至少是不符合西方现代法治国家的标准,甚者把侵犯人权、限制自由、制造不平等、专制不民主的大帽子戴在了改革设计者的头上。在本土司法理论式微的情境下,司法改革的方向选择与具体制度的设计不能避免地受到了西方理论的影响。

革命的浪漫主义几乎完全毁掉了一代人,甚至几代人对传统法律文化的自信。在新中国成立之后的三十年间,权法关系的一边倒态度在根本上建立了政法秩序的同时,也造成司法理论的政治化。本土司法理论的缺失为西学东进预留了渲染空间,而翻译过程中语言内在的含义偏差造就了本土理解的不可能性,最为关键的在于翻译者、品读者、传播者以及实践者是否真的明了理论逻辑背后的差异。在司法改革的四十年里有这样一条经验,即马克思主义中国化同样要在司法改革理论

---

①傅达林."司法决斗"的现代隐喻——从宪政视角解读司法改革论争[J].人民检察,2009(3):42-43.

②傅达林."司法决斗"的现代隐喻——从宪政视角解读司法改革论争[J].人民检察,2009(3):42-43.

③有学者界定:当代中国司法改革发端于 20 世纪 80 年代。参见:赵明.从历史的深处走来——漫议转型时期的当代中国政治与司法改革[J].政法论丛,2008(3):3-14.

④蔡定剑.历史与变革——新中国法制建设的历程[M].中国政法大学出版社,1999:179.

体系建构上坚持。一方面,需要学术界理性地分析西方理论,结合中国社会的现实条件来谈司法改革的进程设计;另一方面,需要学术界自信地回溯中国司法发展史,结合当下中国的现实条件来为司法改革的建构提供现代理论支持。归根结底,是司法基础理论研究的缺席和弱势,导致了司法改革的路径判断沿用西方标准,并陷入西方话语权的"圈地"。

早在新中国成立初期,董必武先生针对司法工作人员的改造就精辟地指出:"国家本质改变了,法律也改变了。"①我们不反对西方司法理论的传入研究,但是,我们反对不加分析地照搬西方理论的"拿来主义"。基本经济制度与基本政治制度的完全不同,决定司法改革所需的理论一定不能望文生义,特别是对于司法基础理论中基本概念的误读,往往导致中国司法改革误入歧途。中国司法改革应有与这个国家相匹配的司法规律。人类社会发展的规律在不同的民族和国家中,虽然表现为总体上的前进,但是因为各自不同的社会条件会有不同的表现形式。苏联的社会主义建设与中国社会主义的发生、建设就表现出不同的两种路径。而在中国内部,边疆地区少数民族与内地民族也是经由不同的路径进入到社会主义,"直过民族"②就是最好的证明。

西方输出的司法理论是西方司法规律的理解与总结,而非中国司法规律的发现,更不是总结。之所以有部分学者极力把西方理论贴上普适的价值标签,其真正的问题在于没有把司法规律同其他与司法规律相关的概念界定清晰。诸如中立、独立、公开、程序、终局等特征性的描述被当作司法规律,这就从根本上混淆了规律与特征之间的绝对分界。这既是司法这一概念被任意使用的结果,也是对司法这一概念的中国内涵一知半解的结果。时至今日,司法改革的顶层设计与司法改革的理论研究、司法举措之间仍未严格地区分。虽然有学者基于学理研究,提出对狭义司法与广义司法的理解③,但是行使司法权与行使司法职能是否隶属"司法"的特定内涵,依然模糊。司法基础理论研究的重要性、紧迫性不言而喻,特别是关于司法基本范畴与概念的中国语境重读,亟须拯救性建构。当然,在建构中国司法基础理论体系的过程中,不排斥西方先进的理论成果。

二、司法改革共识难题与理论分析

"试图通过形成司法改革的一致意见,并把其作为改革的条件的想法也许是幼稚的。"④然而,司法改革在分歧中也无法获得来自各个方面的合力。缺少统一认识的司法改革,不仅难以获得大多数人对改革方案的支持,而且失去了司法改革的价值与意义。因此,对司法改革共识的难以形成进行深层次的分析,既是司法改革

---

①董必武.旧司法工作人员的改造问题[J].中国新法学研究院院刊,1950(3):5-6.

②李根."直过民族"社会历史演变的变异性特点探析[J].贵州民族研究,2000(1):48-52.

③张彩凤.比较司法制度[C].北京:中国人民公安大学出版社,2007:1.

④陈金钊,张其山.对中国司法改革理论的反思[J].法学研究,2003(6):59-64.

通过深水区的思想保证,也是司法理论研究的历史担当。

（一）改革共识与问题观念

司法改革共识在表层上基本形成,关于司法改革采用西方模式还是中国模式的比较结论上,各执一端的争论现象不再如前。学术界认同,坚持其中任何一种模式都有其偏颇之处,应当采取扬弃的包容政策,站在与国际接轨的图景下,推动中国的司法改革。十八届六中全会指出:"我国文化事业的大繁荣、大发展,既要吸收国外发达的文化成果,也要坚持本国优秀的文化传统,兼收并蓄,促进中国特色社会主义的文化事业大战"。因此,改革会"必然性地汲取西方模式中的合理或普适成分,又必然性地要保留符合中国国情的因素"。① 这种既非改良又非折中的共识,是基于司法改革现实实践的困境而不得不做出的迂回选择。但是,在司法改革究竟何处去的方向性决策上,司法改革共识的深层分裂,倒逼司法改革不得不在"摸着石头过河"的状态中寻求实践理性的支持。"让人民满意"的司法改革目标,与其说是改革的止境,毋宁说是司法改革理论供给贫困的直接结果,同时也是弥合"中国国情论"与西方模式论分裂的封口胶。

"思维模式往往比制度更重要,中国法制现代化首赖思维方式的现代化。"②自由、平等、民主、人权等染有人类普世意义的大词,已经成为整个社会希冀的权利话语,这是一个不争的事实。自由、平等、民主与人权作为人类概念,是人类共同追求的最高目标。最高目标的实现不否认目标实现途径的多元化,也不能肯定实现的途径具有唯一性。

"对对象、现实、感性,只是从客体的或者直观的形式去理解,而不是把它们当作感性的人的活动,当作实践去理解,不是从主体方面去理解。"③三权分立下的司法独立与坚持党的领导下人民实行法院独立审判的宪法精神格格不入。与其说改革共识深层分裂的基础是对自由、平等、民主、人权这些大词内涵理解的分歧,倒不如说是个人主义与集体主义两种关涉司法改革的价值观、世界观、社会观的较量,其实质是两种文化观的较量,体现在对待中国传统文化的态度与责任上。然而,本土司法理论研究对此并未深度关注,而是停留在如何从逻辑上完善改革措施的自圆其说,其理论支撑也未摆脱西方话语权中心主义的圈层。

（二）司法有限性与社会司法介入

司法的有限性似乎被认为是司法的本性,阐释司法有限性的进路并非源于对司法本质的分析,而是来自司法依据的有限性,即因为国家法律不能覆盖全部的社会生活、规制全部的社会行为,从而导致不能完全地调整社会关系。国家法律之所以不能覆盖全部的社会生活,源于立法无法做到与社会发展的完全吻合。所以,立

---

①徐昀.简论中国司法改革的规律:以民事审判结构理论为视角[J].学习与探索,2010(4):87-90.

②郝铁川.论逻辑思维与法律思维[J].例解研究,2004(5):42-46.

③中共中央编译局.马克思恩格斯文集(第1卷)[M].北京:中共中央编辑局出版社,2009:495.

法滞后导致司法的有限性。但是,略加分析即可发现,基于立法滞后而推导出司法有限性的结论是不成立的。在广义的司法层面上,司法有限性值得商榷。

首先,立法滞后于社会发展总是一并存在的。立法既可以是对已有的不成文规则的认可,也可以是对成文规则的创制。已有规则的认可过程从形式上讲,的确滞后于社会的发展,至少立法程序是在不成文规则产生之后的国家行为。但是,不成文规则经过法定程序被认可为国家法律之后,立法意图必然突破该不成文规则此前的适用范围,通过法律适用过程中有针对性的法律解释又进一步开拓了该条规则的适用领域。从时间上判断,立法程序的启动滞后于社会发展,然而从法律实施的角度来看,立法与社会发展几乎同步,立法解释甚至有可能超越社会发展。作为社会意识的内容之一,立法意图超前于社会发展符合人类认识的规律。从规则创制的立法程序来看,规则创制本身就是对社会发展做出的立法预测,可能存在法律条文的规定与社会发展不一致的情况,但是,法律解释的及时跟进足以解决立法意图与社会发展错位的矛盾。因此,基于立法滞后得出司法有限性的结论,其立论的基础难以成立。

其次,建立在法律规则有限性上的司法有限性,实质是机械司法的表现。《波斯纳》严格贯彻法律规定的法官,如同自动售货机。在机械司法主义的视野下,司法主体的主观能动性被压制,法官不过是国家法律忠实的执行者。遇到法律规定模糊或者无法可依的案件,法官只能以案件当事人的权利诉求无法可依为由裁定不予受理。司法有限性不仅从根本上造成社会民众权利保护的国家缺场,还容易导致司法公正与民众权利保护需求之间的供需紧张,而且在社会民众的心理上建立起国家权力半径有限性的认知,为国家权力的社会底层控制架设了人为的障碍。司法有限性的内在矛盾不证自明:一方面,司法有限性仰赖于国家权力的存在,否则,司法自身的存在难以成立;另一方面,司法有限性否定了国家权力的控制能力,并以国家立法的有限性作为自己有限性的理由。从学理上讲,司法有限性是理想主义法治下规则立场的必然结论,并直接导致立法与司法之间的规则效力冲突,消解法官主动寻求纠纷解决规则的创造积极性和对司法伦理的坚守,且为司法惰性提供了合法性解释,不利于法官司法能力的自我提升。

最后,司法有限性是国家权力中心主义的体现。尽管司法有限性的结论源自于国家法律控制半径的不及,并由此提出司法创制规则的法律续造观,同时允许社会司法的介入,期望建立起在国家司法与社会司法并存下的多元化纠纷解决体系。然而,司法过程中的法律续造是事实现象,每一个案件的判决在哲学思辨的意义上讲,都是一个具体的规则——只是规则尚未被国家标准化而已。司法判决无论以何种形式被下一个案件适用,都意味着该判决从个性走向普遍,具有了规范意义。因此,司法有限性既不能成为司法创制规则的理由,也不能成为民间规则上升为纠纷解决依据的选择理性。允许社会司法介入社会纠纷解决机制的观点,似乎是建立多元化纠纷解决体系的合理性支点。实际上,主张这个观点的立场表现出非合作精神,这是一种基于国家司法有限性的无奈而做出的一种选择,背后掩藏着社会司法的工具性定位。"社会的非法律化可能是现代法制发展的一个方向",①在朝向非法律化社会发展的路上,毕竟要经过国家与社会共治的阶段。这个阶段的到来,可能与国家现代化没有必然的联系,但是,带来丰富物质产品的国家现代化进程,其最终必定导致公共管理机构的权力属性完全让位于权利自治。当代中国处于现代治理的转型时期,国家治理现代化的核心精神是共治,主体性平等是共治的基础。国家司法与社会司法并存不是因为国家司法的有限性,而是因为社会秩序的建构应是双方共同的义务和努力的方向。

(三)多元纠纷解决效力确认与国家司法的中心地位

人类社会自有史以来,纠纷的多元化与多元化的纠纷解决机制始终是社会秩序修复的自我选择。国家出现以后,单一的国家法律制造了社会纠纷解决主体的一元化,由此导致社会纠纷机制的单一性。但是,国家解决纠纷的主体中心主义并未从根本上彻底清除非国家纠纷解决机制的存在和影响,相反,在国家司法照耀不到的地方,社会司法不仅维持着自古以来的裁决公信,而且灵敏地与国家司法保持和谐的互动。"在一个社会中,多种多样的纠纷解决方式以其特定的功能和运作方式互相协调地共同存在,所结成的一种互补的、满足社会主体多样性需求的程序体系和动态体系"②构成了多元化纠纷解决机制。多元纠纷解决机制的核心问题不在于纠纷解决主体和解决程序的界定,而在于解决方案的效力等级及其效力的终极确认。

诉讼解决的目的在于寻求正义的判断,判断的理由可以产生纠纷解决方案被接受的力量,但是不能产生促使当事人把方案内容转化为义务履行的强制力。在人的道德自治尚未达到"人类的完全解放"③之前,总会有人尝试机会主义成本带来的收益空间。个体性违约行为如同传染病一样,一旦不能被及时制止,就会殃及群体的健康。一个纠纷解决方案不能按照约定内容被执行,必定颠覆纠纷解决机制的公正性。当代中国社会矛盾发生的机理及其互动的状态,决定了社会秩序的建构不仅需要多元的纠纷解决机制,更需要一个主体分明、效力等级清晰、终局权威唯一的多元纠纷解决机制,特别是要能够输出实体性正义。民众只有在实体正义得不到满足的情况下,才会怀疑程序的正当性。寄望担负义务的当事人自觉地履行义务,是对人性的理想期待。倘若每个人都能够自觉地履行应当承担的义务,纠纷就失去了发生的条件。正是因为实体正义的实现需要强制力的合法性支出,所以,多元纠纷解决机制中国家司法的权威性地位不仅不能降格,反倒需要强化。然而,国家司法的权威强化不是以否定社会司法的权威为实现基础,而是通过国家

①[美]布莱克.社会学视野中的司法[M].郭星华,译.北京:法律出版社,2002:84.
②范愉.非诉讼纠纷解决机制研究[M].北京:中国政法大学出版社,2000:33.
③中共中央编译局.马克思恩格斯文集(第1卷)[M].北京:中共中央编辑局出版社,2009:495-499.

强制力的正当性强化社会司法的权威,从而巩固自身的权威,并促进国家司法与社会司法的两元多层次和谐,在规制中建立多元纠纷解决机制的动态调和机制。

三、司法改革的走势预期与理论支持

"当下中国司法改革的突出问题是司法改革的全局性缺失问题,具体表现为司法改革缺乏统一性、计划性和系统性。"[①]十八届四中全会以《中共中央关于全面推进依法治国若干重大问题的决定》系统地从体制调整、机制理顺、制度健全入手,解决了学界担忧的全局性问题。然而,关于司法改革方法的理论研究尚未成为推进司法改革范式关注的对象。即便是当下关注司法改革的方法提供者,仍未从西方经验的窠臼中走出来。"立法者和法学家往往不是强调法律回应社会,将已经形成的秩序制度化,而是要求社会回应法律,希冀以国家强制力为支撑来人为地和有计划地创造一种社会秩序模式,并且主要是以'先进'国家的标准,然后将中国社会装进这个模子里。"[②]在国际局势日益严峻、社会分层与结构运动加速的当下,认清司法改革所处的社会发展环境、新制度运行需要的社会综合条件,加强对司法改革方法论的研究,不啻为全面推进司法改革、提高改革制度边际效应的理性选择。

社会的发展是缓慢的,又是急促的。特别是在新制度尚未投入运行之前,总体环境已经发生了颠覆性变化,但是只要能够把握住社会发展的基本动态,预留制度修复空间,就可避免制度空转的现象。改革开放近四十年来,中国经济体制、社会结构和社会人文均有重构性的变革。在 21 世纪之初,学界做出的"经济体制从计划经济向市场经济转轨,所有制结构由单一的公有制向以公有制为主体的多种所有制转变,治国方略从人治向法治转变,社会环境由封闭型逐步向开放型发展,以及国家社会高度统一的一元结构向国家和社会的二元结构过渡"[③]的总结,仍然能够概括当下社会总体发展的面貌。四十年的经济体制改革与司法体制改革同步,坦诚地讲,司法改革取得了一定的成效,但也有令人不满的失落。改革成功的经验能否延伸到下一个阶段,值得思考。改革失败的教训是否就一无是处,为之制定的制度是否将被打入冷宫,抑或被彻底废除也值得思考。经验与教训的反思性、系统性与前瞻性的研究,必定构成今后一段时间乃至很长一段时期内,指导我国推进各项改革全面同步协调进行的重要理论内容之一。

(一)依宪改革是司法改革的底线

在党的十八大之前,"在某种程度上,违宪成为司法改革的基本特色"[④]。司法

①夏锦文.当代中国的司法改革:成就、问题与出路——以人民法院为中心的分析[J].中国法学,2010(1):17-25.

②苏力.二十一世纪中国法治与现代化[J].法学研究,2000(1):3-5.

③夏锦文.当代中国的司法改革:成就、问题与出路——以人民法院为中心的分析[J].中国法学,2010(1):17-25.

④杨立新.国家治理现代化与司法改革[J].法制与社会发展,2014(5):66-67.

机关是国家权力机关,无论是从宪法依据还是从组织法规定来看,司法机关应当接受全国人民代表大会的监督,这是我国政治制度的内在规定。"全国人大及其常委会鲜少对我国最高人民法院领导下的司法改革进行立法与监督。这使得最高人民法院院长在司法改革中的权力急遽扩张。"①或许,司法改革的"越权"坚定了党的十八大之后中央直接领导司法改革的决心,这就涉及如何看待顶层设计的问题。

美国学者庞德在其著作中精辟地指出:"现代法律制度不只是由权威的法律规定和权威的技术组成的,也是由人民所接受的权威理论所组成的;换言之,这些权威理念及法律推理制度赖以生存的社会为人民所接受的图景,它是选择法律推理方式,解释法律规定,适用法律标准和行使司法自由裁量权的起点。"②中国司法改革的根本价值在于实现人民正义的向往,所以,"司法体制改革必须为了人民、依靠人民、造福人民。司法体制改革成效如何,说一千道一万,要由人民来评判,归根到底要看司法公信力是不是提高了。深化司法体制改革,要广泛听取人民群众意见,深入了解一线司法实际情况、了解人民群众到底在期待什么,把解决了多少问题、人民群众对问题解决的满意度作为评判改革成效的标准。"③这就从根本上回答了"司法为什么要改革、谁有权力改司法、司法改革的依据是什么、司法改革改什么以及司法究竟要改到哪里去等五个前提性问题"④,为司法改革划定了底线。

司法改革必须依宪改革,不能超越宪法背后的权力意志,更不能以《宪法》第七十二条的规定为借口,把制度建设层面的技术改革延伸至规则解释的权力觊觎。"齐玉苓案"作为指导性案例从颁布到废止,暗示着司法改革的目的是从该技术层面上实现司法公正,重心放在法院内部审判制度的不断完善上面,而不是将司法改革伸到法院的墙外,触动立法权限,特别是触犯《宪法》作为根本大法的地位。宪法是一切国家机关、组织行动的纲领,在当下全球政治剑指中国的国际大背景下,依宪确保司法改革的常态进行,远比扩张司法"独立"的偏好更为重要。从政治学的角度分析,司法改革不是政治权力配置的改革,也不是权力视域下的权力重构,而是技术意义上的制度填补、修复与完善。但是,应当看到,尽管司法改革被限定在制度技术层面上的建设,其对政治体制改革所产生的推动作用依旧不容小觑。在继续深化和全面推进司法改革的进程中,政治体制改革的路线设计与改革技术同样不能不考虑到司法改革的正面或者负面的影响。

"中国的司法改革是一场重大的政治革命,是建设社会主义法治国家的关键步骤。不能将司法改革视为司法机关'系统内部'的改革,也不能将其理解为'司法技

①秦前红.论最高法院院长与全国人大及其常委会的关系——以司法改革为视角[J].甘肃政法学院学,2014(5):1-8.

②[美]庞德.以中国法为基础的比较法和历史[C].王笑红译.//王健.西法东渐——外国人与中国法的近代变革.北京:中国政法大学出版社,2001:78-89.

③习近平.以提高司法公信力为根本尺度坚定不移深化司法体制改革[J].人民检察.2015(7):1.

④江国华.论司法改革的五个前提性问题[J]政治与法律,2015(3):2-9.

术'的改革,更不能将其简单地看成是司法权力再分配的改革。"①在现行政治体制的视野下,科学界定司法权能是推进司法改革的关键前提。"司法权能的定位应紧密联系一定社会的现代化发展背景进行。"②权能的定位、扩充与变更,受制于中国社会发展的现实状况。所以,"中国司法改革只能是渐进性的,必须与政治体制改革同步协调发展"③。但是,由于改革的学理与情理未能达成中庸的改革共识,特别是"精英意识与大众诉求的对立、断裂,可能带来整个司法改革进程的精神困境,进而导致整个司法改革的目标错位和路径错误"④。精神困境随着改革越接近深水区,带来的危害就越明显,既得利益群体的改革立场将成为司法改革是否突破底线的直接诱因。"司法改革已进入深水区,我们要敢于打破各种利益藩篱,勇于向自身开刀,动自己的'奶酪',敢啃硬骨头,甘当'燃灯者'。"⑤利益藩篱的形成源于权力的自我膨胀,既要保证法律权威与司法创新,又要避免掉入"中国司法改革的合法性危机"⑥之中,必须隔断权力借助司法改革重构利益藩篱的通道,坚持党的领导是根本的防线。

(二)重塑本土文化对司法制度重构的价值

整个法治建设的过程始终围绕着程序正义与实体正义孰先孰后的论争,具体到司法改革之中就是司法公正与司法效率之间的冲突,体现在审判方式改革中就是坚持程序正义还是坚持实体正义的问题,在推进改革前进的制度创制中则表现为重程序还是重结果的价值冲突。程序是否正义不是一个孤立的判断系统,作为社会意识中的内容,检验程序正义的标准应以社会民众的认可为尺度。不同的国家有着不同的法律文化,不同的法律文化孕育了不同的正义标准。程序能够保障实体正义的实现,也能够导致不正义的实体结果出现。"程序不见得天然正义,程序也有正义和不正义。这不仅是一个理论逻辑问题,还是一种法律实践可以证明的实证问题。"⑦不同国家的民众对于程序正义的认知,取决于这一国家传统的司法文化。

法律知识与法律意识改变不了长期以来在社会生活中积淀的司法文化基因,甚至很有可能因为对法律知识的理解,反倒强化了社会民众对传统司法文化的坚守与继承。中国的司法文化一直秉承着"听讼,吾犹人也,必也使无讼乎"的自律传统,自上而下地讲究"德主刑辅"的内在教化,整个社会秩序的建构是以"导之以政,

---

① 徐静村. 法检两院的宪法定位与司法改革[J]. 法学,2017(2):97-103.

② 韩德明. 风险社会中的司法权能——司法改革的现代化向度[J]. 现代法学,2005(5):90-96.

③ 徐静村. 关于中国司法改革的几个问题[J]. 西南民族学院学报(哲学社会科学版),2000(1):38-40.

④ 万毅,林喜芬. 精英意识与大众诉求:中国司法改革的精神危机及其消解[J]. 政治与法律,2004(2):111-117.

⑤ 参见 2015 年《最高人民法院工作报告》。

⑥ 谢佑平,万毅. 法律权威与司法创新:中国司法改革的合法性危机[J]. 法制与社会发展,2003(1):3-8.

⑦ 曾绍东,俞荣根. 程序:正义还是不正义——司法改革中的文化传统影响[J]. 华东政法大学学报,2010(2):129-134.

齐之以刑,民免而无耻。道之以德,齐之以礼,有耻且格"为精髓的图景。通过培育族群的道德共识,实现个人与社会的融合是中国传统司法文化的经脉。在纠纷解决的过程中,依据对事理的解读,通过个人权利的让渡,换来公共空间的和谐,这与西方纯粹的个人权利的保守主义有着本质的区别。因此,以个人权利实现为目标的西方司法文化必然生成西方司法制度的当事人对抗主义,这与中国传统司法文化中"上德不德,是以有德;下德不失德,是以无德"型的职权主义,有着几乎对立的一面。所以,在中国司法文化的根上嫁接西方司法制度,并采用西方司法理论作为养护的营养液,不仅会出现排异现象,而且会导致根的坏死。排异现象不仅是"二十多年来以引进西方经验为主导的司法改革出现困境的症结之所在"的阶段性特征[①],而且直到现在仍是司法改革"西方偏好"尚未被完全根除的迷瘴。

毛泽东同志说:"我们这个民族有数千年的历史,有它的特点,有它的许多珍贵品。对于这些,我们还是小学生。今天的中国是历史的中国的一个发展;我们是马克思主义的历史主义者,我们不应当割断历史。从孔夫子到孙中山,我们应当给以总结,承继这一份珍贵的遗产。"[②]中华民族是世界民族大家庭中的一员,在建设本民族文化的现代化过程中,其他民族的先进文明成果也是借鉴和吸收的来源。但是,文明的相互学习和借鉴既不能以偏概全,也不能盲目排斥。"要坚持从本国本民族实际出发,坚持取长补短、择善而从,讲求兼收并蓄,但兼收并蓄不是囫囵吞枣、莫衷一是,而是要去粗取精、去伪存真。"[③]沿着当事人举证方式、庭审方式、审判方式、司法体制改革轨迹前行的司法改革,需要理论的具体化指导,而不是只采用所谓某一种模式的选择。十八届四中全会在总结以往三十多年的实践经验的基础之上,指明了司法改革的基本原则、基本制度,最高人民法院根据《全面推进司法改革若干重大问题的决定》,组织制定了第四个五年改革纲要,明确了65项司法改革任务。这些任务及其目标突破了先前西方理论的束缚,既吸收了国外司法改革的先进经验,又继承了我国传统司法文明的优秀成果。

中国司法文明史源远流长,不仅积淀了深厚的司法文化,而且经过了历史的大浪淘沙,优秀的司法文化被后人继承,比如调解。司法改革是司法文明建设的重要内容,而司法文明则是文化建设的一部分。毋庸置疑,我国传统文化对当代司法改革的共识与路径选择有着非同一般的智力支持。党的十八大之前以程序中心主义为主导的司法改革,其理想与现实、司法面相与公众心理期待之间的矛盾和冲突,是过于偏重程序中心主义的西方经验,而忽视本土司法文化传统的结果。"中国当

①曾绍东,俞荣根.程序:正义还是不正义——司法改革中的文化传统影响[J].华东政法大学学报,2010
(2):129-134.

②毛泽东.毛泽东选集(第2卷)[M].北京:人民出版社,1991:533—544.

③习近平.在纪念孔子诞辰2565周年国际学术研讨会暨国际儒学联合会第五届会员大会开幕会上的讲话[N].人民日报,2014-09-25(01).

下的司法改革应当回到尊重中国司法文化传统的轨道上来",①这是中国特色社会主义制度的内在品质,更是中华千年司法传统文化的民族责任。

(三)司法改革路向判断与理论研究视域

司法改革道路一波三折,在党的十八大之前,"这条道路以'砸烂公检法'、'无法无天'时代结束为开端,以'司法恢复'为序幕,以'转变司法职能'为契机,以'司法能动'的司法改革为先导,以正视中国政治体制架构,重新调整司法改革方向"。② 全面司法改革是党的十八大之后中国改革的首要任务,十八届三中全会通过了《中共中央关于全面深化改革若干重大问题的决定》,成立了全面深化改革领导小组,要求各级党委切实履行对改革的领导责任。紧接着,十八届四中全会通过了《中共中央关于全面推进依法治国若干重大问题的决定》,这个决定是"三中全会做出全面深化改革部署的一个必然要求,是保证全面深化改革顺利进行的重要条件"③,是对党的十八大报告中"依法治国是党领导人民治理国家的基本方略,法治是治国理政的基本方式"的必然延伸,足以表明"建设现代化的国家治理体系,司法改革已然成为全面深化改革中的重头戏"④。标志着中央吹起新一轮司法改革的号角,全面司法改革是在之前"组织系统完整化、司法能力充实化、诉讼程序正规化、司法地位巩固化等司法制度建设的基础工程"之上,以司法责任制为统领,推动司法人员分类管理、提高司法人员职业保障能力、推动省级以下司法机关后勤统一管理、提升司法队伍能力、全面推动以审判为中心的诉讼制度改革。其目标是实现司法公正、提升司法公信力。这就意味着司法改革从审判方式的全面改革转向全面司法改革,审判方式改革的重头戏是司法责任制。基础性的制度完善与体制性的结构重组,赋予本轮司法改革的全局性价值,有牵一发而动全身之效能。⑤ 因此,这场司法改革必然隐藏着诸多风险,看起来、听起来与讲起来都能自圆其说的理论,似乎给旁观者或者参与者一种信服的成功预期。然而,这些探索性的制度一旦投入运行,能否按照预计的轨迹运转、与先前运转的制度之间是否产生抵牾,是否存在着应该先改革的制度而未被改革,应推后的改革却先行一步的时序不当,以及动态机制中因改革而生出的改革新问题如何应对的内隐性冲突。如果说党的十八大之后推开了新一轮司法改革的全面性,那么,党的十九大将开启司法改革转型的新局面,意味着政治体制改革、司法体制改革、经济体制改革、社会治理体制改革全面同步协调机制的开始。

①俞荣根,曾绍东.董必武司法改革思想的启示[J].江西财经大学学报,2010(4):129-134.

②吕明.从"司法能动"到"司法克制"——略论近年来中国司法改革的方向之变[J].政治与法律,2009(9):96-101.

③四中全会前瞻:法治成为治国理政基本方式[EB/OL].(2017-09-14)[2018-02-24].http://www.chinanews.com/gn/.

④谢勇,王锐.从审判方式改革到全面司法改革——关于深化司法改革的若干思考[J].湘潭大学学报,2015(1):19-23.

⑤蒋惠岭.大陆司法改革的最新发展与展望[J].人民法治,2015(8):23-27.

　　"深化司法体制改革,是要更好坚持党的领导、更好发挥我国司法制度的特色、更好促进社会公平正义。要正确把握深化司法体制改革的方向、目标、重点,积极稳妥有序地推进司法体制改革,让司法真正发挥维护社会公平正义最后一道防线的作用,努力让人民群众从每一个案件中都能感受到公平正义。"①这是对"正确处理客观真实与法律真实、实体公正与程序公正、法律效果与社会效果的关系"②的路线定向,进一步明确了我国司法改革的基本方针,即尊重传统司法文化中蕴藏的实体正义基因,赋予司法主体更多的主动权,在满足实体正义的前提下,系统建构实现每一个案件公正的司法制度。在中央的宏观设计下,司法"独立"改革的目标与传统司法文化凝成共识。"强烈的司法'独立'倾向与寻求'实质正义'的中国司法传统结合,司法改革就将迅速走向'司法能动'道路。"③司法能动意味着司法参与社会治理的作用越来越强,因此,一方面,要为司法能动划定界线,另一方面,要为司法能动解绑。其中,最为关键的就是法院的司法解释权。

　　形式法治与实质法治的争点在于是"依法治国"还是"以法治国",这是对"有法可依、有法必依、执法必严、违法必究"的深化,涉及的深层次问题不是一般意义上的法治建设,而是反映我们能否坚持中国特色社会主义法治方向的立场。事实证明,依宪执政才是符合中国社会发展的法治建设。程序正义与实体正义的纠结就在实现司法正义的改革进程中,是通过程序正义的建设实现实体正义,还是在满足实体正义的过程中建构程序正义,这是对司法正义实现的深化,涉及社会关于逻辑与历史的哲学思维冲突。司法能动与司法保守的冲突在于法院应当不应当依据法院本来的性质,针对社会冲突做出自己独立的判断,其焦点在于司法权是否独立于其他权力,涉及国家权力配置的政治制度。司法独立与司法中立在出现的时间上并非同步,中间相隔几近三十年,不存在共时性的争论,但是这两个概念的所持立场直指法治建设的基本原则。学理争论不应当自足于对与错,而应把如何解决司法改革过程中存在的问题作为理论对象,既要能够为司法改革做出预判,又要能为司法改革的制度设计提供咨政方案。

　　司法改革既是政治体制改革始终的内容之一,也是执政主体实现政治目标的手段之一。在维护国家权威、稳定社会秩序、促进国家与社会一体化发展、提升人权保障的正义追求方面,司法改革与政治体制改革始终保持着一致性。即便在实行三权分立的国家,司法改革的正义标准也不是司法机关自己认可的标准,大众的民主选择占据一定的比例。大众对于司法改革的关注程度反映了司法改革与大众之间的联系程度、认可程度与接受程度。"司法改革来自于人民群众的现实需要,

---

①习近平.中共中央政治局就全面推进依法治国进行第四次集体学习会议讲话[R].2013-02-23.
②摘自2008年《最高人民法院工作报告》。
③吕明.从"司法能动"到"司法克制"——略论近年来中国司法改革的方向之变[J].政治与法律,2009(9):96-101.

那么,群众是否关注,或许就是关系司法改革前途命运的重大问题了。"①司法改革过程中坚持"程序中心"的原则是实现司法公正不可缺少的关键环节,然而,"程序中心"为实体正义服务的价值内涵规定司法改革的落脚点是案件判决的公正。案件判决公正的基础是法律规则的完备,在立法滞后的现实情况下,授予司法机关必要的规则输出权限是解决实体正义的弥补之举。

传统的司法职权主义与司法能动主义在肯定法官本质、主动解决社会纠纷、引导社会正义风向上具有同质性。然而,司法能动的基础是司法享有一定的"独立空间",司法能动在一定程度上会突破既有规则的圈定范围,主动发现规则,甚至基于案件审判的需要进入"司法审查"领域。我国宪法没有规定司法机关享有司法审查的特别权,这为司法能动划定了底线,即司法能动是以宪法为准则,以实现公平正义为目标的人民司法。在三权分立的国家里,司法能动仅仅在"事实—规则"的案例创制过程中闪现,并严格遵守"不告不理"的司法原则,可以说是司法保守下的司法能动。"在当代以及任何其他的时代,法的发展的重心既不在立法,也不在法学或司法判决,而在于社会本身。"②早在 2007 年,最高人民法院就提出:为统一裁判标准,继续加强和改进司法解释工作,着力探索案例指导制度,规范法官自由裁量行为。③ 但是,科学技术的发达引发了复杂类型案件的出现,特别是互联网时代的信息整合、人工智能的生活化等变化对立法提出了规则短缺的挑战。因此,授予人民法院一定权限的司法解释权是当下案例指导制度的必然走向。如此一来,在司法改革进程中必须坚持以实体正义优先,兼顾程序正义,这将成为指导改革推进的一条准则,而以实体正义为具体目标的司法能动则是司法改革遵守的技术原则。

第三节　国家法院地方管理:司法改革困境的症结

促使司法改革的动因不是司法专政职能的式微,而是司法在表达一种为民做主式正义的失灵。"失灵的司法"④不仅导致冤假错案的发生,而且有可能从社会底层颠覆政治体制。为此,建构适合当下政治体制的司法秩序在社会转型与变迁并存的时代倍显重要。政法关系、治理与法理关系、行政与司法关系既需要通过输出司法正义换取人民的支持,又需要通过司法秩序推动政治体制、经济体制与社会体制的同步改革。因此,"公正与效率"不只是司法秩序的核心信仰,也成为司法改革奋力强推的目标。

建立"公正与效率"并重的司法秩序,是法院改革一直以来的终极目标。这一

①葛洪义."维稳"语境下的司法改革[J].南风窗,2010(26):47-49.
②[奥利地]欧根·埃利希.法社会学原理(序言)[M].舒国滢,译.北京:中国大百科全书出版社,2009:1.
③摘自 2007 年《最高人民法院工作报告》。
④[德]托马斯·达恩史戴特.失灵的司法:德国冤错案启示录[M].郑惠芬,译.北京:法律出版社,2017.

目标在 1997 年党的第十五次代表大会召开之后获得了政治基础。党的十五大报告确定依法治国是党执政的基本方略,推进司法改革由司法机关的分内职责转变为党的执政要务之一。1999 年全国人大九届二次会议顺利通过修宪,将依法治国写进宪法,为司法改革提供了法律基础。自此以后,法院改革不再是孤军奋战,"人民法院的改革是我国司法改革的重要组成部分"①。如果说 1999 年之前,人民法院推行的改革是内部审判机制的不断完善,那么自 1999 年第一个五年改革纲要之后,人民法院不仅改革内部审判运行机制,而且推动了外部司法审判运行环境的变革。

自十一届三中全会之后,人民法院审判工作基本步入正轨,1999 年之前人民法院围绕审判方式、法官队伍建设、审判职责界定、公开审判等方面实施的改革取得了一定的成效。然而,基于当时国家行政管理体制与机制运行的特殊态势,法院改革也遇到了前所未有的难题。"司法活动中存在地方保护主义,严重危害了社会主义法制的统一与权威;法官管理体制不适应审判专业化要求,司法人员腐败直接损害党和国家的威信;审判工作的行政管理模式不适应审判工作的特点与规律,影响人民法院职能作用的充分发挥。"②因此,在政治条件、宪法条件与社会条件为司法改革做好充分准备的基础之上,司法改革的主要任务是"逐步建立依法独立公正审判的机制"③,充分实现司法公正与司法效率的双重正义。在确定的 50 项改革任务中,一共可以分为三类:一类是法院内部审判运行机制的技术性改革,一类是法院内部行政管理体制改革,一类是法院人事制度的规范性改革。其中,内部行政管理体制与法院人事制度的两项改革困扰着法院内部改革的深化与推进。

司法改革的痛点并非在于司法审判技术难以创新,而是司法地方化与司法行政化。司法地方化是地方保护主义的必然结果,"而现行法院管理体制存在的地方化特征,使克服司法活动中的地方保护主义难以奏效"④。司法行政化是法官专业素质不高以及司法责任不明确而不得不通过集体讨论、决定,从而为社会输出司法正义的必然选择。问题在于司法行政化与司法地方化集于一身,以地方利益的保护主义为基础的司法地方化强化了司法活动中的审判行政化,而以集体审判为价值取向的司法行政化则有利于化解司法活动中地方保护主义带来的司法风险。司法地方化与司法行政化的交集在于法院人事编制权属于地方政府,在 2001 年实行司法统一考试之前,非专业人员进法院是特殊年代法院人事权被法院外行使的制度安排,其本质指向"各级地方人民法院是国家设在地方的法院,而不是'地方的法院'"⑤这一司法秩序。由于法院成为地方政府解决工作岗位的附属机关,所以,一

①参见《人民法院五年改革纲要》(1999 年 10 月 20 日法发〔1999〕28 号)。
②参见《人民法院五年改革纲要》(1999 年 10 月 20 日法发〔1999〕28 号)。
③参见《人民法院五年改革纲要》(1999 年 10 月 20 日法发〔1999〕28 号)。
④祝铭山. 关于《人民法院五年改革纲要》的说明. 1999-10-20.
⑤祝铭山. 关于《人民法院五年改革纲要》的说明. 1999-10-20.

方面,"长期以来,人民法院只有干部编制,没有法官编制",另一方面,"多年来,人民法院一直沿用从本院内部人员中选任法官的现行办法"①。而在法院内部工作人员实行统一干部身份管理制度的过程中,"法官成了一种待遇"②。因此,改变法官队伍的来源渠道,开通专业性法官的入职通道是提高审判质量的基本条件,也是建设法院内部司法秩序的人本基础。只有当法官与审判实现人与事在司法规律上的统一,审判行政化管理体制机制才具备彻底被改变的可能性。

审判行政化管理不仅有来自法官队伍专业化水平不高的缘由,而且有来自法院外部对法院实施行政化管理的深层次原因,即国家法院地方管理。在最高人民法院关于第一个改革纲要的说明中,国家法院地方化管理显而易见。地方各级人民法院按照最高人民法院的部署实施改革,不仅要"争取把法院的改革列入党委工作日程,求得党委和人大、政府的支持",而且要根据《法院组织法》和《法官组织法》的规定,"对涉及法定任免事项等方面的问题,要主动向人大做出解释和说明,以求得支持"③。由此可以看出:一方面,人民法院改革尚未被提升到中央直接部署的地位,缺乏在国家层面上的总体设计,仅是最高人民法院根据本系统内部改革的需要而做出的局域性部署;另一方面,自 1978 年以来二十年之久,地方各级人民法院已从称谓上的"地方"转变为实质上的"地方"。特别是法院院长以及副院长需要地方人大选举产生的规定,无形中把法院院长的司法责任通过选举的方式转化为行政责任与政治责任。地方法院各级领导的政治升迁受制于地方权力机关,那么,对外承担的政治责任在地方法院内部则转变为自上而下的责任分解,以确保地方法院最高领导免受来自地方权力机关的追责。因此,位于责任最底层的审判人员为了规避行政化的司法责任,只能将案件通过合议庭合议或者审判委员会的集体讨论与决定的形式,将个人责任转化为无记名的集体责任,从而摆脱来自法院内部领导与法院外部对政治责任的追究。面对审判者一级一级提交上来的案件,地方法院领导在扛得住地方权力干涉的情况下,借助审判委员会的集体智慧化风险为安全,而一旦扛不住地方权力干涉时,也是借助审判委员会的集体智慧化正义为利益。地方法院内部的司法行政化源自地方法院人事外部管理的行政化,而法院人事外部管理的行政化在催生地方法院内部司法行政化的同时,生成了毒树之果——司法地方化。不仅如此,还扭曲了法院内设的最高审判组织——审判委员会——的功能,审判委员会责任的错位④,恰是权法博弈趋势下司法责任与政治责任相互转化的最好选择。

司法行政化与司法地方化的实质是地方权力干涉国家司法的两种表现形态,司法行政化是法院内部呈现的"权大于法",司法地方化是法院外部呈现的"权大于

①祝铭山.关于《人民法院五年改革纲要》的说明.1999-10-20.

②祝铭山.关于《人民法院五年改革纲要》的说明.1999-10-20.

③祝铭山.关于《人民法院五年改革纲要》的说明.1999-10-20.

④葛天博.责任错位:审判委员会运行的逻辑[J].黑龙江政法干部管理学院学报,2017(3):130-134.

法"。需要解释的是,"权大于法"是指地方权力左右国家司法机关活动的种种表现,其直接原因在于司法机关的管理体制与运行机制不符合司法活动规律的内在规定,根本原因在于我国中央与地方实行权力分包的政治体制,导致国家司法权力被地方包办,进而衍生出司法地方化,并浸入法院内部,分娩出司法行政化。两者合力产生的直接危害是司法腐败①,对法律信仰的建设具有深远的摧残影响。推进司法改革是一项国家系统工程,事关政治体制、经济体制与社会体制三个互相交叉领域的改革。2002年,党的十六大报告提出"积极、稳妥地推进司法体制改革",2003年,中央司法体制改革领导小组成立。至此,由最高人民法院作为权力部门推进的法院改革上升为国家主导下的司法体制改革,破解司法地方化成为司法体制改革的应有之义。

正如前文所论,国家法院地方化管理导致司法地方化,并引致法院内部司法行政化。由此一来,破解司法地方化与司法行政化的举措应是双管齐下,在阻断司法地方化的同时,法院内部司法审判权与司法管理权也应当建立起通畅但不交叉的权力运行体系。破解法院司法行政化的改革措施在如火如荼地进行,法官待遇提升、人员分类管理与法官责任制等配套措施已经落到实处。尽管试点省市法院已经开展省一级财政人事统管改革,解决了省一级高级人民法院及其管辖区域法院的"油米"独立预算问题,但是这一改革历经之艰难②,从侧面折射出司法地方化的根深蒂固。然而,由于《法院组织法》与《法官组织法》中关于法官遴选的规定依然实行中央地方两级人大选举产生制度,因此,凌驾于法院依法独立审判意志之上的政治责任与行政责任仍然未能解套。与此同时,带有"不信任"色彩的"泛法律监督"③、理论上的正义催化剂往往在个案正义的帽子下演变为对法院依法独立审判的干涉。这种干涉在省一级财政统管制度与省市县三级人大选举任命制度的合力下,将司法地方化从县一级基层地方化提升至省一级地方化。而最高人民法院巡回法庭的"驻而不巡"④,不仅存有"回避'去地方化'"的嫌疑,而且可能导致"司法地方化的改革"形成"改革的司法地方化"。

---

①1995年—2013年被追究刑事责任的200名法官中,地方高级人民法院和中级人民法院的法官各为35人、69人,比例分别为17.5%、34.5%。其中,各级人民法院原院长、原副院长分别是41人、43人,占全部人数的42%,而地方高级法院和最高法院的原院长、原副院长共计14人。腐败领域主要集中在执行、民商事、刑事审判和法院基建。参见:财经杂志社.法官腐败报告[J].财经,2013(15):13-17.

②《人民法院第二个五年改革纲要》(2004—2008)中写道:探索建立人民法院的业务经费由国家财政统一保障、分别列入中央财政和省级财政的体制。《人民法院第三个五年改革纲要》(2009—2013)中写道:确定各类基础设施建设投资由中央、省级和同级财政负担的比例。配合有关部门逐步化解基本建设债务。《人民法院第四个五年改革纲要》(2014—2018)中写道:探索建立人民法院的业务经费由国家财政统一保障、分别列入中央财政和省级财政的体制。

③蒋德海.我的泛法律监督之困境及其出路[J].法学评论,2013(4):84-91.

④目前最高人民法院下设的5个巡回法庭,均已驻地办公,以受理案件、申诉为办案形式,并未到各高级人民法院、中级人民法院以及基层人民法院进行巡回审理,依然采取"不告不理"的听讼原则,司法能动性乏力。同时,规定巡回法庭有限的受案范围也能够从中推断巡回法庭难以解决司法地方化的根源。

当代中国司法改革的政治基础是中央与地方实行分税制背景下的权力"分片包干",社会基础是传统情理习俗与现代权利意识相互博弈产生的德法共治,经济基础是政府宏观调控下市场经济不完全竞争的混合型所有制,而文化基础则是传统家国精神与个性独立意志分歧的社会意识。司法改革的最初目的在于法院内部的完善,从而在坚持人民民主专政的前提下实现社会纠纷解决的司法化。随着经济体制改革逐步取得巨大成就,人民群众对于物质生活的追求得到满足之后,即第一次分配正义实现之后,逐渐转向对矫正正义的追求,即个人应当得到的公平待遇。但是,司法改革所处的权力格局是与计划经济体制配比的国家权力配置,推动司法正义前景的经济体制却是中央宏观调控下的市场经济体制。所以,以司法公正与司法效率为目标的司法体制改革不仅要求司法系统进行权力的重新配置,比如司法审判权与司法管理权的关系重构、以审判为中心与案件请示制度、法官责任制与审判委员会制度、"案多人少"与法官员额制等四个方面的改革,无一不是法院系统内部权力的重新配置,进而实现权力、责任与职能的匹配;而且要求司法系统、行政系统、立法系统之间的权力重新进行配置,比如司法地方化、跨区域法院设置与省一级人财物统管、领导干部法治责任和法院独立审判、法律解释、案例指导制度与合宪性审查等三个领域均涉及权力及其权能的重新划分与配置。特别是司法体制综合配套改革方案虽然尚处于试点阶段,但是,综合配套措施的实际运行已经触动立法系统、行政系统与司法系统之间的权力配置重构。以行政权力主导社会治理的审判秩序逐渐转向以司法权力主导社会治理的审判秩序,同时,法律法规的立法完善在推动《立法法》修改的同时,重构立法体系与法律解释体系,以此适应权力配置重构带来的新秩序。

司法改革在推动司法系统内部权力配置重构的过程中,开启了外部其他权力系统的权力配置。司法外部权力系统的配置变革亦助推了司法系统内部的权力重构,从而进一步深化司法改革,包括司法内部体制改革和司法外部体制改革。司法内部体制改革如司法管理权与司法审判权的改革,其出发点和归宿点集中于司法责任制。然而,如果没有省一级人事统管,"以审判为中心"作为基础的司法责任制和员额制就无法得到职业保障,司法行政化与司法地方化也就无法得到有效破解。随着司法内部体制改革的逐步深入,必然要求司法外部体制改革的配套实施。司法人员不仅要求得到职业安全保障,而且要求得到职业尊严保障。离开立法机关的制度供给和行政机关的执法保障,以及其他行政部门的配合支持,司法人员履职安全及尊严难以实现,司法权威也就失去了以人为本的社会基础,一种别类的司法秩序应运而生。

2017 年 7 月 10 日,全国司法体制改革推进会在贵州贵阳召开。习近平同志在专门就司法体制改革做出的 375 字的重要指示中总结道,近几年司法体制改革"做成了想了很多年、讲了很多年但没有做成的改革"。总体上讲,无论是从内部防范司法腐败,还是从外部制约权力干涉来审视司法改革,一种符合当下社会情境发展的司法秩序已经基本上完成理想中的框架,然而,具体的改革措施在实际运行中并未发挥出期待的改革成效。最为根本的症结集中在司法地方化未被根治。2017年8月29日,中央深改组第38次会议审议通过了《关于加强法官检察官正规化专业化职业化建设全面落实司法责任制的意见》(以下简称《意见》)。该《意见》旨在强化司法职业"三化"建设,目标是全面落实司法责任制。然而,"推进省以下地方法院、检察院人财物统一管理"与"市地级、县级法院院长、检察院检察长由省级党委(党委组织部)管理"的体制改革,只是缩短了中央控制司法权运行地方化的距离。虽然上述的各级司法机关主要领导的组织管理地位,有利于强化党管司法的深度与力度,但是,如果不能从根本上改革国家权力地方负责的权力配置模式,国家司法权地方化运行的诟病必将难以根治,那么,司法秩序建构的理想与现实之间必定存在不可弥合的伤痕。

第七章 社会主要矛盾转变后理想司法秩序的实现路径

"我国发展站到了新的历史起点上"[①]，社会主义初级阶段进入"新时代"，是全党"更准确地把握我国社会主义初级阶段不断变化的特点"的科学认知[②]。"新时代"必然引发以政治体制、生产关系、社会交往与文化发展为冲突根源的新矛盾，对法治提出了时代新要求。"随着经济基础的变更，全部庞大的上层建筑也或慢或快地发生变革。"[③]中国改革开放四十年的成就之一是完善了社会主义法律体系，基本建成"科学立法、严格执法、公正司法、自觉守法"的法治格局。但是，立法技术粗疏、依法行政不够、司法公信不足、法律意识不强仍然是法治建设进程中亟须解决的社会矛盾。主要表现为矛盾解决过程中纠纷解决主体的非国家化、解决方式上倾向于矛盾双方的合作而非对抗、个体正义诉求催生司法改革的地方性竞争。因此，法治建设必须达成转型共识，找准法治转型的着力点，推进社会组织与社会司法的发展，在社会主要矛盾转变与法治转型耦合的历史机遇中构建符合社会主义发展规律的法治秩序。

第一节 司法秩序的动力、机制与正义输出

建立体系化的法治系统，协同解决经济增长指数迅猛提升过程中出现的正义诉求，配合经济体制改革的深入推进，从物质层面上解决贫富差距、城乡差别、区域差异带来的社会矛盾，建构稳定的社会秩序，从而为适应生产力发展而进行政治体制改革，筑牢稳固的社会基础是社会主义法治建设的目的。法治建设与社会主义事业一样，也要经历不发达、欠发达、发达，直至高级发达阶段。作为上层建筑的内容之一，每一个阶段的法治应与这一阶段的社会发展相匹配。社会主义初级阶段"新时代"的到来，暗含着法治转型，通过法治转型彻底破解产业结构、人口结构、城乡结构、文化结构、区域结构、制度结构、收入结构的规范性围困，腾越建成小康社会之前的"中等收入陷阱"，实现"三步走战略"的安全着陆。

[①]2017年7月26日，习近平总书记在省部级主要领导干部专题研讨班开班式上如是强调。
[②]2017年7月26日，习近平总书记在省部级主要领导干部专题研讨班开班式上如是强调。
[③]中共中央编译局.马克思恩格斯选集(第2卷)[M].北京：人民出版社，1995：32-33.

一、法治共识难题及其扩张影响

"没有政治体制改革,经济体制改革和现代化建设就不可能成功。"[①]政治体制改革是一场自我扬弃和不断完善的革命,必须建立在丰富的物质基础和稳定的社会秩序之上,中国特色社会主义法治建设既是政治体制改革的内容,又是推进政治体制顺利改革的保障。尽管经典认为"工业较发达的国家向工业较不发达的国家所显示的,只是后者未来的景象"[②],然而,后者选择何种道路并不受制于前者的道路和经验。恰与之相反,后者现实的条件总和决定了道路的选择。绝不能因为殊途同归的结果同态,而把前者的发展道路以及过程中出现的各种风险、矛盾作为判断后者发展道路中的问题预设和处理的标准答案。法治建设亦是如此。因此,法治共识的形成与固化倍显重要和紧迫。法治共识"显然不是指在'中国要不要实行法治'问题上的认识和主张不一致,而是对于'什么是法治'以及与此直接相关的'什么是中国应当实行的法治'和'中国如何实现法治'等基本问题,全社会缺少必要程度的共识。"[③]倘若没有对法治共识的讨论,法治转型必然会遇到这样或者那样的理论纠结,适应新时代的法治建设与社会主义初级阶段"新时代"的法治诉求兀自渐行渐远。

(一)法治共识难题的形成

法治共识尚未形成,其主要的原因在于法治推行者的目标与社会公众判断法治的现实收益之间存在大相径庭的判断标准。从法治价值上讲,国家畅谈法治的现代愿景与社会基层期待法治的现实福利之间存在实践上的分歧;从法治理论上讲,主张理想主义法治与主张实用主义法治的精英阶层之间存在学派自识上的分歧;从法治目标上讲,主张法治服从政治生态的权威主义与主张法治服从权利解放的规则主义之间存在体认上的分歧。引致法治认识产生分歧的原因难以概全,从根本上讲,"法治知识传播与交流中的智识屏障"[④]是法治建设四十年来一直未能彻底解决的痼疾。法治基础知识传播未能深入启蒙[⑤]导致法治共识难题形成的同时,也为法治转型提供了问题导向。

中国民众所理解的法治是最朴素的法治概念,止步于限制公权力从而满足自己的绝对性权利需求。这股思潮起源于精英学者译介的"自由、平等、人权",以至于社会民众把法治建设视为实现权利兴起的希冀。"国家唯有在实现正义的原则

①温家宝.政府工作报告——2010 年 3 月 5 日在第十一届全国人民代表大会第三次会议上[M].北京:人民出版社,2010:40.

②中共中央编译局.马克思恩格斯文集(第 5 卷)[M].北京:人民出版社,2009:8.

③顾培东.当代中国法治共识的形成及法治再启蒙[J].法学研究,2007(1):3-23.

④顾培东.当代中国法治共识的形成及法治再启蒙[J].法学研究,2007(1):3-23.

⑤顾培东.当代中国法治共识的形成及法治再启蒙[J].法学研究,2007(1):3-23.

这项任务中才能找到它的正当理由。"①然而,政治生态全球化赋予中国法治建设独特的政治意蕴,法治建设这一具体的公共选择承担着两种截然不同的对立。对于国家而言,通过法治建设限制公权力的目的不在于促进公权力与权利的平等,而在于依法斩断公权力寻租的"黑手",从而提升执政权威;对于社会民众来讲,法治建设意味着一种美好生活的到来,而这种美好生活的设想与宣传早在法治这一概念出现之前,就已经在社会民众的心理上铸下了政治承诺的烙印。改革开放为社会民众带来丰富的物质生活的同时,使得国家与社会民众身陷各种围绕分配正义的矛盾之中。通过法治建设解决这些矛盾的急切心理,既提高了社会民众积极参与法治建设的热情,也造成了其在法治建设过程中,稍有挫折便产生极度失望,乃至产生否定法治的偏激认知。中国社会发展中的矛盾结构与法治结构的对象存在错配,最终导致法治共识未能自上而下地达成贯通。

（二）法治共识未成的影响

法治共识未成对法治思潮的正面引导产生积极的消解作用,不仅影响到国家法治政策的制定,而且影响到具体的法制建设、依法行政与司法改革等具体法治目标建设的规划与推进。法治建设触动国家与社会的深层利益分配,法治共识未成也可以认为是利益分配方案不成熟而导致的协商未果。作为国家之治的路径选择,所有人的利益共识决定了法治建设的追求目标。为了获得各方利益主体的支持,国家作为推进法治建设的主体,不得不采取折中制定颁布法治政策的方法,意图求同存异,弥合分歧,从而实现法治建设力量的整合。然而,"两面兼顾"的法治心理非但没有消解各方之间的法治理念分歧,反而坚定了分歧各方坚持己见的强硬态度。这里面既有学派、理论之间的先见而导致的互不认可,也与各方未能全面认识西方法学理论与中国现实社会发展境况的偏见有关。② 旧的法治分歧尚未褪去,新的法治建设政策又引发了新的共识分歧。新一轮的法治分歧迫使国家继续沿折中路线制定法治政策,新的法治政策又驱使更大的分歧出现,这就陷入分歧与弥合之间"越抹越黑"的循环怪圈。法治分歧并未止步于观念、理论上的争论不休,而是随着各项具体制度的实施,亦在立法、执法与司法等三个领域里,形成了国情派、西方派与折中派的各家之言。显然,这种分歧状态非常不利于社会主要矛盾转型后的法治秩序建构。

（三）法治共识难题的延伸

总体上讲,法治建设路径选择的主张可分为两种:理想主义法治与实用主义法治。理想主义法治偏重于规则的完善,追求程序正义;实用主义法治偏重于结果的公正,追求实体正义。理想主义法治与实用主义法治存有一个共同的缺陷:均未能为国家法治建设提供政策实施与纠纷解决和谐的技术路线。程序正义体现形式法

①顾培东.当代中国法治共识的形成及法治再启蒙[J].法学研究,2007(1):3-23.
②肖公权.政治多元论:当代政治理论研究[M].周林刚,译.北京:中国法制出版社,2012:7.

治的偏好,实体正义体现实质法治的倾向。但是,形式法治与实质法治是一对学术性很强的范畴,是对西方法治经验的理论概括,可以归之为分析工具,两者并不具备指导一国法治建设的实践理性。社会主义与资本主义的本质区别不在于经济体制运行的计划手段或者市场手段,"计划和市场都是经济手段"[①]。同样的道理,社会主义治理与资本主义治理之间的本质区别不是德治与法治。德治不是社会主义治理的范式,资本主义也讲究德治;法治不是资本主义治理的本质,社会主义治理过程中同样也需要法治。围绕法治意识形态的研究,之所以未能从根本上解决法治分歧及其带来的延伸性影响,在于"迄今为止的研究和讨论大多借用形式法治与实质法治这对范畴"[②],后续研究者提出的概念亦未能摆脱这一对范畴的窠臼。

法治建设的国家视野是政策实施,而社会期待则是纠纷不仅得到解决,而且要能够以看得到的方式实现正义。社会主义初级阶段的任务是"实现共同富裕",法治建设的实践理性在于为经济发展保驾护航,法治的具象是以解决纠纷、实现个案正义为目的的司法实践。对于纠纷当事人而言,寻求司法诉讼的目的不在于实现国家政策的目的,而是在于获得一份公正的司法判决。选择国家司法作为救济手段,既有信赖国家司法的传统文化,也有借助国家强制力实现个人利益的权利愿景。在法治建设的政治目的与司法实践的法律目的之间,由于顶层设计的折中主义在政策实施与纠纷解决之间摇摆,导致司法改革成为偏执法治主义者批评法治建设的口实,社会公众对正义的抱怨转变为对政府的不满。政府权威因司法权威的弱势而受损,为此,"让人民群众在每一个司法案件中都感受到公平正义"成为凝聚法治共识的宣言,推动了司法改革的发展。而司法改革的发展,则把代表国家正义的司法机关推至风口浪尖,司法不公导致国家法治陷入"塔西佗陷阱"。

二、主要矛盾转变对法治建设的新要求

社会主义初级阶段"新时代"需要什么样的法治建设,并非取决于当下法治建设已经取得的成就,而是取决于"新时代"社会主要矛盾结构及其发展趋势。现有的法治成就虽然为法治转向奠定了前期基础,并且蕴含着法治建设转型的预判信息,但是,"新时代"社会的主要矛盾结构规定了法治转型的理路,因此,分析社会主要矛盾结构是优选法治转型方案的前提。社会生活的多中心形态,考验着规范法治的整合能力与技术。当代中国法治建设的规则输出选择了权威性规范模式,即通过提高中央权力在人民心目中的高度威信而赋予规范以社会控制力。然而,随着社会生活中多中心亚权力圈的涌现与发展,依赖中央权力作为权威基石的国家规范在整合社会行动方面无法做到事无巨细。与此同时,社会分工日益精细化与社会生活高度复杂化凸显了立法粗疏的后遗症。国家规范调整社会生活深度的能

①肖公权.政治多元论:当代政治理论研究[M].周林刚,译.北京:中国法制出版社,2012:7.
②邓小平.邓小平文选(第3卷)[M].北京:人民出版社,1993:373.

力触底,权威型法治向协商型法治转型不言而喻。

(一)经济新常态要求法治新秩序

市场经济蕴含的竞争意识已经成为社会关系形成过程中的个人偏好,人们之间的竞争关系将从占有资源的生存型竞争转变为国家平等保护的发展型竞争。竞争纠纷解决也从此前行政权力的压制型解决模式转向司法权力的判决型解决模式,依托"社会人际关系网"的机会主义纠纷解决方式逐步式微,社会各阶层基于"脚投票"形成了法治"黄金结合点",并推动法治建设发动机制从国家主动向社会输送,转变为社会需求倒逼国家供给侧结构性改革。"法治的最大优势在于抑制人际关系中的机会主义行为……形成社会新秩序并增进和加固这种秩序。"①反过来,新秩序推进了法治建设与司法改革的内涵深度、社会广度和权威强度。然而,司法改革目前集中在以法院审判为主旨的程序改革上,把加强审判管理作为司法改革的重点内容,未从根本上为司法权威的树立输出有效的权力配置。通过立法实现司法的规则裁判,已经不能适应以加速为特征的社会变革与秩序发展。因此,必须授予司法机关享有规则重构的"规则确认权",从被动的规则适用转变为主动的规则确认。所以,司法改革转型要求立法权的让渡,法治深度建设的转型也由此而发生,从而为新经济制度提供了以判决引导社会行为的社会秩序。

(二)主要矛盾转变催化法治转型

在改革开放快速增进社会发展福祉的同时,新旧矛盾叠加,新类型矛盾层出不穷。"21 世纪以来……重大矛盾突出,……人际矛盾频发,……新生矛盾快速增长。"②"粗放扩张、人地失衡、举债度日、破坏环境的老路子不能再走了,也走不通了"。③ 在经历以 GDP 为核心的经济发展过程中,以行政手段作为解决矛盾的主要方式已经转变为以司法审判为核心的司法模式。决定法治转型的社会矛盾,不是宏观层面和微观层面上的矛盾,也不是一般意义上的社会冲突与社会问题,而是指存在于社会阶层结构之间,"相互联系"且有"社会影响"的矛盾④。社会矛盾的产生取决于政府与民众之间的利益供需结构,矛盾积怨并非始于国家与公众之间的供需紧张问题,而是源于矛盾双方的信息壁垒,所以化解矛盾的有效前提是确保矛盾双方对未来收益的可预期判断。随着矛盾双方沟通的不断深入,对未来收益的期盼更加凸显规则性预期的稳定性与基础性。法治具有的程序安定性为期待性收益预判提供了协商基础,强化程序安定性、促进社会矛盾自化机制的形成,为法治转型提供了原始动力。

---

①顾培东.当代中国法治共识的形成及法治再启蒙[J].法学研究,2007(1):3-23.

②周尚君.地方法治竞争范式及其制度约束[J].中国法学,2017(3):87-101.

③朱力.当前我国社会矛盾的主要特征与治理[J].中国党政干部论坛,2017(1):76-78.

④习近平.在中央城镇化工作会议上的讲话[G]//中共中央文献研究室.十八大以来重要文献选编(上).北京:中央文献出版社,2014:590.

（三）公众维权思路倒逼法治转型

20世纪的政策性矛盾转变为当下的法律问题，新旧矛盾的重叠不仅会催化更多的矛盾，而且会导致维权方式呈现一百八十度大转弯，由改革开放初期的挤压型转化为伸张型。比如，遭遇刑事"犯罪黑数"的受害人，获得来自政府可能提供的救助不过是杯水车薪。[①] 在经历犯罪伤害的非正义遭遇之后，国家救助义务的缺场，导致这些受害人转而成为报复社会的侵害人，并因周遭的"同情"而引发结构性矛盾的生成。"在发生机制上由传统的被动反应性开始向主动维权的抗争性转变"[②]，行政管理的防控思维已被矛盾的另一方所识别，并借助现代媒体力量穿越政府防线，采取司法先行、政策兜底的维权方式，在疏通维权管道的同时，亦在立法机关、行政机关与司法机关之间形成改革窘境。"正确发挥社会矛盾倒逼改革发展的积极作用至关重要"[③]，尤以司法改革为甚。试图将所有的社会矛盾通过法治建设实现"毕其功于一役"的想法，是对革命浪漫主义情怀的矛盾误读。通过法治建设，把社会矛盾"控制在公众可以容忍的范围内"[④]，借助社会组织的积极参与，实现矛盾末端的自我化解，这是"新时代"法治建设的基本理念。

四十年的法治建设，"在强化现有的国家制度的同时新建一批国家政府制度"。[⑤] 新建制度拖着旧制度特有的官僚墨线，在强化官僚权力权威的同时，也把社会矛盾推向高点。法治建设的参与者、享有者、推动者均成为社会矛盾的挤压对象和反思主体，"全面推进法治建设"是从根本上解决现实矛盾的共识。然而，如果法治建设继续秉持先前的理念，沿袭当下的技术路线，可能会完善法治建设的制度系统，但是制度性的矛盾无从解决。因此，法治"新时代"要解决的问题，就是通过法治建设的进路转向、技术改造和制度跟进，在消化社会旧有矛盾的过程中实现"弱矛盾"产出的法治转型。

法治建设是一场社会资源重新配置的整体行动，涉及社会的每一个角落，实质是对社会关系的重新规划、定位与限定，与经济体制改革一样，是触及社会深层利益分配的系统改革。法治建设发展到一定阶段，必定触发政治体制改革的机关，并进而对经济基础的改变产生或强或弱的反作用，而经济基础的改变必然启动上层建筑的解构与重构。因此，法治建设是一场思想观念法治化的过程，伴随着传统思想观念的替换，主流社会意识对权力与权利之间的秩序关系将会提出新的诉求。然而，更多的意识元素是社会底层非主流意识中表现出来的普罗米修斯的正义面

---

①吴忠民.并非社会中的所有矛盾都是社会矛盾——社会矛盾概念辨析[J].中共中央党校学报,2015(2):51-57.

②钱列阳.关于社会矛盾化解的法律思考——兼论司法过程的公众参与[J].法学杂志,2011(5):309-313.

③朱力.当前我国社会矛盾的主要特征与治理[J].中国党政干部论坛,2017(1):76-78.

④吴忠民.社会矛盾倒逼改革发展的机制分析[J].中国社会科学,2015(5):51-57.

⑤王郅强.利益与秩序:当代中国社会矛盾治理的二维分析[J].理论探讨,2012(4):15-19.

相。作为改革内容之一的法治建设,四十年历程证明:"没有人民支持和参与,任何改革都不可能取得成功。"①回归社会本位是法治建设获得人民支持的关键,人民支持是法治转型过程中最可靠的社会基础。

三、主要矛盾转变重新定位法治目标

"从长远发展来看,基本民生的改善是未来有效解决基本权利型的社会矛盾的必要基础性条件。"②中国四十年改革开放取得的瞩目成就证明:"改革中出现的某些失误不在于政策,……在于方法上缺少人民的参与。"③改革的"家长意识"应当让位于"民主意识",不能因为改革惠及民众而剥夺民众的参与权。人民作为国家权力的主人,应当保障他们有序参与法治建设的权利,这是法治民主的基本要求。

(一)矛盾结构转变改写法治目标

法治建设的基础性前提条件之一是存在体系化的法律制度,而制度本身不能发挥规制社会行为、调整社会关系的实际作用,"徒法不能以自行"。无论是何种模式与何种动力驱使的法治建设,国家权力总是扮演极为重要的作用。法治建设是政治行为的有机组成部分,关键的问题在于国家权力是把法治作为实现政治目标的工具,还是把法治作为实现政治目标的理想。若是前者,那么法治建设的内容将充分表现为法律制度体系的不断完善,依法行政与公正司法将成为辅助国家权力树立权威的左膀右臂;若是后者,法治建设的内容就不仅仅是法律制度体系的不断完善以及执法机关、司法机关的"据法而治",而且包括国家权力机关在法律制度面前"为自己立法"的自觉。法治不再是一种带有具体价值追求或者特定实用技能的工具,而是权利与权力在互动中实现对等协商的自治系统。然而,由于对"法治"这一概念内涵理解上的差异和社会管理支配性思维的惯性,"权力在经济活动中的'傲慢与偏见'使得自身经常错位与越位"④。错位与越位往往伴随着权力寻租,法治成为"法民者",而缺位也往往是权力寻租之后续租的必然结果。法治共识形成的难题⑤是法治建设进程中不可避免的矛盾。与其说社会转型的矛盾是旧的传统与新的习惯之间相互碰撞的结果,毋宁说是社会各个阶层基于不同的利益保护而对新的制度产生的不同理解。

法治建设是社会发展到一定历史阶段的内在需求,社会发展在历史上的每一个转折点,特别是生产方式内动力的突破,都是一次社会转型。社会转型是全方

①[美]弗朗西斯·福山.国家构建——21世纪的国家治理与世界秩序(序言)[M].黄胜强,等译.北京:中国社会科学出版社,2007:1.

②习近平.切实把思想统一到党的十八届三中全会精神上来[N].人民日报,2014-01-01(2).

③吴忠民.从基本生存诉求到基本权利诉求——转型期社会矛盾基本根源的演化逻辑[J].当代世界与社会主义,2015(2):140-148.

④谢鹏程.重构民主与法制的关系[J].法学研究,2007(4):149.

⑤陈金钊.法治共识形成的难题——对当代中国"法治思潮"的观察[J].法学论坛,2014(5):57-72.

位、深层次的社会生活大变革,尤其是经济体制改革推动下社会关系的深层次变革,不断地以"看不见的手"调整着我国法治建设的内容与方向。就法治建设转型而言,可从社会观念与法治实践两个方面综合分析法治转型的历史维度。第一次转型由人治到法制,即从无法可依向"有法可依"的法制建设转型,第二次转型由法制到法治,即从"有法可依、有法必依、执法必严、违法必究"向"科学立法、严格执法、公正司法、全民守法"的法治建设转型。这两次转型过程中,既有法治理念与法律观念的转型,也有垂法而治、任法而治、事断于法与依法治国的转型。然而总体上讲,法制建设与法治建设尚未走出社会与国家、政府与民众、权力与权利三者之间基于社会秩序建构的对立。因此,社会主义初级阶段"新时代"发展"不平衡不充分"的矛盾结构,决定了由国家一元的法治建构向国家、社会、公众三元一体的法治共治转变,从而化解国家、社会、公众在秩序建构过程中的对立性矛盾。

（二）矫正正义诉求转换法治模式

"新时代"的基本矛盾不再是人民不断增长的物质需要同落后的社会生产之间的矛盾,而是"人民日益增长的美好生活需要和不平衡不充分的发展之间的矛盾"①。其主要的矛盾是社会资本分配过程中行政计划与市场配置之间的冲突,矛盾的主要方面在于公权力与权利之间是主客性质的管理关系还是主体平等的共治关系。因此,"新时代"的社会矛盾集中体现为"领袖与群众、权力与权利"之间的法治关系②。此处把"领袖"的内涵扩展至掌握公权力的人,群众则包括一切接受公权力管理的对象。领袖的法治观念决定了司法理念,司法理念决定司法过程中领袖与群众之间的法治关系。利益初次分配由于物质产品的极大丰富和多元化的分配体制基本获得了社会的正义肯定,矛盾出现在中央转移支付与资源二次配置过程中矫正正义的承诺。然而,利益二次分配即权利恢复的矫正由于法律的粗疏和工具主义的司法理念,导致矫正正义成为引发社会矛盾治理过程中次生矛盾的"地震源"。因此,由如何理顺领袖与群众、权力与权利之间和谐的法治关系所建构的公共行动,构成了法治建设与司法改革的全部内容。

从法治层面上讲,领袖与群众之间法治关系的改变是通过立法安排来规范的,从司法改革层面上讲,领袖与群众之间法治关系的改变是通过司法判决的问题来确认的。无论是法治层面,还是司法改革层面的法治关系,其本质是权力与权利之间的法治关系。具体到现实生活中,就是权力与权利之间的矛盾化解是选择行政裁决还是选择司法判决的问题。选择行政裁决的法治建设是权力主导下的政治法治,选择司法判决的法治建设是权利诉求回应下的规则法治。政治法治追求整体发展的正义观,规则法治追求个人权利的公平观。政治法治的整体发展目标体现了理想主义法治的期待,规范法治的个人权利实现目标彰显了实用主义法治的承

①郎咸平.让人头痛的热点[M].上海:东方出版社,2013:9.
②李景治.当代中国政治发展中的领袖、群众与社会矛盾[J].学习与探索,2013(2):41-47.

诺。"市场经济的发展历史表明,只有依靠法治,才能确保政府权力运用的科学性和公共性,减少制度风险的产生,降低寻租的预期收益,使企业家们重新回到市场竞争的轨道上来。"①领袖与群众、权力与权利两对矛盾在市场经济环境的场域中,由此前单一的指令性关系转变为具有市场供需性质的契约关系,所以法治关系的内容也由起初的分配正义转向矫正正义。

第二节　社会主要矛盾转变与法治正义输出的共向

社会主要矛盾转变对社会发展提出了平衡与充分的双重指标要求,法治的主要意旨之一是为社会发展提供秩序预期。发展的平衡与充分是社会"善"的表现,即为满足公众的需要,亦即美德,美德是正义的首要②。发展不平衡与不充分的本质在于机会平等与实质平等之间的法治保障,即能否通过法治建设实现发展不平衡不充分转向发展平衡充分的矛盾治理。社会主义初级阶段的总任务是实现共同富裕,发展平衡充分是共同富裕的最高境界。所以,社会主要矛盾的转变需要法治来承担矛盾治理过程中的秩序输出,法治建设则以是否实现社会发展平衡充分作为自己行动的准则。

一、法治转型应满足日益美好生活的预期

"法治是什么"与"中国社会需要什么样态的法治",是应然法治与实然法治之间争论的焦点。然而,"法治是什么"属于理论问题,"需要什么样态的法治"是现实问题。社会发展不平衡不充分是个现实问题,因此,法治转型应当以满足现实需要为目标,而不能以理论上法治建设的逻辑指导和对现实中法治建设的功能与作用进行评价为目标。"实证主义和理想主义不是对社会制度的对立分析,而是对法治观念的对立解读。"③法治转型是在法治建设已经取得成效的基础之上,根据社会生产力与社会生产关系、经济基础与上层建筑之间的关系变化,尤其是丰富的物质产品催生社会意识从生存权利朝向政治性参与权利的转变,决定了法治转型仍然是以实用主义法治作为贯彻法治思维的建设进路,目标是满足人民群众对日益美好生活的需求。

党的十八大报告中提出:"加快完善社会主义市场经济体制和加快转变经济发展方式"。经济体制的完善和经济发展方式的转变要求社会管理体制机制必须与之相称,尽管社会管理作为上层建筑能够施以经济基础反作用力,然而,"发展才是

---

①陈国权,徐碧波.法治缺失下的制度风险与非市场竞争[J].社会科学战线,2005(3):176-181.
②[古希腊]柏拉图.法律篇[M].张志仁,何勤华,译.上海:上海人民出版社,2001.
③[英]西恩·科勒.实证主义、理想主义和法治[C]//张丽清.法治的是与非——当代西方关于法治基础理论的论争.北京:中国政法大学出版社,2015:2,4,42.

硬道理"的改革理念注定了社会管理的被决定性。因此,"要围绕构建中国特色社会主义社会管理体系,加快形成党委领导、政府负责、社会协同、公众参与、法治保障的社会管理体制。"此处"法治保障"已经拓展、突破先前法治工具主义的内涵界定,被赋予新的历史意蕴,即"依法改革的法治思维"。"工业社会带来的跳跃性直觉,不仅改变了人们的认知结构,而且导致人们在危机来临之前就已经产生了恐慌,从而产生了社会风险。"①这种现象在中国四十年来的改革发展过程中已被证实,社会风险是社会发展过程中不可避免的常态。人们期待风险解决的愿望往往不是现实提供的条件,而是既有制度能为社会风险买单,提供稳定的可预期保障。最好的制度莫过于法律,最好的预期莫过于法治承诺,而法律制定、颁布、实施的全过程若没有法治思维,法治建设只会停留在法律建设的路上。在社会主要矛盾发生转变后,法治思维不只是依法改革实现社会治理法治化的治理观念,而且是通过依法改革,在实现社会治理现代化的基础之上,促进社会发展更加平衡充分的发展理念。

二、法治转型应解决发展过程中的汲取性权利

法治建设是社会主义事业的有机组成部分,其基础功能之一是实现社会矛盾治理的法治化。在实用主义的层面上,"运用法治方式、依靠法治力量化解社会矛盾,已成为全党的共识"②。然而,高层内部共识的形成并不能表明社会各个阶层法治共识的形成。相反,处于不同社会阶层的成员,基于各自对法治的理解和期盼,虽然对于法治建设能够促进幸福生活实现、社会治理创新以及个人权利保障的合目的作用并无争论,且把这种目标内化为每个人的行为准则,但是他们对法治建设提出了不同层次、不同意蕴、不同目标的期待与定位。让人民群众充分享受改革带来的各种利益,是实现平衡充分的良性发展与法治转型的根本任务。这一根本任务是宪法的基本权利在法治转型与社会发展共进中的落实,一方面,宪法基本权利的"级差"与"殊相"③应在法治转型中得到消解;另一方面,这可以推进法律法规权利的合宪性审查,杜绝来自"立法寻租"源头的汲取性权利。

依据现行宪法的规定,国家的一切权力属于人民。然而,早期的法律体系建设缺乏系统性、全局性与协调性,从而导致立法寻租。先前的行政统管模式与高度集权的科层结构制造了权力型权利,即通过行政权力为少部分人提供了社会资源占有的土壤,并在短期内获得巨额收益的权利。这种披着法律权利外衣的特权,如同抽样检验员手中拿的吸管,利用检验权利多量抽取样本,完成初期的财富积累。类似这种现象在改革开放的早期并不为怪,各种进口货物配额审批权衍生了汲取性权利。法治在营造公平正义秩序的同时,立法、执法、司法等环节不能做到"无缝对

①薛晓源,刘国良.法治时代的危险、风险与和谐[J].马克思主义与现实,2005(3):25-37.
②惠从冰.法治视野下的社会矛盾化解与公正司法[J].人民司法,2013(15):71-74.
③胡玉鸿.论我国宪法中基本权利的"级差"与"殊相"[J].法律科学,2017(3):23-37.

接",附加制造汲取性权利是法治由不成熟走向成熟阶段的必然产物。但是,必须清醒认识到汲取性权利不仅孕育了公共权力扶持下的既得利益集团,导致整个社会财富分配出现贫富悬殊的现象,而且导致鼓吹西方法治道路是中国法治建设必须遵循的历史轨迹,从而通过法治进一步维护自己的既得利益,并在社会主义意识形态体系中楔入不利于法治深入推进建设的权贵主义思潮。汲取性权利"将有限繁荣产生的财富分配到少数精英手中"①,在精英治国理论的支持下,法治建设成为汲取性权利的保护人。产生汲取性权利的根源在于,国家与民众之间缺少发达的社会组织,公权力因为缺失第三方力量的监督与稀释而成为少部分人占有社会资源的合法力量,最后导致公权力站在法治权威之上。社会发展平衡充分的首要任务就是消除汲取性权利,而有效的办法是从制度的精准建设入手,把制度与利益作为共建共享的目标纳入法治转型的内容之中,使汲取性权利转化为每个人的权利,在共享机制中实现宪法基本权利落实的均衡与充分。

三、社会主要矛盾治理要求多元法治回应

在我国法治建设的过程中,既没有类似的法治经验可以拿来借鉴,也没有同一制度下法治理论的指导,只能在试错中摸索与在摸索中试错相结合的本国实验中,突破西方现代法治理论的思维束缚,遵照中国特色社会主义法治规律不断推进法治建设。因此,我国法治建设不必走先照搬"由贵族法治(礼治)到官僚(帝制、君主、专制)法治"②,再转为民主法治的法治之路。但是,法治建设进入人民主法治阶段是共性,这是国家治理现代化的必然选择。党的十八大提出"2020 年实现全面建成小康社会宏伟目标",这不仅预示社会物质产品的极大丰富,而且要求社会治理的系统完善,即现代治理能力的全面提升,其关键在于法治范式能否符合社会主要矛盾转变的社会秩序治理内需。

十八届五中全会公报提出"创新、协调、绿色、开放、共享"五个发展理念,促使社会治理又到了一个新的转型时期,法治建设为了与之适应主动转型是应有之义。"从'非法治'到'法治'转型的有效治理,无疑是其中必不可少的关键环节。"③在法制现代化与民主化的进程中,其他社会主义国家的命运也给予了警示。其中,苏联解体之后命运多舛的俄罗斯为中国法治发展前景提供了很好的分析案例。"中国有什么风吹草动,改革由于公正性危机而翻船的可能性,比俄罗斯要大得多。"④尽管出现公正性危机绝非仅是某一个方面的问题,但是法治建设的官僚姿态可能是

---

①[美]德隆·阿西莫格鲁,詹姆斯·A.鲁滨逊.国家为什么会失败[M].李增刚,译.长沙:湖南科学技术出版社,2015:107.

②李贵连.从贵族法治到帝制法治:传统中国法治论纲[J].中外法学,2011(3):459-483.

③魏磊杰.全球化时代的法律帝国主义与"法治"话语霸权[J].环球法律评论,2013(5):84-105.

④秦晖.东欧与中国社会转轨之比较[C]//凤凰周刊.中国利益——中国与利益相关国家的风云故事.北京:中国发展出版社,2013:234.

主要的原因之一,以政策性问题为导向而非社会性纠纷为导向的司法改革也助推了官僚法治的理想主义。"民主与法制关系的革命论……不利于实行依法治国的基本方略。"①解决这一法治症结的药方不是提高法治建设的硬度,而是转向以民主为基础的协商法治,即国家主导下的法治建设转向国家、社会、公民的协商共建,从而构建以国家主导、社会参与、公众自治的社会矛盾多元化解格局。

第三节　社会矛盾结构转变与法治转型耦合的进路

社会主义初级阶段"新时代"是初级阶段在各个方面全面提升的发展阶段,法治作为目的性社会行动②应从以往的理念构建转向现在的细节建设。既要在法治建设的分歧中确定有利于"新时代"发展的共识基础,同时又要找准法治转型的着力点,找准突破口,从而推动法治转型。

一、系统推进法治文化建设是法治转型的精神支柱

社会主义初级阶段"新时代"不仅为社会发展提供了发达的生产力和新型的生产关系,而且为社会文化的变迁渗透到社会生活中的各个层次与领域供给了坚实的物质基础。法治文化作为社会文化的核心内容之一,在受到现代文化发展的滋养的同时,也秉承了传统法治文化的基因与血脉。"法治不仅是制度,也是文化。每一个国家的人都生活在历史当中、文化当中。文化无所不在,将我们笼罩其间,无以逃脱,抛开中国几千年的文化积淀,很难实现中国法治的现代化。"③中国传统法治文化中两个基本的支柱,明德慎罚与家国精神是自秦始皇统一以来绵延未断的传统记忆。"新时代"法治文化建设的核心任务是在守持优秀传统法治文化的基础之上,强化法律与道德的合作、重构家国精神、扬弃传统法治文化,推进现代法治文化意识的具象建构。

（一）加强法与道德协同的法治文化基础建设

历来的道德法律关系,始终未能走出孰重孰轻的主次差序。无论是以德治国,还是依法治国,根本的治国理路都寄望于道德或者法律的一元价值,忽略了道德与法律之间在规范意义上的对等协同性。依法治国与以德治国的统一,也未能解决道德与法律之间的结构关系,反倒有意无意地强化了以法律为主,道德为辅的主次关系。道德与法律之间的主次关系,源于法律与道德之间的先后顺序以及两者的

①谢鹏程.重构民主与法制的关系[J].法学研究,2007(4):149.
②王利明.法治具有目的性[N].学习时报,2016-05-26(03);王淑芹.良法善治:现代法治的本质与目的[N].光明日报;2015-07-15(03).宁夏回族自治区党委党史研究室写作组.建设法治国家的根本目的[N].宁夏日报,2014-11-12(04).
③田成有.传统法文化利弊及创造性转化[N].法制日报,2016-08-22(07).

强制程度,以至于最终形成的法律是道德的底线,这就从根本上否定了道德与法律之间的对等关系。长期以来,加强道德建设成为加强法制宣传、提高公众自律,从而增强社会法律意识的工具。与此同时,系列普法宣传是为了强化公众道德的自律,以法律威慑功能实现道德自律功能,更进一步弱化了道德在社会秩序建构过程中的"半边天"作用。

过于强调规则层面的法治使得当代中国法治理论研究走上了形式法治的道路,强化了立法主义的法治建设思维,即追求规则下的形式法治建设,但是在对效果的追求上却又趋向实质法治建设,由此导致司法过程中规则的适用强化,司法判决脱离了社会生活。脱离社会生活的司法裁判等于脱离了"生于斯,长于斯"的道德生活,法律与道德之间的张力愈发凸显。一旦道德生活与法律生活之间被刚性的规范阻断,法治建设就在法律与道德之间建立了一堵高墙,阻断了两者之间关系的修复,并且法治建设高度与两者之间隔离强度呈现正比关系。法治生活的本质是契约,讲究个人权利的对等;道德生活的本质是合作,讲究双方权利的谦让。社会主义市场经济是法治经济,法治建设进一步强化了经济生活中个人权利的意识和诉求,这与社会生活中人与人之间合作的内在伦理相悖。如何调和个人权利与社会合作之间的交往伦理关系,不仅是 21 世纪的中国社会要解决的政治问题①,也是法治深入建设必须统筹化解的文化问题。

"'法文化共识'减少和缓和了官方与民间、国家与社会之间的紧张和矛盾,有利于形成统一而又理性和正确的是非标准。"②在国家法律规范难以覆盖全部社会行为之时,隐于社会生活深处的道德规范就会发挥出想象不到的调整作用。早在国家意义上的规范进入社会生活之前,道德规范就已悄然发挥着调整社会行为、解决社会纠纷的作用。作为民间规则,道德让位于以国家意志为灵魂的法律规范,这并不等于其在调整社会生活中失去作用,反倒是国家规范的出现,烘托了道德规则在调整基层社会秩序方面所起到的巨大作用。在一国法律实施的过程中,"法律观念、法律意识起着重要的基础性作用"③。失去把本国法律意识作为信仰基础的法律实施,也就无从完成法治建设的久久为功。法律意识的培养需要法律宣传,然而,法律宣传仅仅是增强法律意识的途径之一,更为基础的工作是提高社会民众的道德意识。其中,中华民族认同是当下最为亟须的道德与法律关系重构。"德法互补不仅是法文化的核心内容,也是其精华之所在。"④因此,道德与法律应被置于协同关系下,共同发力,交叉作用于社会秩序的建构。道德调整领域不应当排除法律的惩戒功能,法律调整的领域不能排斥道德的教化功能,要把法律的教育功能、惩

①张康之.为了人的共生共在[M].北京:人民出版社,2016:7-17,72-85.

②艾永明.关于中国古代"法文化共识"的思考[J].法治研究,2016(3):40-47.

③刘作翔.中国法治国家建设战略转移:法律实施及其问题[J].中国社会科学院研究生院学报,2011(2):55-63.

④张晋藩.论中国古代德法互补的法文化[J].中共中央党校学报,2015(5):61-65.

戒功能、预防功能与道德的认知功能、评价功能、平衡功能相结合,形成道德与法律的公共功能;调整功能。通过家庭美德、社会公德、职业道德等集法律与道德于一体的双向协同教育,筑牢法治文化的社会基础。

（二）重构家国精神融合的法治文化内核建设

自春秋以来,"修身""齐家""治国""平天下"就是一以贯之的有志追求。即便是在法家思想中占据治国理路的秦朝,也是强调家国精神的融合与强化。尽管家国精神在封建社会有其历史和阶级的局限性,但是家国精神中内含的个人权利与义务之间的伦理关系,不仅是传统法治文化的内核,也是现代法治文化为之护佑的精神。

传统法文化中的家国精神,其经济基础是封建帝王专制统治的一家之私。"普天之下,莫非王土;率土之滨,莫非王臣。"把国当成一家之地,视臣民为家奴,土地为己有,帝王本人则是普天之下的家长。天下即为帝王之家,所以封建社会的家国精神是抽象的"家"与具体的"国"在私有制上的统一。帝王作为家国的唯一家长,不仅掌握着立法大权,而且掌握着平民百姓的生死大权,国法也是家法,群臣百姓亦如刍狗。"君叫臣死,臣不得不死;父叫子亡,子不得不亡。"为了使家国精神具有合理性,古代帝王假借天子之名,建立家国一体理论,帝王作为行天道之人,是国家的自然统治者。但是,为了限制帝王的滥权,更好地维护封建地主阶级的私有利益,同时也为了给封建帝王的统治贴上蒙人的道德正当性,就赋予帝王视国为家的道德说教。其目的在于为封建统治的专断与蛮横建立社会基础,一方面,标榜帝王视国为家的道德情操,可以用来迷惑黎民百姓,收拢人心。"得道者多助,失道者寡助";另一方面,向封建阶级的全社会成员灌输家国精神,这是从道德层面约束帝王的权力,赋予帝王家国一体的治国责任,从而更好地稳定帝王的封建集权,维护封建地主阶级的整体利益。所以,在封建制度下法文化中的家国精神体现了生产资料私有制为基础的一家一国,具体的家成为家国精神的奴婢。

现代法治背景下法文化的建设需要重构家国精神,家国精神作为社会治理理念,不同的生产资料所有制决定了家国精神不同的内涵。社会主义生产资料公有制决定了家国精神彻底告别封建专制下的帝王私有制,人民当家做主成为家国精神的核心要义。现代家国精神不仅体现了人民当家做主,管理国家的主体地位,而且打破了阶级差别,人人都享有平等的社会地位和管理资格。国家是人民的"大家","大家"要对"小家"履行责任,保证"小家"过上幸福的生活。《宪法》第四条规定:"中华人民共和国各民族一律平等。"国之大家与人之小家在宪法面前享有对等的法律地位,世界上"没有无权利的义务,也没有无义务的权利"。社会主义宪法赋予了家国精神新的意蕴,即人民的个人利益与国家的整体利益是一致的。所以,法治转型应以家国精神的日益法治化为追求,即国家通过依法治国与人民自觉守法实现国富民强的发展目标,注入法治思维,不断提高人民对法治的文化信仰,凝聚社会主义初级阶段"新时代"法治文化的内在拘束力。

（三）推进我国传统法治文化的现代转化

法律是构成法治文化的要素之一，法律进化势必会促使法治文化的变迁。推动传统法治文化向现代转化首先要做到立法现代化，立法要"因时而制礼，礼法以时而定，制令各顺其宜"，否则，"法古则后于时，循今则塞于势"①。经过四十年的改革开放，传统法治文化经过多重社会变迁，进入社会主义初级阶段，步入社会主义初级阶段"新时代"。因此，法治文化建设应当紧随法治的"新时代"，因时因地地推进内涵结构、拓展转化途径、协同多元发展机制的法治举措，增强法治文化调整社会行为的内化功能。

推进传统法治文化的现代转化是法治现代化建设的根本要求。"中国特色和深层次问题，都和文化有关。中国特色的司法改革，离不开文化建设，而要加强中国特色的司法文化建设，又离不开对中国优秀传统法文化的重视和吸收，因为我们的历史与现实是连着的。"②传统总是带有与现代格格不入的性格，传统社会的结构决定了传统法治文化的内涵与基因。传统法治文化的现代转化应起始于法治文化内涵结构的现代转化。首先，对法治文化中的经典语句进行辩证的解读，一方面是回归历史理解原文的原初含义，另一方面是植入当下赋予原文的现代意义。比如，"官不私亲，法不遗爱，上下无事，唯法所在"③，应放在法律面前人人平等的视域下赋予该文的现代文化意蕴，不能因为产生这句话的时代是封建社会而彻底否定它的经典价值。其次，要在中国大文化的背景下重构经典语句的法治文化内涵。中国是一个多民族国家，在数千年的法治文化历史发展过程中，华夏文化特有的包容精神不断更新注入新的法治文化内涵。因此，传统法治文化的现代转化不能孤立片面地赋予现代性元素，只有放在中国历史的大场域中才能更好地为法治转型服务。最后，要深刻分析现实生活中社会各阶层的文化共性，尤其是对法治文化的理解共识，这是推进法治文化建设的前提条件。而社会各阶层的法治文化认知需要发达的人文社会科学作为研究支持，所以，多学科研究法治文化的现代转化成为必然的选择。

传统法治文化的现代转化绝非一蹴而就，"必须有一个培育过程"④。与此同时，文化的普遍联系决定了传统法治文化在现代转化的过程中，既要扬弃传统中的精华与糟粕，也要兼收并蓄国外先进的现代法文化，秉承古今的同时融合国外的发达文化元素。党的十八届四中全会要求："坚持依法治国和以德治国相结合，弘扬中华传统美德的原则，坚持从中国实际出发，汲取中华法律文化精华的原则"⑤，

---

①《商君书·开塞》

②张中秋.司法改革要吸收优秀传统法文化[N].人民法院报，2016-03-20(08).

③《慎到·君臣》

④培根.培根论说文集[M].水天同，译.北京：商务印书馆，1983：193.

⑤参见十八届四中全会《中共中央关于全面推进依法治国若干重大问题的决定》。

"但决不照搬外国法治理念和模式"①。在传统法治文化的现代转化中,要与我国文化事业的整体发展保持一致性。"我国文化事业的大繁荣、大发展,既要吸收国外发达的文化成果,也要坚持本国优秀的文化传统,兼收并蓄,促进中国特色社会主义文化事业大战"。因此,"汲取西方模式中的合理或普适成分,又必然性地要保留符合中国国情的因素"②。法治建设的核心任务是司法改革,法治文化的现代转化不能绕开司法文化的建设,而司法改革是司法文化建设的载体。因此,"中国当下的司法改革应当回到尊重中国司法文化传统的轨道上来"③,从而开启法治文化现代转化的实践之行。

现代化是社会发展的一种范式,今天的现代化成为明天的传统,所以,应当为传统法治文化的现代转化建立稳定而长久的发展机制,从而确保法治文化建设始终走在现代化的道路上。"法与时转则治,治与世宜则有功。"④传统法治文化的现代转化是法治建设的内容之一,法治文化的基本要素是道德建设。习近平总书记在中共中央政治局第三十七次集体学习时指出:"要运用法治手段解决道德领域突出问题。"传统法治文化的现代转化应当在立法、执法、司法与守法四个方面建立系统的转化机制。2011年全国人大常委会通过的《刑法修正案(八)》,之所以能得到全社会的理解、支持与自觉认同,根本原因不是立法技术的高超,而是其针对老人和青少年犯罪予以区别对待的刑律规定符合中国传统法治文化中"尊老爱幼"的基因,即对"老、幼、病、残者犯罪予以减免处罚规定的继承和发扬光大"⑤,因而受到了全社会的认同和支持。一方面,这说明传统法治文化在法治建设中发挥了鼎力作用;另一方面,这也凸显了传统法治文化现代转化的发展机制亟须建构。

二、理顺央地司法关系是法治转型的具体进路

"强调法律规则治理的法治理论当然会重视司法权的运作过程,正是在这个意义上,中国社会对于法治的强调始终与司法改革同步。"⑥中央与地方围绕司法改革而产生的"国家权力地方化运行"始终是法治建设魂牵梦萦的驿站,其所导致的司法改革的地方性竞争与司法改革的地方化,不仅导致了中央司法改革顶层设计的地方性偏见,而且导致了司法改革不断制造次生矛盾。法治建设的核心任务是司法体制改革,因此,理顺央地的司法关系是法治转型的具体进路之一,甚至直接决定了法治转型的顺畅。

①参见十八届四中全会《中共中央关于全面推进依法治国若干重大问题的决定》。
②徐昀.简论中国司法改革的规律:以民事审判结构理论为视角[J].学习与探索,2010(4):87-90.
③俞荣根,曾绍东.董必武司法改革思想的启示[J].江西财经大学学报,2010(4):96-100.
④《韩非子·心度》
⑤何勤华.中国传统法文化中良善公正之规定及其实践[J].中国法律评论,2016(1):19-23.
⑥黄涛.从社会主义核心价值观看当代中国法治理论的应有品格——对当前法治理论之反思[J].当代世界与社会主义,2017(4):43-49.

(一)司法改革的地方性竞争应法治化

司法改革是国家管理模式面对社会纠纷大量涌现的被动转换,其最初的目的在于建立适合改革开放的社会秩序,推进社会生产力的进一步解放。随着社会经济结构的逐步市场化,国家层面上追求的整体性秩序与地方层面上建构的区域性秩序,因经济体制改革政策的实施与区域性扶持力度的不同而受到不同程度的影响。其中税制改革对于地方财政收入具有直接的结构性影响,而这些影响又渗透到司法改革的过程之中,并激起司法改革的地方性竞争,即地方充分利用国家司法权的体制机制实现地方秩序利益的最大化。

自 1994 年中央财政实行"分税制"改革以后,大一统的国家秩序结构被央地两级税收关系解构为两元结构,上层秩序是中央政府基于国家主权下的统一,下层秩序是地方政府理解的区域社会自治。虽然行政科层结构在纵向上依然保持一致性,然而,税收体制已经在实质上塑造了央地两级各得其所的秩序关系。"凡属全国性质的问题和需要在全国范围内做统一决定的问题,应当由中央组织处理,以利于党的集中统一;凡属地方性质的问题和需要由地方决定的问题,应当由地方组织处理,以利于因地制宜。"①分税制改革导致的秩序两元结构,同样在司法改革中出现,并形成最高人民法院司法改革方案下的地方法院司法改革的地方性竞争。例如,最高人民法院明确提出"彰显审判权的中央事权属性"②,但是,最高人民法院发布的指导性案例适用率之低③、"一些法院存在裁判文书选择性上网现象"④从侧面折射地方法院司法改革具有的地方性特征。司法改革的地方性竞争既不符合我国根本政治制度的规定,也不适用于法治转型的时代。因此,必须把司法改革的地方性竞争纳入法制轨道,从而规范竞争,更好地推进中央主导下的地方法院司法改革的国家属性。

(二)破解司法改革"地方化"应重构央地司法关系

司法改革地方化的问题源于早期形成的"司法地方化",其本质是地方政府在以 GDP 为政绩指标的竞争范式下,中央文件是地方理解地方实践的依据。"唯GDP 论"反映出地方政府追求地方发展成效的政治心态与"唯上"意识,并将其转化为地方政府之所以支持司法改革的立场思维。地方法院在按照最高人民法院制定的改革方案来推行各项改革任务的过程中,作为坐落在地方行政区划上的中央部门,必须考虑地方社会经济发展对司法改革的诉求。为经济发展保驾护航是深化司法改革的中心任务。因此,地方政府愈是支持司法改革,司法改革的地方性考

---

①邓小平.邓小平文选(第 1 卷)[M].北京:人民出版社,1994:228.

②《最高人民法院关于全面深化人民法院改革的意见——人民法院第四个五年改革纲要(2014—2018)》,2015-02-04.

③四川省高级人民法院,四川大学联合课题组.中国特色案例指导制度的发展与完善[J].中国法学,2013(3):34-45.

④周强.最高人民法院关于深化司法公开、促进司法公正情况的报告[R].人民法院报,2016-11-09(02).

虑就愈多。例如,最高人民法院派出六个巡回法庭,每个巡回法庭的基础建设、办公场所、人员调配,乃至家属安置、子女教育等,无一不受制于地方政府的配合与支持。地方政府支持巡回法庭的力度越大,巡回法庭办案过程中考虑地方政府作为的因素就越多,先与地方"通气"已成为巡回法庭"送法下乡"的自觉意识。

"司法地方化"不仅影响到司法改革各种措施的实施,而且成为地方法院实施改革方案时主动寻求地方化理解的经验,继而为权力干涉司法留下了屡禁不止的空间。"任何党政机关和领导干部都不得让司法机关做违反法定职责、有碍司法公正的事情"①。透过中央以法治思维强化领导干部支持司法机关工作的力度的事实,不难看出,地方领导干部对司法机关工作的干涉,恰好折射出司法改革实际上被分为中央的司法改革与地方的司法改革。"尽快形成统一的司法权治理体制与运行机制……地方竞争模式才能真正实现良性可持续运转。"②实际上,统一的司法权并不能决定具体案件中司法裁判的地方性知识,司法权在何种层面上的统一考验着法治转型与司法改革纵深发展合一的可能性,重构央地司法关系是破解司法改革地方化的唯一选择。

(三)及时化解司法改革引发的次生矛盾

司法改革中出现的矛盾,往往被归结为单方面行动选择的非理性,其实质是忽略了矛盾存在的条件互动。司法改革中出现的任何一个矛盾都是系统性的矛盾,绝非某一方能够自我生成的结果。然而,掌握司法改革发动权和实施权的改革主体,基于对执政秩序的总体考虑,处于平衡既得利益与期盼利益的立场,选择平衡双方利益集团的技术路线,不仅不能解决分配矛盾,而且会衍生出更为复杂的矫正矛盾。矛盾平衡的改革思路未能平衡矛盾的根本原因在于"主体身份差异"。依据现行宪法以及《法院组织》与《法官组织法》关于法官审判权的规定,人民法院应当独立审判,而法律并未明确规定法官享有独立审判的自由裁量权。《法官法》第七条规定:法官审判案件必须以事实为根据,以法律为准绳。这与西方实行判例法的国家不同,"法官持有一个明确的目标,尽管不是一个特定的具体目的,亦即通过制定一项能够防止业已发生的冲突再次重演的行为规则来逐渐改进某一个特定的行动秩序"③。以解决纠纷为目的的司法中立主义赋予法官的自由裁量权,隐藏着规则创制权的义务和责任。然而在政法语境下,司法是为经济发展保驾护航的意志工具,自由裁量权受制于经济发展这一总的目标控制,与此形成了社会纠纷解决正义的多样性与司法判决输出正义的单一性之间的结构性矛盾。

法官个人意志必须服从整体意志是法律阶级意志论下沉的必然结果。"政法机关作为人民民主专政的国家政权机关,是党和人民掌握的刀把子,必须置于党的

①参见十八届四中全会《中共中央关于全面推进依法治国若干重大问题的决定》。
②周尚君.地方法治竞争范式及其制度约束[J].中国法学,2017(3):87-101.
③[英]弗里德利希·冯·哈耶克.法律、立法与自由(第1卷)[M].邓正来,张守东,李静冰,译.北京:中国大百科全书出版社,2000:161.

绝对领导之下。"①法律是统治阶级意志的体现,其必然浸染法治,并使法治遗传法律的阶级论基因。法治的阶级性基因不可阻挡地被司法过程守持,法官作为司法诉讼的审判者,若是在司法过程中,授予其拥有法律规范以外的自由裁量权,让法官个体在具体案件里面"自由"地确定统治阶级的意志,就否定了立法文本中统治阶级的整体意志,使得法治根本就无法搞下去②。这些因司法改革而引发的次生矛盾应当得到及时解决,否则将会加重司法改革前进的负担。通过完善立法,厘清立法权与司法权之间在社会纠纷解决过程中的规范创制秩序,不啻为从规范输出方面解决司法改革次生矛盾的有效章法。

三、构建社会司法体制机制是法治转型格局的新谶

社会主义初级阶段"新时代"必将从根本上调整政社合一的秩序结构,逐步向政府与社会二元共治的秩序结构转变。随着经济体日益凸显独立、个性与多变的特性,依赖社会组织完成社会交往的偏好选择成为社会关系构成的主要渠道,这就对社会组织的发育以及经由社会组织提供的社会司法产生了国家司法之外的正义诉求。从纠纷解决的结果与受众评判的标准来看,推动社会组织与吸纳社会司法介入到社会纠纷解决机制中去,会驱使社会矛盾解决方式方法的转变与法治转型在新时代走向"耦合"。单就纠纷解决而言,除国家司法以外,社会自身也有修复功能,其主要的形式是让社会组织参与到纠纷解决的过程中来,形成契约性正义。国家司法基于司法成本、法律体系、社会自治以及纠纷性质等原因,如同太阳一样,总有照耀不到的角落,这个角落即为社会司法的存在空间。

（一）法治公共性为社会司法留下正义空间

社会司法与国家司法本质上的区别在于社会司法遵从义务自觉,这与国家司法通过强制实现义务的履行具有根本性的差异。法治"是一种社会系统信任,同时也是公共权威的真实表达"。③ 社会公众的个体信任加在一起的总和构成社会系统信任,社会系统信任通过社会组织与政府部门分别履行不同的社会职能,建立起社会公众的信任平台,即公共权威。公共权威的基础既非魅力型权威,也非传统型权威,而是法理型权威。法治是合意的规范性体现与自治的规范化修复,其存在的本质表现为公共性。在法治公共性的空间里,社会公众的法治私属性生发为社会司法的正义诉求。法治公共性与公众认知法治的私属性决定管理法治建设应当是国家与社会的共同责任,其逻辑的出发点和落脚点肯定了国家与社会的法治同生,否定了以国家为主体的单方意志行为。在国家与社会组成的系统中,法治权威的根源是权利共识。因此,应当为公共权威与社会权威的和谐并存提供权利活动的

---

①本报评论员.毫不动摇坚持党对政法工作的领导[N].人民日报,2014-01-09(01).
②陈金钊.法治共识形成的难题——对当代中国"法治思潮"的观察[J].法学论坛,2014(5):57-72.
③孙柏瑛.反思公共行政的行动逻辑:理性建构与社会建构[J].江苏行政学院学报,2010(3):107-111.

意志空间,从而形成以权利自觉为义务、社会司法为之输出正义的规范场域。

（二）社会组织参与纠纷解决助推法治转型

法治转型不能忽略社会组织的积极作用,尤其是民间组织在建构社会秩序中所发挥的基层调整效能。"当一个社会中各种分散的个体缺乏有组织的依托,或无法通过现存的组织充分代表自己的利益诉求时,一个偶然事件的出现都可能触发人们积蓄的不满,并会通过难以预料和难以控制的方式突然爆发。"①法治建设引发的矛盾与法治建设的目标结合到一起,在依法化解矛盾的过程中产生了新的带有法治特性的矛盾,即法源性次生矛盾。在国家看来部分民众非常"不讲法,不讲理"的行为,"实际上并不是非理性的,而是为了在这种社会环境下生存的唯一理性策略"。② 策略表达的内容并非生存权利的需要,而是公平正义的说法。社会公众一旦把公平正义的希望寄托于国家机关,其真正的目的在于通过主体性的张扬,获得一种平等参与的资格。随着群体权益与法治之间的距离愈来愈近,群体对法治的影响也愈来愈强。"它通常产生于 NGO 对更多资源的需求与政府想控制 NGO而发生的冲突中"③,其背后是权威的博弈。所以在法治建设过程中,如何释放社会组织的活性、规制社会组织的发育、依法引导群体组织参与社会纠纷自治、保障社会组织参与法治深度建设的完整权,事关社会矛盾转变过程中法治正义的实现。

（三）私法自治对法治精神形成具有积极的影响

法治精神的内核是"为自己立法"的信仰在社会行为选择中所体现出的统领地位,作为公共法治的补充,私法自治同样是法治精神的源泉与表征。私法自治不仅内在规定着风俗习惯的地方性规范权威,而且意味着国家法律与民间习俗之间在维系社会秩序方面的合目的性。国家法治建设的终极目的不只是建立全面的法律权威,而且是要在每一位社会成员的内心世界里建立起自觉遵守规则的公共精神。任何组织、任何个人都要自觉遵守国家法律和民间习俗的习惯养成与继承,为"无法而法"的法治精神构筑基础性条件。"只要有私法自治原则,就要有公序良俗原则。这两个原则只有全面配套适用,才能够建立起和谐的社会秩序,体现当代的法治精神。"④社会分工的不断细化,促使社会秩序与国家秩序被个人的利己本性分割成他治与自治两个领域。道德、习俗、契约是自治领域内的"司法"规则,国家法律则是自治规则的底线。社会司法隐于国家司法之后,"在纵横四溢的个人利己主义和国家的巨大且又具有威慑性的力量之间,它们占据中间地位"⑤。但是,正是

①吴佩芬.群体性事件与制度化利益表达机制的构建[J].思想战线,2010(4):107-111.

②[美]罗伯特·D.帕特南.使民主运转起来[M].王列,译.南昌:江西人民出版社,2001:208.

③[美]朱莉·费希尔.NGO与第三世界的政治发展[M].邓国胜,等译.北京:社会科学文献出版社,2002:37.

④杨立新.把公序良俗作为民法基本原则体现了当代法治精神[N].北京日报,2017-03-20(07).

⑤[美]丹尼尔·贝尔.资本主义文化矛盾[M].赵一凡,等译.北京:生活·读书·新知三联书店,1989:319.

这种私法自治与社会司法的耦合,再正式加上国家司法竞争正义市场的权威性,才在规则意识深处固化了法治精神。

（四）国家司法与社会司法对接的体制机制建构

法治是一种境界,法治建设是法律信仰的培育过程,也是法律权威得以远离权力并自成权威的过程。没有社会公众的内心诚服,就没有法律的信仰,也就没有法律权威,法治建设与法律权威也就兀自渐行渐远。中国共产党第十八届四中全会在《关于全面推进依法治国若干重大问题的决定》中指出:"法律的权威源自人民的内心拥护和真诚信仰。"人民在法律权威之下选择社会司法并非是对国家法律的反动与拒绝,而是对国家法律的尊重与信仰。然而,社会司法作为公众自治的纠纷解决模式,总有被机会成本所充填的空间。因此,建构国家司法与社会司法对接的体制机制,从而筑起司法公正的权威之墙,成为新时代法治转型不可不为之着力的法治行动。国家司法与社会司法的对接体制机制,不仅影响到社会秩序的自治程序,而且关系到国家与社会治理的同步程序。一是通过立法,赋予社会组织法律主体的地位,为社会组织介入社会纠纷解决提供主体资格;二是完善案件分流机制,在各级人民法院与各级社会组织之间建立通畅的纠纷分流渠道,从正面扶持社会司法的正义面相;三是建立行政部门、司法机关、社会组织之间协同治理社会纠纷的多元机制,形成法治秩序共治、共建、共享的社会责任环境;四是严格诉讼审级制度,提高司法消费门槛,引导社会纠纷选择社会司法这个解决模式;五是建立社会司法纠错机制,在维护社会司法权威的同时,树立国家司法的正义旗帜。

第四节　从"治"法到"法"治:新政法关系的秩序建构

政法关系是新中国成立以来,在中国政治生活中备受争议而又不能被废止的"印章"。自1949年政务院成立政治法律委员会以来,政法委作为党内的一个职能机构,命运多舛,颇受非议[1]。冤假错案的最终形成往往与政法委的诟病联系到一起[2],改革政法委的呼声不断。然而,新制度尚未到位,急于破除旧制度可能会引起更为严重的后果[3]。

---

[1]历经1951年5月31日中央人民政府政务院、最高人民法院、最高人民检察署的联合指示《联政秘字第三五六号》,1958年中共第八届中央委员会决定成立中央政法领导小组,到1980年1月24日,中共中央发出《关于成立中央政法委员会的通知》,再经1982年《中共中央关于加强政法工作的指示》,1988年5月19日,决定撤销中央政法委员会,成立中央政法领导小组。直到1990年3月,中共中央又决定恢复设立中央政法委员会,终至1991年2月,中共中央成立中央社会治安综合治理委员会,下设办公室,与中央政法委员会合署办公。

[2]郭欣阳,张李丽."公检法联合办案"机制检讨[J].中国检察官,2009(11):50-52.

[3]侯猛."党与政法"关系的展开——以政法委员会为研究中心[J].法学家,2013(2):1-15.

　　客观地讲,政法委"联系、指导"①政法部门工作的职能演变为"联合办案的传统"②,有其特殊的历史背景。在以人民日益增长的物质需要同落后的社会生产之间的矛盾为社会主要矛盾的时代格局中,稳定与发展、秩序与统治、民主与集中三对关系的现实态势迫使政法关系由"联系、指导"变异为"联合、领导"。随着"我国社会主要矛盾已经转化为人民日益增长的美好生活需要和不平衡不充分的发展之间的矛盾",政法关系应适时调适。特别是随着司法体制综合配套改革的实施、监察体制改革的全面推进,政法关系必然要面对解决何去何从问题的体制性改革。因此,探讨政治生活新时代下的政法关系的基本定位、职能指向与重点工作,既是完善社会主义法治不可绕过的驿站,也是推进政治体制改革、促进依宪执政、提升社会治理能力现代化必须经过的环岛。

一、重构政法关系的定位

　　政法关系的基本内涵是指党权与法权之间的关系,即党的职能部门与政府的法律部门之间的关系。政法委是党委的下设机构,尽管"从新中国成立至今,党与政法的关系一直处于互动调适之中"③,但是政法关系的基本定位并没有改变,政法之间始终围绕"指导、联系"与被"指导、联系"的职责定位开展工作。由于"应该提倡各个部门相互和各个部门内部都围绕着中心工作而通力合作"④,实际上在"各级政法委员会是各级党委领导政法工作的助手、参谋"⑤的基础之上形成了政法直接的"领导"关系,从办案机关主动履行的案件请示转向政法委主动地过问,直至径达个别案件的案头关注。"各级政法部门则必须自觉地接受和争取党委领导,"⑥最终,希冀实现宪法中政法部门办案的"指导、联系"制度,形成了实践中的"审批"关系。1979 年,《中共中央关于坚决保证刑法、刑事诉讼法切实实施的指示》(中发〔1979〕64 号)明确规定"取消各级党委审批案件的制度"。然而,习惯于由政法委牵头的"大三长""小三长"的集中联合办案会议的惯性并未戛然停止。直

　　①1949 年《中华人民共和国中央人民政府组织法》第十八条规定"政治法律委员会指导内务部、公安部、司法部、法制委员会和民族事务委员会的工作。"而当时作为政治法律委员会主任的董必武和副主任的彭真同志,根据分工在党内还负责联系最高人民法院和最高人民检察署的工作。这就从工作实际上赋予了政法委的联系职能。1951 年 5 月 31 日中央人民政府政务院、最高人民法院、最高人民检察署的联合指示《联政秘字第三五六号》,文中则明确规定"省级以上人民政府内设立政治法律委员会,负责指导与联系民政、公安、司法、人民检察署、人民法院、人民监察委员会、民族事务委员会等部门的工作","专署级及县级人民政府有必要并有条件时,经省级人民政府批准,可逐步设立政法联合办公室,以便加强对政法工作部门的统一领导。"见于上海市人民政府办公厅《为抄送中央人民政府政务院、最高人民法院、最高人民检察署联合指示》,上海市档案馆馆藏,档案号 B26-2-3。
　　②郭欣阳,张李丽."公检法联合办案"机制检讨[J].中国检察官,2009(11):50-52.
　　③周尚君.党管政法:党与政法关系的演进[J].法学研究,2017(1):196-208.
　　④中共中央文献编辑委员会.彭真文选[M].北京:人民出版社,1991:213.
　　⑤乔石.维护正常的社会经济秩序始终是政法工作的头等任务[M]//乔石谈民主与法制(上册).北京:人民出版社,中国长安出版社,2011:117.
　　⑥乔石.加强和改善党对政法工作的领导[M]//乔石谈民主与法制(下册).北京:人民出版社,中国长安出版社,2012:174-175.

至 2004 年"国家尊重和保障人权"被写进宪法,政法委对案件协同的热情才逐渐消退①,但是在重大案件办理过程中依然能够闻到政法委过问的气息。

2013 年 11 月 12 日,《中共中央关于全面深化改革若干重大问题的决定》全面部署"深化司法体制改革"②。2014 年 10 月 23 日,《中共中央关于全面推进依法治国若干重大问题的决定》明确地提出要"保证公正司法,让人民群众在每一个司法案件中感受到公平正义,提高司法公信力"③。2015 年 10 月 29 日,中共十八届五中全会审议通过的《中共中央关于制定国民经济和社会发展第十三个五年规划的建议》强调要"运用法治思维和法治方式推动社会发展"④。2017 年 10 月 19 日,党的十九大报告中着重泼墨:"推进全面依法治国,党的领导、人民当家做主、依法治国有机统一的制度建设全面加强。"党的十八大以后,从依法治国到依宪执政的提出,新的执政理念与社会治理格局为政法关系重构确立了方向。新型政法关系将跳出"指导、联系"的政治窠臼,重构"监督、协同"的政法关系。

政法关系在司法体制改革进程中的制度安排最能体现政法关系重构的必要性。2003 年 5 月,中央司法体制改革领导小组成立,由中央政法委书记担任组长。政法委作为党"指导、联系"政法部门的最高级别专职机构,"指导、联系"并负责司法体制改革既是制度的安排,也是党领导一切改革的必然。2013 年 12 月 17 日,中央纪委常委、监察部副部长任中央司法体制改革领导小组成员。同月 30 日,"中央全面深化改革领导小组"(以下简称"深改小组")成立,由习近平总书记担任组长。一方面,司法体制改革领导地位的上提,说明党领导政法工作是"党政军民学,东西南北中,党是领导一切的"⑤具体落实;另一方面,政法关系不再是建立在"指导、联系"上的领导关系,而是必须坚持依法改革的法治思维,建构超越以"指导、联系"为基础的协同关系,并受到相关党纪国法的约束。"把善于运用法治思维和法治方式推动工作的人选拔到领导岗位上来"⑥,政法委选人用人的标准与工作机制的理念转变,说明中央对政法委长期以来干涉司法部门办案的现象持反对立场。而 2015 年 3 月 18 日起施行的《关于领导干部干预司法活动、插手具体案件处理的记录、通报和责任追究规定》,则从根本上把政法委干涉案件办理的可能性关进制度的笼子里。随着监察体制改革的全面推进,在政法关系中,不仅"政"与"法"被置于监察视

①周尚君.党管政法:党与政法关系的演进[J].法学研究,2017(1):196-208.

②中国共产党第十八届中央委员会第三次全体会议.中国共产党第十八届中央委员会第三次全体会议文件汇编[G].北京:人民出版社,2013:50-53.

③中国共产党第十八届中央委员会第三次全体会议.中国共产党第十八届中央委员会第三次全体会议文件汇编[G].北京:人民出版社,2013:41-48.

④中国共产党第十八届中央委员会第三次全体会议.中国共产党第十八届中央委员会第三次全体会议文件汇编[G].北京:人民出版社,2013:84-85.

⑤参见《中国共产党十九大报告》。

⑥参见十八届四中全会《中共中央关于全面推进依法治国若干重大问题的决定》。

野之下,而且"政法关系"也被置于监察范围之内。这既是党"加强和改善对国家政权机关的领导"的法治体现,也是政法关系在"完善党委领导、政府负责、社会协同、公众参与、法治保障的社会治理体制"中必须重构的逻辑。

政法关系的总体目标应是实现"共建共治共享的社会治理格局",因此,政法关系应是"务虚与务实"的关系。即政法委重在为政法部门营造良好的政法环境,政法部门重在"努力让人民群众在每一个司法案件中感受到公平正义"。"政法委员会是党委领导政法工作的组织形式,必须长期坚持。"①如此一来,政法委正式成为党直接领导政法工作的职能部门,其职能定位仅仅限于协调与统筹,取消具体工作指导职能,从而阻断从"指导案件"通向"干涉案件"的暗道,确保司法部门独立办案。虽然政法委的"协调"职能中包含"联系各方"的实际经验惯性,但是,这种"联系"已不再是政法委以商榷某个具体案件为目的的部门联合,而是代表一级党委针对政法环境需要解决非案件问题的宏观支持。政法委与政法部门之间基于目的同一性的协调,构成了法治国家、法治政府、法治社会一体化建设范式下的协同关系,即上下协同、内外协同、虚实协同、党政协同②的政法关系。协同的本质体现为政法关系在法治建设与司法体制改革中的持续性动态调整,而这种调整的目的在于不断地理顺、完善政法关系,更好地实现党管政法的宪法精神。

二、调整政法权能的指向

党的十八大之前,政法关系始终在制度上确立为"联系、指导",在实际的工作机制中,随着各个时期工作重心的改变,特别是党的执政理念的改变,政法关系也在进行符合时势需要的动态调整。然而,其基本的格调始终定位于统筹各政法部门的工作机制,运用"联系、指导"体制,整合政法部门的资源,集中办案。与此同时,运用归口管理③与党组形式,实现党对政法的领导,建立"治党法"与"党治法"的双轨运行机制,满足不同时期社会发展中遇到的政法问题对政法关系的诉求。"当代中国政法委员会制度的产生、发展历经了一个连续不断而又曲折多变的过程。"④回溯新中国成立以来,政法关系的动态调整一波三折,分合往复。直至十八届四中全会,在借鉴政法关系历时性与共时性展开的基础之上,明确了当下乃至以后很长时期内的政法关系的运行机制,"政法机关党组织要建立健全重大事项向党

---

①中国共产党第十八届中央委员会第四次全体会议.中国共产党第十八届中央委员会第四次全体会议文件汇编[M].北京:人民出版社,2014:59-60.

②此处党政协同是指政法委与同级政府之间的协同。

③1953年3月10日,中央印发了由政务院牵头起草的《中共中央关于加强中央人民政府系统各部门向中央请示报告制度及加强中央对于政府工作领导的决定(草案)》,把整个国家工作分为国家计划工作、政法工作、财经工作、文教工作、外交工作、其他工作等六个部门,习惯上每个部门被称为"口",由此形成了"口"负责管理架构,后称之为归口管理。参见:中共中央文献研究室.建国以来重要文献选编(第4册)[M].北京:中央文献出版社,1993:70-75.

④封丽霞.政党、国家与法治——改革开放30年中国法治发展透视[M].北京:人民出版社,2008:398.

委报告制度"①。

新中国成立初期,百废待兴,加强党的绝对领导、巩固政权是当时压倒一切的工作。其中,打击各种犯罪、镇压反动势力、获得民心支持决定了自中央到地方"可逐步设立政法联合办公室,以便加强对政法工作部门的统一领导"②。这与当时实行大区制领导体制是分不开的,"我们在大行政区和省设立政法委员会,就是为了帮助总的领导上解决政法部门的具体领导问题"③,而"目前情况下,……应该提倡各个部门相互间和各个部门内部都围绕着重心工作而通力合作"④。"通力合作"为后来"联合办案"⑤传统的形成,输入了遗传基因。这一政法关系运行机制不仅成为日后政法运行机制实行归口管理的基础,而且为党组工作机制的建立输出了实践理性。1990 年以后,政法工作围绕社会的综合治理实行合署办公。"两个委员会的办事机构试行合署办公,日常工作由政法委统筹安排。"⑥1998 年,《关于加强党委政法委员会执法监督工作的意见》(政法〔1998〕8 号)将"联系、指导"糅合"督促"之后转变为"执法监督"。党的十八大之后,中央政治局常委不再担任政法委书记,地方政法委亦随上而动,政法关系重在体现党委领导下的监督机制。党的十九大之后社会发展进入新时代,政法关系运行机制作为社会矛盾治理体系中的关键机制,因时而变,理在其中。

政法委的工作运行无论是从制度规定的角度还是实际运转的情况来看,自诞生以来,始终是党委领导政法工作的具体办事机构。尽管中央围绕党政之间的关系问题曾经发生过争执,但是,"党领导一切"的立场使得争论尘埃落定。⑦ 因此,剖析党领导具体政法工作的指导思想,能够反映政法关系的机制运行的价值取向,而价值取向则又在制度、法令当中得以体现、贯彻。"维护专政"是政法关系一以贯之的核心理念。新中国成立之初的主要任务是"建设人民的新政权"⑧,"强化人民

①参见十八届四中全会《中共中央关于全面推进依法治国若干重大问题的决定》。

②参见上海市人民政府办公厅《为抄送中央人民政府政务院、最高人民法院、最高人民检察署联合指示》,上海市档案馆馆藏,档案号 B26-2-3。

③董必武.关于改革司法机关及政法机关补充、训练诸问题[M]//董必武法学文集.北京:法律出版社,2001:127.

④彭真.关于政法工作的情况和目前任务(1951 年 5 月 11 日)[M]//论新中国的政法工作.北京:中央文献出版社,1992:26.

⑤1979 年,彭真针对全国城市治安综合治理情况提出:"为了能够及时地、准确地依法处理重大刑事案件,在今后一个短时期内,公、检、法三机关要在党委领导下,采取集体办公的方式办案,互相配合、互相制约,切实弄清案情,分头依法办理。"参见:彭真.关于整顿城市社会治安的几点意见(1979 年 11 月 22 日)[M]//论新中国的政法工作.北京:中央文献出版社,1992:201.

⑥乔石.牢固树立为经济建设和改革开放服务的思想(1992 年 1 月 20 日)[M]//乔石谈民主与法制(上册).北京:人民出版社,中国长安出版社,2012:298.

⑦刘廷晓.董必武在党政关系问题上的实践和探索——重读《董必武政法文集》札记[C]//董必武法学思想研究文集.2012(11).

⑧中共中央文献编辑委员会.彭真文选[M].北京:人民出版社,1991:212.

的……军队、人民的警察和人民的法庭"①是实现人民民主专政的基础建设。巩固新生政权的现实需要,决定了政法关系以"联系、指导"的形式实现党对政法工作的主体性管理。随着社会主义改造的全面深入拓展,主体性领导的作用逐渐聚焦。

十一届三中全会之后,虽然在 1979 年 9 月 9 日,中央在《关于坚决保证刑法、刑事诉讼法切实实施的指示》中"取消党委审批案件的制度"。但是,进入改革开放时代的中国社会面临着社会治安的严重恶化,1983 年的"严打"是针对这一现象开展的一场运动,出于治安形势的严峻和社会稳定的急迫,政法委牵头、公检法联合办案成为这一时期乃至很长一段时期的特殊关系,政法关系由"指导、联系"转变为"过问与汇报",再由"过问与汇报"发展到"审批与干涉"。政法关系出现历史倒退的现象,"党委与司法机关各有专责,不能互相代替,不应互相混淆"的政法关系理念至此发生了转向。1982 年 1 月 13 日,《关于加强政法工作的指示》提出"各级党委对政法工作的领导,主要是……监督所属政法机关模范地依照国家的宪法、法律和法令办事"②。政法关系运行机制中增加了"监督"元素,这为后来在依法治国的大格局中推动政法关系的法治化夯实了法治路基。

1999 年 4 月 15 日,《中共中央关于进一步加强政法干部队伍建设的决定》中规定"政法委员会是各级党委领导、管理政法工作的职能部门"。政法委作为职能部门的角色定位,决定了政法关系从实际上的管理与被管理关系转变为制度上的管理与被管理关系,理顺了政法关系的法治逻辑。虽然在地方上政法委的存在被贴上了干预司法的标签③,然而,其制度上的运行机制调整不应当被任性地否定。2014 年 10 月 24 日,中共十八届四中全会结合全面推进依法治国的时代特质,提出政法委的职能是"把握政治方向、协调各方职能、统筹政法工作、建设政法队伍、督促依法履职、创造公正司法环境"。政法关系运行机制不断反复调整的背后,起决定因素的并非党政关系的调整,而是社会主要矛盾的结构。人民日益增长的物质需要与生产力不发展之间的紧张,在发展的不同时期,"随着经济基础的变更,全部庞大的上层建筑也或慢或快地发生变革"④。社会矛盾治理格局的不断变化,驱动政法关系运行机制的不断调整。

2017 年 10 月 18 日,党的十九大报告指出:"我国社会主要矛盾已经转化为人民日益增长的美好生活需要和不平衡不充分的发展之间的矛盾。"社会矛盾治理格局的重构与社会法治建设的全面推进,要求政法关系运行机制应当及时做出调整,一方面,这是党"加强和改善对国家政权机关的领导"⑤基础之上的时代内需,另一

---

①中共中央文献编辑委员会.毛泽东选集(第 4 卷)[M].北京:人民出版社,1991:1426.
②中共中央文献研究室.三中全会以来重要文献选编(下册)[G].北京:中央文献出版社,2011:400.
③周永坤.论党委政法委员会之改革[J].法学,2012(5):3-13.
④中共中央编译局.马克思恩格斯选集(第 2 卷)[M].北京:人民出版社,1995:32-33.
⑤参见党的十九大报告。

方面,是"属于法律范围的问题要用法制来解决,由党直接管不合适"①的法治理念在社会主要矛盾转变之后的宪法责任。"在我国政治生活中,党是居于领导地位的。"②法治国家、法治政府、法治社会一体化建设在依宪执政的统领下,特别是社会主要矛盾的转变,为政法关系运行机制的调整确立了方向。政法关系运行的属性不再是以"指导、联系、协调"为主要职能的上下属性,而是以"维护、支持、监督"为主要职能的协同属性。在不同的环节与领域中,政法关系的动态运行又表现为不同的机制机构。

在具体的政法业务上,政法关系应以带头守法、支持司法为运行原则;在司法体制改革中,政法关系应以建设司法环境、营造法治氛围、建设政法队伍为运行指向;在对大案、要案、复杂案件的处理上,政法关系应以政策解释、安抚群众、监督司法的公正审判与执行为运行底线。特别是在司法体制综合配套改革全面展开之际,政法关系更要注重动态调整。"在中国党、政对司法的影响是历史构成的。"③综合配套改革中最为关键的环节不是司法系统内部的配套,而是司法系统外部体制改革的综合配套改革,其中,如何确保政法关系运行的法治化且能确保党对政法的绝对领导是司法体制综合配套改革能否达到既定目标的"关键词"。政法关系的法治化运行也是推动社会综合改革全面启程的保障。

三、转移政法工作的重点

政法关系的调谐与变频直接在政法工作的重点任务中体现出来,同时,政法关系中职能的倾向决定了政法的中心工作,中心工作即重点工作。在不同时期,中心工作的调整结果也就是重点工作的确定。社会主要矛盾转变之后,政法工作的重点任务也要与时俱进、适时调整,方能确保政法工作始终围绕依宪执政的政治理念,有效促进、推动政法部门的法治建设。

纵观新中国成立以来的政法工作几经变革的历程,不难看出政法工作在不同时期的侧重,而这种侧重又取决于当时社会发展的情势及其带来的各种社会矛盾。政法工作的重点任务可以分为巩固新生政权、实现无产阶级专政、为经济发展保驾护航三个大方面。"早期政治法律委员会的一项主要任务,是帮助建立各级国家政权和开展优抚救济。"④在 1951 年召开的政务院第八十四次政务会议上,彭真代表政治法律委员会提出当年工作任务中的第一项工作是"加强政权建设"⑤,其目标是"破旧立新"⑥。随着归口管理体制的形成,"政法委工作的关键是在政治思想和

---

①邓小平.邓小平文选(第 3 卷)[M].北京:人民出版社,1994:146.

②参见党的十九大报告。

③苏力.中国司法中的政党[M]//法律和社会科学(第 1 卷).北京:法律出版社,2006:283.

④侯猛."党与政法"关系的展开——以政法委员会为研究中心[J].法学家,2013(2):1-15.

⑤彭真.关于政法工作的情况和目前任务(1951 年 5 月 11 日)[M]//论新中国的政法工作.北京:中央文献出版社,1992:27.

⑥中共中央文献编辑委员会.彭真文选[M].北京:人民出版社,1991:212.

业务工作都要加强党的领导"①。依据 1954 年宪法中关于政法工作的规定,1956 年 7 月 6 日,中央政治局决定成立中共中央法律委员会。委员会只"办理中央交办的工作,研究法律工作的方针政策和各部门的分工制约等问题",但是"不受理具体案件",并严格要求"各有关部门(指政法各部门)的党组直接对中央负责"②。1957 年反右斗争持续发酵,至 1969 年人民法院被军事接管之前,政法工作的重点是贯彻党委审批案件的落实。③"现代政治……在不存在多个政党的时间和地点,也需要一个单一的政党。"④1978 年之后,进入改革开放时代的政法工作的重点由"专政的刀把子"转向"为经济工作保驾护航的利器",虽然没有摆脱工具理性主义,但是,却超越了政治意识形态的窠臼,并逐步凸显出部门职能分工精细化与具体工作专业化的法治理念。

"党委与司法机关各有专责,不能互相代替,不应互相混淆。"⑤为了促进国民经济迅速发展,中央提出党政分开。1987 年 12 月 16 日中央政治局讨论并决定撤销中央政法委员会。次年 5 月 19 日,正式撤销中央政法委员会,成立中央政法领导小组。1995 年中共中央办公厅颁布的 28 号文件对政法委的基本职责和任务重新做出规定:"组织领导政法部门和各有关部门打击各类严重犯罪,正确处理人民内部矛盾,保障改革开放和社会主义现代化建设的顺利进行。"为了加强社会主义法治工作,在 1997 年党的十五大之后,中央政法委员会颁布了《关于加强党委政法委员会执法监督工作的意见》(政法〔1998〕8 号),提出政法重点工作是监督。随着司法改革的深入,2003 年中央成立司法体制改革领导小组,政法工作重点偏向设计和指导司法体制改革。高速增长的经济指数与社会矛盾的多元复合叠加,"涉政涉法涉诉"信访工作压力呈现出前所未有的紧张,为了解决来自全国各地进京的信访潮,政法工作的重点转向信访处理。政法重点工作的本质是政治政策的实施。"实施法律是政治的功能。"⑥党的十八大之后,全面改革的格局推进为政法工作指明了重点任务。

"任何司法改革的良性运作都离不开正确的改革观,都必须首先树立正确的改革观。"⑦政法工作需要改革,但是其基础是要对政法制度本身有一个客观的评价。"分析有关政法委制度之文章,持否定观点者,主要是针对政法委的执法监督、协调重大案件等而来,其立论的理论基础无不是分权制衡思想,认为在权力没有分立的地方,就不可能有司法独立。"⑧类似的分析不在少数,其致命的硬伤在于将一个理

①《彭真传》编写组. 彭真年谱(第 2 卷)[M].北京:中央文献出版社,2012:73.

②《彭真传》编写组. 彭真年谱(第 2 卷)[M].北京:中央文献出版社,2012:140.

③参见景跃进. 当代中国政府与政治[M].北京:中国人民大学出版社,2016:126.

④[意]G·萨托利. 政党与政党体制[M].王明进,译. 北京:商务印书馆,2006:5.

⑤《中共中央关于坚决保证刑法、刑事诉讼法切实实施的指示》(中发〔1979〕64 号),1979-09-09.

⑥[美]帕森斯. 现代社会的结构与过程[M].梁向阳,译. 北京:光明日报出版社,1988:155.

⑦石少侠. 检察视野中的司法改革[M].北京:中国检察出版社,2011:1.

⑧易延友. 司法独立之理念[C]//陈光中. 诉讼法论丛(第 6 卷).北京:法律出版社,2002:53.

论前提作为政法制度的预设,却忽略了政法制度存在的社会基础与政治生态。"在实行政党政治的国家,政党是政治生活的核心,由于司法部门也是国家权力的重要部分,因此,政党也必然通过各种方式对司法活动发挥影响与制约作用。"①如果说党的十八大之后,"国家治理体系和治理能力有待加强"②,那么党的十九大之后,社会主义初级阶段进入发展新时代的转变,则开启了政法工作的新重点。国民生产总值稳步提升,居民可支配收入逐年提高,人们对美好生活的诉求体现在二次分配的矫正正义上。社会秩序的稳定性、公众的法律意识与安全指数要求不断提升,社会主义法治建设的中心任务是满足人们不断增长的法治环境需要。同时,作为法治建设的核心工作,司法体制综合配套改革与国家监察体制改革亦全面推开。党的工作重点之一是在各民族的团结中"找到最大公约数,画出最大同心圆"③,这是中国社会转型发展中发生质变的基础。"中国目前党政司法关系……是中国社会现代化转型的必然。"④承续党的重点工作部署是政法工作的基本理念与责任,因此,随着社会主要矛盾的转变,政法重点工作的确认与转向是"新时代"政法关系的必然选择。

政法的重点工作从最初的社会综合治理,中至社会维稳,再到党的十八大之后的社会治理现代化,始终围绕社会矛盾的法制化解决而不断调整,但是其重点工作的主要内容一直都是打击刑事犯罪及其相关改革。随着地方市场经济的日益繁荣,尤其是 1994 年以后实施的中央地方两级税制改革,政法工作已经触及民商事领域里的案件。"依法治国在党和国家工作全局中的地位更加突出、作用更加重大。"因此,全党的核心任务之一是"全面推进依法治国",而"党的领导是……社会主义法治最根本的保证"。所以,政法的重点工作应是全面贯彻依法治国在社会各个领域里的具体部署与执行。这一重点工作的内容在党的十九大报告中不仅清晰可见,而且赋予政法新的重点工作。政法委作为党实现政法工作纳入统一领导下的具体职能部门,其重点工作的方向与任务显而易见,可以概括为:自觉遵守宪法、带头尊法学法守法用法,融入法治建设、协同司法体制综合配套改革、监督落实司法责任制。⑤ 政法工作的重点既是推动全面法治建设的主体,又是在法治建设过程中被法治化的客体,这是政法工作与之前最为根本的区别。

政法关系是中国社会主义制度体系与中国政治制度体系彼此互通的职能关节,是马克思主义理论中国化与中国革命建设经验的历史结晶。政法关系从党领导全国政法工作的桥梁、枢纽、助手,转向法治建设的独立主体,这种转变既反映了

①洪向华.政党权威:一个关系政党生死存亡的重要问题[M].北京:中国时代经济出版社,2006:129.
②参见党的十九大报告。
③参见党的十九大报告。
④苏力.中国司法中的政党[C]//法律与社会科学(第 1 卷).北京:法律出版社,2005:272-273.
⑤《党的十九大报告》中提出各级党组织和全体党员要带头尊法学法守法用法,任何组织和个人都不得有超越宪法法律的特权,绝不允许以言代法、以权压法、逐利违法、徇私枉法。

政法关系根据党的中心任务而不断变化的运行机制,又折射出党的领导理念从政策管理转向法治统领的历史轨迹。社会主要矛盾的转变与党的中心工作的质变,推动政法关系从管理角色转变为协同角色,因此需要进一步理顺党管政法的法治关系,从而建立政法关系的法治秩序。

第五节　建构国家司法与社会司法协同的司法模式

尽管国家法律可以通过类型化的方法,实现社会纠纷类型化的司法终结,然而,国家司法依据的法律不能完全替代道德统领的范围,这就为社会司法留下了活跃的领地。无论是以解决纠纷为目的,还是以实施国政为目的的国家司法,在解决纠纷的过程中实现社会秩序的正义共识是司法的终极追求。追求绝对的证据原则和平等的两造对抗,会难以适应社会纠纷背后的文化纠结。在国家认同的前提下,国家司法仅仅是体现国家权威的手段之一。一味追求国家权威的建立,极有可能导致权威专制主义的形成。作为公共权力的政治承诺,国家司法仅适用于维护国家安全的纠纷,至于契约性质的社会纠纷应当交由社会司法解决。实际上,古代的宗族调解、邻里调解、长者调解与现代的人民调解、行政调解等均是社会司法的存在形态。"司法并不起源于国家,它在国家存在之前就已产生。"①只有在社会司法不能解决或者解决过程中出现暴力救济,从而影响到社会秩序的情势下,国家司法才能依法介入。

一、建构社会司法与国家司法对接机制的必要

一般而言,社会纠纷可以分为三类:一类是法律规定之外但违反道德评价的,如通奸行为;一类是违反一般法律但未触及刑法的,如民商事案件;一类是违背刑法的,如故意杀人。第一类纠纷属于法律调控之外的社会行为,法律没有理由主动介入,除非这类行为引发了新的并触犯法律规定的后续行为;第二类纠纷属于法律调控范围的社会行为,国家司法可以主动介入,比如法院既可以主动上门提供纠纷解决支持,也可以遵循"不告不理"原则;第三类属于国家司法必须介入的案件,公检法三机关按照宪法分工,依法履行责任。

不同性质的社会纠纷,应当采取与之对应的解决途径,使之符合纠纷产生的内在规律。并非所有的社会纠纷都是违法犯罪行为,比如家庭成员之间为析产而发生的扭打行为;也并非所有的违法犯罪行为,都需要通过国家司法才能得以解决,比如我国刑法规定的遗弃罪以及其他类型的家事案件,可以通过行政调解或者人民调解委员会得到解决;也并非所有的犯罪行为都必须经过完整的国家司法程序,

---

①[奥]尤根·埃利希.法律社会学基本原理[M].叶名怡,等,译.北京:中国社会科学出版社,2011:102.

才可以依法得到一份公正的司法判决,比如事实清楚、证据确凿的交通肇事案,可以通过速裁程序做出判决。从学理的意义上讲,纠纷性质的多样性暗含着社会纠纷解决机制的完成,而这也需要国家司法和社会司法的共同作为。

"作为国家权力的司法权逐渐向社会化发展,部分司法权成为社会权力,"①鉴于社会诚信体系的不断完善,除国家安全需要而必须依法惩治的重大犯罪之外,其他不同性质的社会纠纷,在当事人与国家权力的双向理性选择下,出于对社会交往效率的成本考虑,社会司法与国家司法可以在社会纠纷阶级集中运行的过程中,作为待选方案交由当事人选择,促成社会秩序的多元建构。

在通往实现纠纷解决正义的道路上,国家司法不仅通过国家强制解决社会纠纷,建立公权力公信,而且在解决纠纷的过程中,往往贯彻国家政策的实施,从而实现社会秩序稳定的政治意志。与国家司法相反,社会司法的基础不是国家强制力,而是被生活圈子中的成员认可并接受的契约共识,即某一纠纷对应的"历来的规矩"。因此,社会司法的目的具有唯一性,即解决社会纠纷。在纠纷解决的过程中,当事人选择的解决方案实现了双方利益的最大化,体现出各自的意志自由和利益共识,并为后来类似纠纷的解决提供了传统的先例。从社会族群秩序的稳定性来说,国家司法虽然解决了社会纠纷,但可能是"道之以政,齐之以刑,民免而无耻",社会司法不仅解决了社会纠纷,而且为建构"道之以德,齐之以礼,有耻且格"的基层社会秩序输入了自我的道德约束。

国家司法以维护公共秩序的规范正义为主旨,其目的在于保证多数人在安全的自由环境中享有充分的发展权,与其说解决纠纷是国家司法的任务,毋宁说解决纠纷是国家司法贯彻国家政策的载体。社会司法是以合理扯平当事人之间的利益需求为纠纷解决范式,往往排斥绝对的权利义务划分,多数情况下,主持公道的人更多地采用"退一步海阔天空"的传统文化劝说当事人,从而赢得"和合"秩序的生成,实现个人在熟人社会里"面子与地位"的统一。因此,当事人选择社会司法并非是因为不相信国家司法的公正判决,而是出于对"法律是一种地方性知识"②的依赖与自觉。就社会纠纷解决的目的而论,国家司法与社会司法具有一致性,因此,两者在解决社会纠纷机制的运行过程中可以联袂,合力建构国家安全与人的发展共同需要的社会秩序。

国家司法的介入意味着当事人权利自救手段的穷尽,但是,如果国家司法主动介入社会纠纷,就会带来高昂的社会治理成本,同时违背了国家作为公共管理机构应当自觉维护私权自治空间的政治承诺。国家司法的限度即为社会司法的边界,两者有效的衔接是社会纠纷解决机制运行顺畅的晴雨表,也是社会治理进程中主体意识自我法治化的培育结果。然而,由于社会纠纷的性质和类型存在着一定程

---

①郭道晖.法的时代挑战[M].长沙:湖南人民出版社,2003:420.

②[美]克利福德·吉尔兹.地方性知识:事实与法律之间的比较透视[C].邓正来,译//梁治平.法律的文化解释[C].北京:生活·读书·新知三联书店,1994:126.

度上的差异,很难界定一个稳定的标准作为国家司法与社会司法分担社会纠纷解决的衡量器。国家司法是对社会司法失灵的补救,虽然为纠纷当事人提供了另一种可供选择的纠纷解决方案,然而,由于国家司法与社会司法之间的线性关系,国家司法的出现不仅未能树立社会司法的权威,反而降低了社会司法的效能,不仅徒增了为之付出的社会成本,而且化解了纠纷解决的"个人知识"①问题,无形中弱化了维系基层社会秩序的传统力量。同时,国家司法也未因自身仰仗强制力做出的司法判决而获得绝对的司法公信,"合法不合理"往往导致涉诉上访。国家司法与社会司法的线性衔接模式,既不利于社会司法的发达,也不利于国家司法权威的尊严建立,还会因为社会司法与国家司法的双向参与而增加社会治理成本。

二、建构社会司法与国家司法对接的模式分析

人类社会纠纷解决的历史并非始于国家司法,国家作为主权概念,它的出现伴随着国家司法的分娩。无论是"强政府,弱社会"的工业革命时期,还是"弱政府,强社会"的现代社会阶段,国家司法从未完全将社会司法从社会纠纷解决领域中驱逐出去,反之,社会司法也未能因为基层社会秩序的稳定而具备与国家司法构成对立之势的能力。国家作为主权主体出现以后,国家司法与社会司法在不同的社会阶层发挥着各自的作用,由此型构了三种国家司法与社会司法并存的对接模式。无论国家司法与社会司法采取哪一种对接模式,解决社会纠纷都是两者追求的共同目的。一般而言,由于国家主权意志的发展目标不同,在不同的发展阶段,国家司法与社会司法分别被赋予不同的功能地位,并通过制度设计,调整两者之间的强弱松紧关系,从而在社会纠纷解决过程中,实现国家意志与私人意志之间的和谐。

纵观法治发达的现代国家,比如美国、法国等具有代表性的英美法系国家和欧陆法系国家,其国家司法与社会司法的对接模式在总体上可以概括为三种模式:一元结构模式、二元结构模式与双向转换模式。一元结构模式也可以称之为线性模式,即鼓励纠纷当事人首先选择社会司法,当一方当事人有证据证明其调裁人员存有不公正的事实时,再选择国家司法,通过诉讼解决纠纷的对接模式,如英国;二元结构模式,即国家司法与社会司法在社会纠纷解决机制运行过程中,针对不同性质的社会纠纷,各自分担责任的纠纷解决机制,如法国;还有双向转换模式,即在解决纠纷的不同阶段,根据当事人的诉求以及证据开示情况,允许当事人选择社会司法还是国家司法的纠纷解决机制,如美国。三种对接模式各有利弊,随着现代法治理念的全球化认可,美国目前通行的双向转化模式越来越受到各国的重视。其优点在于纠纷解决过程交由当事人、司法人员共同控制,司法人员随着当事人的契约转变自己的角色。比如,在美国的辩诉交易过程中,检察官主导辩诉交易时并不是国家公诉人员,而是普通的法律工作者,通过采取更改罪名和降低刑罚的条件,来提

---

① [英] 迈克尔·波拉尼. 个人知识[M]. 许泽民,译. 贵阳:贵州人民出版社,2000.

高刑事案件调处效率。一旦被指控人反悔辩诉交易的结论,那么检察官就由法律工作者转变为国家公诉人,按照公诉程序依法向法院提起刑事诉讼。在刑事诉讼过程中,倘若被指控人提出愿意接受辩诉交易,诉讼程序也可以中止,开通辩诉交易程序。同样,ADR 制度亦是如此。然而,其弊端同样凸显,即用当事人失去程序正义的代价,换来刑事司法的高效率。

一元结构模式建立在社会与国家统一的基础之上,是私权不完全自治与公权力适度干涉相结合的现代国家的司法机制,倾向于"大政府,小社会"模式的运行,如当下中国的诉讼制度中关于调解、仲裁与司法的衔接规定。一元结构模式虽然给予社会司法一定的自治空间,在社会纠纷解决过程中,社会司法亦能发挥"握手言和,一笑泯恩仇"的调裁效能。但是绝大部分经由社会司法调裁的纠纷,最终还是选择了把国家司法作为正义保险的终裁。自 1978 年以来,最高人民法院独自或者联合其他部门推行的系列调解制度饱受诟病。历史上"马锡五审判方式"留给后人的数据①也证明了在一元结构模式下,社会司法的适用有其限度,往往会被国家司法的强制性权威洗白。

二元结构模式的实质是把民商事案件与刑事案件绝对地分离,即凡属于以私人契约为基础的民商事纠纷,应交由社会司法居中调裁;凡属于以国家机关为公共秩序建立主体应当维护的关于人身财产权利的刑事犯罪,应交由国家司法依法判决,如法国司法程序设计中的社团法院制度;二元结构模式建立在社会与国家分立的基础之上,是以私权完全自治为前提的"大社会,小政府"的古典主义法治思想的体现。虽然从理论上讲,二元结构模式能够降低社会治理的总成本,满足社会成员最大的权利自治诉求,但是二元结构模式运行不能离开社会发达的法治意识和社会成员的高度自治意识,否则,强制性的社会司法极有可能导致暴力型"私力救济"②的泛滥。在社会正义建构的场域中,国家主体的缺失,必然会带来国家主权的失信。

当下中国族群的权利认知状态,尚未形成高度自治的法律意识,"他们受自己的生产力和与之相适应的交往的一定发展——一直到交行的最遥远形态——所制约"③。选择二元结构模式可能可以满足个人权利意志自由的向往,但由于传统的社会结构易遭受现代化的解构,国家司法与社会司法的二元运行机制必然会引发权利秩序的"失稳"。国家司法的缺位最终会导致"民怨"。诚如前文所言,当下中国的司法环境有着"走向权利时代"④的觉醒特征,但同时伴随着权利认知的发展呈现出"无理"的一面。国家司法既有的症结尚未得到根治,传统熟人社会中的自

①葛天博.重读"马锡五审判方式"[J].西南政法大学学报,2009(4):89-93.
②徐昕.通过法律实现私力救济的社会控制[J].法学,2003(11):86-93.
③马克思,恩格斯.费尔巴哈:唯物主义观点和唯心主义观点的对立[M].中共中央马、恩、列、斯著作编译局,译.北京:人民出版社,1988:15.
④夏勇.走向权利的时代[M].北京:中国政法大学出版社,2000.

治契约又被现代的公民权利所瓦解。如果采用二元结构模式,不成熟且不体系化的社会司法难以与正在深入推进的司法改革融为有机体,比如以调解为特征的民间调解、家事案件审理与庭审实质化改革之间的机制匹配。审级制度与司法责任制之间内部运行机制的协调等尚未彻底走出"脚痛医脚,头痛医头"的改革图景,司法改革衍生出的次改革层出不穷。由此可以推断,二元结构模式不仅不能促进社会纠纷的顺畅解决,而且会消解现代司法体制机制改革已有的成效。另外,若是采用一元结构模式,即现行诉讼制度下国家司法与社会司法的现行对接,除却增加了国家司法的运行成本与司法负担之外,既不能树立社会司法的权威,也不利于国家司法的公信力建设,经由社会司法的纠纷最终都涌向法院,有可能导致积案,发酵成"案多人少"的问题,不利于法官员额制与司法责任制的改革。

三、建构社会司法与国家司法对接机制的进路

与他国的对接模式比较,我国国家司法与社会司法采取的对接模式既非一元结构模式,也非二元结构模式,更不是双向转换模式。在现行的法律规定中,从形式上看,我国采用一元结构模式,从过程上看,社会司法与国家司法之间缺少过滤程序,使得当事人可以直接通过提起诉讼来否定社会司法的调裁,或者是把调裁协议视为合同,一方当事人不履行合同就应当按照违约处理。虽然维持了调裁程序的权威,但是实际上损伤了调裁公信,因为实体正义并未因为人民法院的刚性判决而得到实现。推进现代治理能力建设的中国社会需要符合经济、政治、文化发展的现代国家司法体制机制,更需要系统的、完善的、民间的社会司法组织及运行体制机制,它们共同建构了社会纠纷解决机制的全部内容。国家司法与社会司法的科学对接,是建成现代社会纠纷解决机制系统的关键所在。

在国家司法与社会司法并存的情况下,国家要通过立法形式建立完备的社会司法组织,严格规范程序,采取公推与自荐的民选方式,科学配置社会司法组织的人力资源,借助大数据下的征信系统,从社会信用和个人诚信的角度,强化社会司法的权威。社会纠纷复杂多样,其产生的机理亦表现出多元的状态,因此,国家要从立法角度界定社会纠纷的性质与类型,以便列举适用社会司法的纠纷类型。对于情节简单、事实清楚、争议不大、涉及人身权利能够以调裁方式被接受,或者一定额度内的财产纠纷,应规定法律工作者引导当事人选择社会司法,若有向人民法院提起诉讼请求的,人民法院应充分行使释明权,按照法定程序,根据当事人的证据开示与诉讼请求,将不同性质和类型的纠纷分别发往对应的社会司法组织,适用社会司法。

对于那些严重危害国家安全、侵犯公民人身和财产权利的违法犯罪行为,应当限制当事人选择社会司法的权利。与此同时,要建立社会司法与国家司法之间的转换机制。经由社会司法调裁的纠纷,双方当事人签订的调裁协议属于契约,如有一方当事人违背协议,另一方当事人若是起诉至人民法院,人民法院可以根据纠纷

事实,就违背协议的纠纷适用社会司法,也可以根据纠纷性质的严重程度,进入立案审判阶段,以国家司法的形式输出"矫正的公正"①。同一个案件,在接受社会司法调裁的过程中,若一方当事人提出的证据能够证明该纠纷属于国家司法的管辖范围,社会司法组织应当立即终止调裁,指导当事人完结起诉文书,依法向人民法院提起诉讼,接受国家司法的审判。同理,人民法院在审理案件的过程中,发现该纠纷可以适用社会司法的,应当及时行使法官释明权,将纠纷送至对应的社会司法组织。

就刑事案件而言,包括报案、侦查、起诉、审理、判决、执行在内的每一个阶段,只要不是涉及严重刑事犯罪和产生重大社会影响的案件,当事人之间有充分证据证明双方是基于自愿原则达成刑事和解的,人民法院应当及时将该案发至社会司法组织,接受社会司法的调裁。对于社会司法与国家司法两者均有管辖权的纠纷,应当完善社会纠纷解决机制立法,以国家法律的形式,引导纠纷当事人在社会司法与国家司法之间做出利益衡量,从而确定纠纷解决方案。

社会司法是国家司法的重要补充,在社会纠纷解决过程中发挥出维系传统、继承情理的社会文化功能,并能在缓解法理与情理之间的张力这方面发挥出国家司法无法发挥的作用。但是,社会司法的调裁仅有道德约束力,受制于社会成员的法律意识发育程度。一旦失去国家司法作为社会正义的最后一道防线的保障,社会司法内涵的自律与自治,就难以实现社会秩序的建构。因此,社会司法的培育、建设与发展可以分为三个阶段进行:第一个阶段依据现行诉讼制度关于社会司法的规定,建构完善的社会司法组织和完备的社会司法程序。第二个阶段建构社会司法与国家司法的双向转换制,建立系统的多重纠纷的解决程序,在法律工作者的引导下,交由当事人选择纠纷的解决方案。同时,司法系统应当为社会司法参与社会纠纷解决的过程提供可操作性的过滤转换程序,既要防止当事人随意消费社会司法成本,又要充分保障当事人自由选择解决纠纷方案的共识。第三个阶段即在社会成员的法律意识达到了高度自治时,实行二元结构模式,建立社会纠纷回归社会司法,公共秩序领域内纠纷交由国家司法的双系统并立体制机制。

第六节　矛盾纠纷多元多层解决体系的建构

法治不只是一种社会治理理念或者社会治理方式,也是在社会秩序建构中彰显的族群文化,经久之后成为规则。"这个规则首先表现为习惯,后来便成了法律"②,世代相传的习惯演变为公共的规范,公共规范并不排斥也无法排斥社会生

---

①[古希腊]亚里士多德.尼各马可伦理学[M].廖申白,译.北京:商务印书馆,2003:136-140.

②中共中央编译局.马克思恩格斯选集(第 2 卷)[M].北京:人民出版社,1975:538-539.

活中的"活法"。"法的发展的重心不在立法、法学或判决,而在社会本身"。① 现代法治建设必须忠实法律体系完备性、系统性的建设,否则,离开了法律体系的建设,现代法治建设就如同失去地基的大厦。法律是传统治理文化基因与国家现代治理意志的结晶,法律中蕴含的传统治理文化,必然会进入现代法治建设的进程之中,并由此引起传统治理文化与司法体制改革的张力。

一、社会纠纷多元调解:古代民事解决范式与现代调解体系的共识

我国古代在法律体系建构上,有刑民不分的特性;在诉讼制度上,则有实体法与程序法不分的特质;在刑事案件与民事纠纷的官方司法体系中,地方官员针对纠纷性质与内容采取区别对待原则。对于地方刑事案件,体现出职权主义的能动司法,地方官员不仅会主动派人打探管辖地域有无刑事案件发生,而且在发现刑事案件之后必须立即主动进入侦查、缉捕、追拿与审判。对于重大刑事案件或者案情复杂以及影响恶劣的刑事案件,地方官员一般要提请上级官员,由上级官员负责审理,类似于现代诉讼制度的管辖界定。如我国的《刑事诉讼法》与《民事诉讼法》,均对各级人民法院行使的案件管辖权做出了具体的规定。对于特别复杂的案件,甚至要层层奏请皇帝,再由皇帝指派三司、九卿、大理寺等最高级别的司法机构审理案件。

对于地方百姓民事纠纷,在我国古代自西周之后至 1949 年成立新中国之前这一长达数千年的历史时期里,民事纠纷解决在官方司法体制中均体现为秉持"不告不理"主义的被动司法,同时充分发挥在家族、族群中享有公道声望的长者、乡绅与告老还乡官员的影响力,秉承传统道德,风俗习惯、家族法的自治,实现基层社会秩序的民事纠纷的自我解决功能。一般情况下,民事纠纷多数交由地方里长、乡绅与长者或者告老还乡官员裁断,依靠历来的规矩以及裁断者的"个人知识",从维护地方秩序的圈层文化出发,通过道德说教、众人评理,乃至放逐恐吓等方式,达到民事纠纷解决的地方化处理。古代历代王朝不仅鼓励地方声望人物担负起维护乡间秩序,模范遵守伦理规范的道德义务,而且通过官方与民间的隐性分工,特别强调邻里纠纷、家事纠纷的非官方化解,这在无形中建构了民事纠纷分层解决机制。但是,对于田地、契税以及土地执照等民事纠纷,官方不仅接受了当事人不服民间调裁的起诉,而且在遇到重大典型案件时还会主动揽案,从而树立国家律例的权威和地方官府的公正形象。

社会纠纷的多样性与多元化,决定了社会纠纷分层解决体系建构的必要性与可行性。改革开放以来,民事纠纷与刑事案件的发生率不仅在数量上呈递增特征,而且在类型上也是层出不穷。因此,构建多层次的纠纷解决体系,成为司法改革回应社会对司法正义的呼声的主要进路之一。调解作为一项传统的解决纠纷方式,在承袭传统治理范式的同时,也经历着现代法治社会的洗礼。最高人民法院联合

---

①[奥]尤根·埃利希.法律社会学基本原理[M].叶名怡,等,译.北京:中国社会科学出版社,2011:1.

其他司法机关、行政机关与基层自治组织,建立了人民调解、行政调解、司法调解以及诸多部门联动的大调解网络体系,大力推行"马锡五审判方式""陈燕萍工作法",在总结多年调解经验的基础上,全国人民代表大会常务委员会审议、通过并决定于2011年1月1日起实施《中华人民共和国人民调解法》,从国家法律的角度规范调解并为之提供制度保障。同时,各地人民法院加强基层法庭建设,改善法庭装备,配置足额司法人员,结合当地基层社会情况,创新巡回法庭、田间法庭、社区法庭的"送法"形式,为人民调解注入了国家法律意图,促进人民调解功能的发挥,民事纠纷多层次解决的体系框架基本形成。

二、刑事案件分层体系:传统刑事司法分案与刑事司法改革的耦合

自夏商周以来,历代王朝一直遵循着刑事案件分层审判的制度,并因此传统而形成了治理文化的传承。但是,自元朝以降,在边疆地区以及少数民族地区,比如广西、云南、四川、贵州、川藏沿线、青海、甘肃等省份地区,因推行土司制度、羁縻制度与卫所制度,边疆地区的刑事案件一般交由地方土官处理,中央王朝不干涉地方土官的刑事审判权。直至清雍正时期改土归流政策的实施,清王朝才对边疆地区的刑事案件进行了有限的干涉。其目的不是输出中央王朝的司法正义,而是促使律例统一实现中央王朝对地方土官权力的监控,从而更好地实现国家认同的政治方略。尽管如此,边疆地区亦呈现刑事案件的分层审判,地方审判权与中央审判权之间,基本上以案件性质为标准划分了两者介入刑事案件的界线。在新中国成立之前,对于边疆地区土官管辖地区的刑事案件,民国政府依然沿袭旧法。

刑事犯罪的类型与性质在具体案件上存在鲜明的差异性,所以针对不同形态的刑事案件,应当提供不同形态的诉讼程序。根据犯罪主体,我国结合成年人与未成年人的犯罪心理,制定了关于未成年人刑事审判的程序,并在各级人民法院建立未成年人法庭;根据案件情节与事实和证据的开示程度,我国就简易程序的适用做出了具体规定。大量的司法实践证明,调解不仅可用于民事纠纷,而且在案情简单、危害不大、事实清楚、双方当事人争议不大的刑事案件中也有很广泛的适用空间,比如家事案件、交通肇事案以及轻微伤害案件中的民事赔偿、量刑轻重等。刑事和解不仅有利于国家迅速实现打击犯罪,建构公众安全的立法目的,而且有利于教育犯罪分子,促进其悔过自新,走向新生,实现法律教育功能与惩戒功能的统一。就此而言,多层次刑事诉讼程序体系建构的迹象逐渐显露。

2017年7月11日,最高人民法院在全国高级法院院长座谈会上提出:将全面推进以审判为中心的刑事诉讼制度改革,全面规范刑事审判程序,特别是在庭审程序的基础之上,推动构建具有中国特色的多层次刑事诉讼程序体系。[①] 同年7月

---

①罗沙.最高法:推动构建具有中国特色的多层次刑事诉讼程序体系[EB/OL].(2017-07-11).[2017-08-08].新华网,http://m.haiwainet.cn/middle/3541089/2017/0711/content_31014356/html.

20 日，最高人民法院等 15 个部门颁布实施了关于《建立家事审判方式和工作机制改革联席会议制度的意见》，进一步推动多层次的刑事诉讼程序体系走向完善，而此前的多项改革举措①，则把中国特色社会主义多层次的刑事诉讼程序体系的建构推向了历史高峰，其中的司法规律亦是不言而喻。

全面推进司法改革隐含着传统经验与现代改革的张力，司法改革不只是现代法制体系与现代法治理念的结合与实施，还是传统治理文化与现代治理方式的融贯。司法改革取得的成效证明：司法改革不能抛弃传统治理文化型塑的族群基因，反之，更应当充分地被挖掘、吸收，并与当下的社会意识通过法治得以固化、传承，使之转化为现代治理范式下建构社会秩序的有机要素。因此，"要遵循司法规律"②，是明德慎罚的传统经验与司法为民的现代理念融合的基本原则。

自夏朝《禹刑》以降，中国古代历时近三千年的司法政策集中表现为"明德慎罚"，即社会纠纷解决不止步于利益的二次分配正义，还要在社会纠纷解决的过程中，教育当事人的认知良知，并通过体恤性的惩罚实现道德教化的价值追求。"明德慎罚"这一传统治理理念在我国的民事司法制度和刑事司法制度中亦有体现，如调解制度与"少杀、慎杀、慎捕"③的刑事司法政策。然而，现代司法改革强调诉讼程序的证据责任、法官的审判责任以及对当事人法律意识的塑造，一味地强调权利义务的对等性与诉讼程序中的对立性，会忽略传统伦理道德对于基层社会生活的心理浸淫和深度内化。法官释明权被局限于法律具体适用的解释囿围，调解协议则以法律规定为限制性边界，一切社会纠纷的解决均被严格地套在西方权利义务的话语体系之中。这就导致司法秩序的建构陷入困境，一方面，传统的社会纠纷解决机制逐渐式微，另一方面，现代的司法体制改革也未生成符合社会样态的法治信用。

"现代性孕育着稳定，而现代化过程却滋生着动乱。"④失去把传统作为基础的现代化过程，必然会造成其的不稳定性，社会纠纷解决机制的现代化建设亦是如

---

①2014 年 8 月，全国人大授权在 14 个省的 18 个地区开展刑事速裁程序改革试点，最高检会同最高法、公安部、司法部发布了《关于在部分地区开展刑事案件速裁程序试点工作的办法》，在认罪认罚从宽制度试点工作取得积极进展的基础上，2016 年 6 月和 7 月，中央全面深化改革领导小组先后审议通过《关于推进以审判为中心的刑事诉讼制度改革的意见》和《关于认罪认罚从宽制度改革试点方案》。同年 9 月，全国人大常委会第 22 次会议审议通过了《关于授权最高人民法院、最高人民检察院在部分地区开展刑事案件认罪认罚从宽制度试点工作的决定》。

②习近平.坚定不移推进司法体制改革，坚定不移走中国特色社会主义法治道路[R/OL].(2017-07-10)[2017-08-24].新华网，http://news.xinhuanet.com，2017-08-24.

③毛泽东选集(第 4 卷)[M].北京：人民出版社，1991：1271；毛泽东.论十大关系[R]，1956-04-25；毛泽东.镇压反革命必须实行党的群众路线[R].1951-05-15.自 1983 年"严打"始，死刑复合权下放到高级人民法院，2007 年 3 月 9 日，最高人民法院、最高人民检察院、公安部、司法部印发《关于进一步严格依法办案确保办理死刑案件质量的意见》的通知，收回死刑复合权。自 1949 年新中国成立之初至今，我国始终坚持"少杀、慎杀、慎捕"的刑事司法政策。

④[美]塞缪尔·亨廷顿.变化社会中的司法秩序[M].王冠华，等，译.上海：上海人民出版社，2008：32.

此,惦记着传统才能走在现代化的路上。因此,强化在司法体制改革中融入"明德慎罚"的传统治理理念,深度融合权利义务意识与"明德慎罚"教化。一是从司法制度体系的建设上充分吸收"明德慎罚"的司法理念,二是从司法程序体系的设计上最大限度地彰显传统道德的力量,三是在司法判决执行的程序建构上要体现传统道德义务的自治特质。同时,要维护传统的自治力量和社会组织在社会纠纷解决体系中的独立作用,为社会司法的功能发挥从供给侧提供充分的国家保障。

三、培育纠纷自治文化:国家司法为主与社会司法为辅的联姻

传统诉讼观念的现代继承与转化需要发达的社会组织的支持。社会组织在基层社会纠纷解决中的权威地位和公信程度,是传统治理文化与司法体制改革的融合、建构社会纠纷分层解决体系的基石。重视社会组织的建设,努力提升基层社会组织的自治地位和权威,是我国法制体系建设中的重要组成部分。早在1954年,我国就颁布实施了《城市街道办事处组织条例》①,该条例一方面加强了城市的居民工作,密切了政府和居民的联系,另一方面,赋予了街道办事处承担社会纠纷解决的地方性自治义务。《中华人民共和国城市居民委员会组织法》与《中华人民共和国村民委员会组织法》两部关于基层社会组织自治的法律,由于缺失系统地规范其参与、主导或者调裁社会纠纷解决的相关程序与权限,导致居民委员会和村民委员会成为基层政权组织,其现实的行政职能与自治的调裁功能之间存在内在的紧张。

国家司法的强硬,使得自治的调裁功能这一具有高度自治力量的民间权威于无形中受到损伤。基层政权的下沉和基层社会秩序的权力建构,同样导致基层自治组织的调裁药方失去"疗效"。因此,在着力推进现代司法体制建设的同时,要完善基层社会组织主导社会纠纷调裁的自治功能与权威保障,应当及时修改上述两个组织法:一是要转变基层治理理念,把政治领导与秩序自治有机地统一起来,通过国家立法确保基层社会自治与法治;二是要充分加强基层社会的人权教育,把权利诉求与义务履行映射于法律道德规范之内,通过对传统文明的继承实现基层社会秩序的自我修复,随着传统不断被现代刷新,新的现代成为更新的现代的传统,先前的司法规律,成为后一阶段司法规律的形成基础,并表现出新的阶段性。明德慎罚的司法理念与治理主张,作为我国传统社会治理的基因,应当被坚定地继承,这是中华法系的根本特征,更是中国现代法治建设的不二选择。司法改革应围绕明德慎罚的司法正义观,建构符合我国社会生活情理、事理、法理的司法制度体系,把政策实施与纠纷解决、道德教化三者有机地融为现代社会治理技术,实现社会现代化与治理现代化同步、依法治国与以德教化协调发展的治国方略。

---

① 1954年12月31日全国人民代表大会常务委员会第四次会议通过该条例,1954年12月31日中华人民共和国主席令公布。2009年6月27日第十一届全国人民代表大会常务委员会第九次会议决定废止该条例。

结　论

　　司法秩序建构的过程,是权威树立的过程。权威是国家、社会、民众之间的利益角逐的裁判者,权威的存在以权力为前提,而权力从其根本的意义上讲,源于部分权利的公共化。因此,国家权力是国家权威存在的前提,而国家权威则是国家权力使其成为国家权力的象征。在社会、民众与国家之间发生竞争的不是权力,而是权威。一旦社会或者民众拥有了权威,就意味着国家权力失去了稳定性。就此而言,国家如何通过树立自身的权威,提高社会、民众的服从度,从而实现国家秩序的稳定,继而提高国家权力的稳定性,是推行一系列政策的根本目与终极目标。在国家实施社会控制的过程中,不仅要能够控制资源的所有及其分配,而且要拥有绝对服从的系统化官僚体制。其中,司法系统是整个官僚体制中的重要组成部分。司法系统的功能在于代表国家输出最后的正义,但是这并不意味着司法系统输出的正义一定是社会、民众认同的正义,也不意味着只有司法系统才有本领输出正义。实际上,司法系统输出的正义集中表现在诉讼体制机制的运行及其结果中。然而,面对任何一项纠纷,其他官僚系统同样能够输出令人信服的正义。正义与否的关键在于纠纷解决意见是否具有合理性而非合法性,以合法性为标准的正义实质是强者的正义,而强者的正义是没有权威的。因此,司法正义的权威性在于司法机关从形式上呈献给社会、民众一幅独立的图像。正是这幅独立的司法图像,隐藏着国家贯彻政策、控制社会的秘密。然而,由于民众相信一视同仁等同于平等,而平等则是正义的前提,所以司法被社会、民众信奉为正义的最后使者。社会、民众通过司法实现权利义务的恢复,而国家则通过司法获得稳定的秩序和公信的权威。

一、司法理论研究的定位、对象与调整

　　正义不能离开稳定的秩序而自存,司法正义需要稳定的司法秩序,稳定的司法秩序的表征是司法系统拥有能够按照既有的司法程序运行独立审判的权力。然而,司法审判的独立性无法生成司法秩序的独立性,司法秩序与其他官僚体制机制的运行秩序共同构成了国家权力的运行秩序。所以,国家要建构某种类型的司法秩序,就其功能上来讲,并不妨害社会、民众获得司法正义。但是,由于司法秩序的建构触动了其他官僚体制机制的运行秩序与权威公信,因此,司法秩序的建构实则是国家权力系统内部不同官僚体制机制运行秩序的调整与重构,并持续地贯穿着权威的多元性与唯一性之间的博弈。如果仅仅把司法视为社会纠纷解决的官僚体

制,那么司法的纯粹性通过社会、民众对于司法正义的认同即可促进司法秩序的"性善"。司法作为国家权力控制社会的工具之一,不可能也不能成为纯粹的自传体,所以没有不为国家服务的司法。这就决定了国家建构司法秩序一定是为了更好地控制社会,从而维护国家的存在和发展。

当代中国是一个发展中国家,在西方世界强国早先发达工业百年之久的竞争态势下,特别是意识形态领域里的颜色革命在部分社会主义国家取得了成功的情况下,当代中国必须坚持"发展才是硬道理"的改革开放路线。这也就意味着当代中国必须拥有强有力的国家控制能力,并借此调动一切资源,集中力量构筑在世界政治、经济、文化、社会图景中的制高点。因此,司法秩序的建构必然要为政策的贯彻实施开通道路,这决定了当代中国司法秩序建构的正义立场是以国家正义为主,个体正义为辅的正义观。"迎头赶上"与"弯道超车"的经济学观点,在司法秩序建构的过程中起到了指引国际接轨的作用。然而,由于国家权力结构的殊情,在以司法改革为主旋律的司法秩序建构过程中出现了不利于国家权威树立的声音与举措。这些声音与举措的产生,既有国际政治与国家政治的关系被割裂的原因,也有西方现代司法秩序建设理论被误读的原因,同时还有理论研究与现实条件差配的原因。这些原因引致的后果则是曲解国家司法的政治功能,肢解我国权力格局一体化的人民代表大会制度,强化西方中心主义的理论意识,并从社会底层腐蚀我国传统的司法文化。应当说,关于司法理论研究与关于诉讼制度、诉讼立法理论研究的以西方马首是瞻,是司法秩序建构不尽人意的主要原因之一。

关于司法理论研究的学问,姑且称之为司法学;关于诉讼理论研究的学问,通说界定为诉讼法学。无论是从概念的属种位阶上讲,还是从研究对象的指向上来讲,司法学研究涵盖了诉讼法学一般理论的研究范围。通俗一点说,司法学为诉讼法学的理论研究提供了哲学思辨,而诉讼立法则是司法学的哲学思考在规范创设过程中的反映与贯彻。从制度学结构的层次而言,司法制度与诉讼制度为上下位阶关系。可以把司法制度视为法的适用的制度框架,而诉讼制度则是司法制度框架内具体的容物。我国法学学科结构体系中缺失对司法学的独立思考与建设,尽管法理学在某种程度上指导了司法改革与诉讼立法,但法理学研究的对象与范畴远离了司法实践的具象,因此,指导司法改革与诉讼立法的理论需要成就了西学东渐且登上释放话语权的舞台。西方关于诉讼立法与诉讼实践的基点是个人权利的维护或者矫正,比如德国的诉讼理念表现为"止纷",美国的诉讼理念表现为"定争"。当代中国数千年来诉讼立法与诉讼实践的基点都是家庭、社会、国家秩序的一体化,比如"德化"在定纷止争过程中的基础地位。指导诉讼理念的差异,必然带来司法改革的理念与方式方法的差别。尽管当代中国在司法秩序建构过程中遇到的问题与西方发达法治国家在此过程中遇到的问题具有形式上的雷同之处,然而,由于产生问题的经济、政治、文化和社会背景不同,针对类似的问题采取的措施也迥然不同。相同的措施在不同的国度里产生不同的效果,东施效颦的司法改革现象并不少见。尽管如此,指导司法改革的理论研究依然沿袭过去的路子,即西方理论改良主义。造成西方理论继续作客的原因是当代中国学界对于社会主义司法理论研究的不屑,恰好是这种不屑,为西方理论的输入与驻留打开了缺口。

司法的根本目的在于维持政治力量的平衡,提高国家控制社会的能力。司法改革的目的在于促进人民主权下的"以人民发展"为中心的司法秩序建构。诉讼价值必须体现司法秩序建构的实质性要求,而诉讼实践不仅要贯彻国家发展的政策导向,而且要促进公平正义的合法实现。因此,中国特色社会主义司法理论应以如何建构国家整体秩序与推进国家整体发展为对象和任务,诉讼立法与诉讼实践应以这一价值为指导公平正义实现的理念。这就要求学界既要从宏观上研究社会主义司法的价值与功能,又要在微观上研究社会主义诉讼的制度与规范。比如,诉讼实践中如何建构由法官、当事人、案外人与社会志愿者构成的作业共同体,通过完善的法律体系促进对案件事实的发现、达成案件判决中的正义共识。这既是"以审判为中心"的改革需要研究的内容,也是实现司法公正与司法效率齐眉并举的有效措施,同时更是建构司法秩序所要关注、探索与研究的视域。把诉讼立法、诉讼实践、司法改革从司法秩序建构的政治语境中剥离出来,背离政治体制追求的价值与目标而设计司法改革方案,实施诉讼立法与指导诉讼实践,不仅消解了司法的政治本分,而且偏离了国家的政治安排。导致这一改革思维与诉讼路径偏离于司法逻辑的根源在于司法哲学研究的匮乏,而且这一匮乏直接导致诉讼法学研究以及诉讼制度、诉讼立法与诉讼实践与当代中国社会意识的割裂,从而造成司法改革的大词与诉讼审判的细节之间总是发生抵牾。因此,体系化推进社会主义司法理论的研究已迫在眉睫,而推进司法哲学的研究,更是重中之重。

哲学是各门学科建构的基础,司法学的建构亦不例外。因此,司法学的研究须以司法哲学的建构作为起点,而哲学研究务必区分先验逻辑的普适性与事实认知的特殊性。如果说先验逻辑的普适性是关于人的本体研究,那么事实认知则是关于人、社会、国家之间关系的特殊思考与历史实践。当代中国推进的法治建设与司法改革是事实认知,体现了国别、民族、文化与传统的特殊内涵。认真梳理总结当代中国司法秩序建构过程中的事实,反思诉讼制度、诉讼立法与诉讼实践中出现的价值、功能与作用的冲突、对立与差异,应是建构中国特色社会主义司法哲学的出发点。回顾四十年司法秩序建构的历程,在理论研究与实践探索之间存在三个问题:第一,西方理论建构的逻辑前提是否与当代中国司法秩序建构的前提具有一致性。如果不具有一致性,那么,针对西方理论的解读应当成为我们认识西方司法实践的指南,而不应当成为指导我们推进司法改革的模板。第二,中国特色社会主义司法理论建构的逻辑前提是否与当代中国特色社会主义事业建设的前提相一致。如果不一致,那么,针对司法改革、诉讼立法、诉讼实践而提出的理论支持,应当仅仅被视为一种学术上的自足,而非评价司法秩序建构是否成功的标准。第三,推进司法秩序建构的方案设计根据与现实生活中人们对于司法公正与司法效率的认同根据是否具有一致性。如果不具有一致性,那么,应当把方案设计视为推动具体事务发展的原则,而非指导具体业务的措施。上述三个问题的产生,绝非是理论研究基础和环境条件孱弱所致,而是研究者怀疑中国特色社会主义司法理论立场的结果。除此之外,司法理论研究的方法论研究也需要得到进一步的重视与深入研究。

二、司法理论研究方法的建构

"司法是法治的重要环节,中国司法是中国社会主义法治事业的有机组成部分。"①司法改革的目的决定了司法改革的方向与技术,"司法改革的根本目的是解放和发展司法能力,更好地满足广大人民群众的司法需求。"②这既是司法改革的目的,也是司法改革的任务。毛泽东曾有生动的说明:"我们不但要提出任务,而且要解决完成任务的方法问题。我们的任务是过河,但是没有桥或者没有船就不能过。不解决桥或船的问题,过河就是一句空话。不解决方法问题,任务也只是瞎说一顿。"③改革是一项系统工程,必须坚持马克思主义历史唯物辩证法。"研究司法改革,不仅应当研究司法改革的内容,而且应当研究司法改革的方法。"④只有采取正确的司法改革的方法,才能保证科学的司法改革成效。

"从司法改革的国际经验和我国发展历程来看,司法改革的方法问题亟须解决。"⑤"正确推进司法改革,就是要坚持改革的政治方向;准确推进司法改革,就是要认真执行中央的统一部署和统一要求,有序推进司法改革,就是不要抢跑中央的统一部署,协调推进司法改革,就是注重改革的关联性与耦合性。"⑥"许多决策的制定必然面临难以排除的不确定性"⑦,这些不确定性,要求我们在研究司法改革的方法过程中,一定要充分坚持系统论方法、重点论方法、矛盾论方法与比较论方法的综合运用。

(一)司法改革的系统论方法

当代中国的司法改革是"自主型改革"⑧,但这并不妨碍对国外先进经验的借鉴。然而,"我们的现代化建设,必须从中国的实际出发。无论是革命还是建设,都要注意学习和借鉴外国经验。但是照抄照搬别国经验、别国模式,从来不能取得成功。"⑨司法改革的推动力从根本上讲源自政治体制改革,十一届三中全会认为:

①张志铭.社会主义司法理念与司法改革[J].法律适用,2006(4):2-4.

②张文显.人民法院司法改革的基本理论与实践进程[J].法制与社会发展,2009(3):3-14.

③毛泽东.毛泽东选集(第1卷)[M].北京:人民出版社,1991:139.

④熊秋红.司法改革中的方法论问题[J].法制与社会发展,2014(6):23-25.

⑤汤火箭、杨继文.司法改革方法:比较、问题与应对[J].四川大学学报,2016(1):48-56.

⑥倪寿明.凝聚司法改革的四点共识[J].人民司法,2014(1):1.

⑦[美]安东尼·唐斯.官僚制内幕[M].郭小聪,译.北京:中国人民大学出版社,2006:79-80.

⑧公丕祥.当代中国的自主型司法改革道路——基于中国司法国情的初步分析[J].法律科学,2010(3):40-55.

⑨邓小平.邓小平文选(第3卷)[M].北京:人民出版社,1993:2.

"我国经济管理体制的一个严重缺点是权力过分集中,应该有领导地大胆下放,让地方和工农业企业在国家统一计划指导下,有更多的经营管理自主权,应该着手大力精简各级经济行政机构,把它们的大部分职权转交给企业性的专业公司或联合公司。"政企分开不是简单的经济制度改革,而是中央权力从经济领域里主动退让的自我改革,这对于当时公有制与集权观念一统社会意识的中国社会来说,实际上拉开了政治体制结构性改革的大幕,为经济体制改革扫清了来自政企一家的旧观念。经济体制改革带来社会族群主义的解构,特别是经济纠纷在道德领域里的"脱序",这迫使人民开始向政府寻求正义的支持,法院从可有可无的机构一下子转变为主持公道的青天。蜂拥而来的经济纠纷案件推动了民事证据改革,也推开了中国司法改革的黉门。

"法律一开始就明显不仅仅是法律问题,而同时也是政治问题、社会问题、历史问题和文化问题。"①司法改革也不仅仅是司法自身的内部改革,更是牵扯到政治体制、社会结构、历史传统与文化发展等国家治理改革体制机制的系统性改构。"司法体制改革必须同我国根本政治制度、基本政治制度和经济社会发展水平相适应,保持我们自己的特色和优势。我们要借鉴国外法治有益成果,但不能照搬照抄国外司法制度。"司法改革必须坚持自力更生,系统考虑、统筹安排,才能有序推进。"司法永远不能同政治、经济相脱离。"②新一轮的司法改革比较以往最为突出的特点是,本轮司法改革起于中央最高决策层的顶层设计,诸多政策与制度集中指向有利于司法公正的内外环境建设,从宏观、中观与微观层面上对司法权能、司法资源与司法责任在高级人民法院、中级人民法院和基层人民法院以及各级人民法院内部法官的主体层级上进行解构与重配。其中,又以司法责任制度的强势推行带动其他各种制度的改革与建设,这对于化解"审判的'集体决策责任扩散'机制,销蚀由司法机关内外不确定因素造成的脆弱平衡"③起着足够的制约作用。

然而,保障"审判独立"的锐利改革在实现独立审判以及"让人民群众从每一个案件中都能感受到公平正义"的目标的同时,会不会促使"司法独立"的不经意实现,并倒逼政治体制改革,以及这种情势下政治体制改革该往哪改,怎么改都是值得商榷和担忧的现实焦虑。尽管党的十八大之后,司法改革已从"司法机关中心化、突破现行立法进行改革、司法机关各自为政"④的司法改革误区中走了出来,"司法体制改革作为政治体制改革的重要组成部分,无论是从政治实力还是从权力配置角度来看,它都具备成为改革突破口的条件"⑤。司法改革之所以成为政治体制改革的突破口,根本原因在于经济体制改革已经超越了政治体制改革,并对政治

①梁治平.法律的文化解释[M].北京:生活·读书·新知三联书店,1994:6.
②范明志.当前司法改革的方向与逻辑[J].法制与经济,2016(8):30-31.
③王亚新,李谦.解读司法改革:走向权能、资源与责任之新的均衡[J].清华法学,2014(5):101-113.
④吴卫军.当前中国司法改革的三大误区[J].政治与法律,2005(1):126-130.
⑤蒋银华.论政治体制改革背景下中国司法改革的路径选择[J].南京社会科学,2015(12):83-89.

体制改革时间表施以无形的压力。执政权威正在被发达的经济关系所动摇,社会不满的情绪中包含了长期以来积压的对司法不公的不满,在各种民主思潮、自由人权观念的组织下,执政党形成了前所未有的危险高压。通过司法改革消解社会怨气并重塑执政权威是最好的选择。一方面通过司法改革,可以释放社会压力,收拢民众的目光,将其目光聚焦于公平正义实现的改革支持;另一方面,司法改革承担着政治体制改革"摸着石头过河"的试错风险,特别是中央直接领导下的司法改革,收放都可在掌控之中,规避了此前司法改革中法院权力的自主扩张。① 因此,新一轮的"司法独立负责"是政治体制改革的先行军,而政治体制改革则是社会秩序的大变革。所以,新一轮的司法体制改革与政治体制改革之间不是简单的一一对应关系,而是一个系统的互动钳制关系。从方法论上讲,这就要求司法理论研究必须运用系统论方法,综合预判司法场域中各种可能性的发生。

(二)司法改革的矛盾论方法

改革是一场社会运动。运动是物质世界的规律,也是人类社会发展的规律,运动是普遍联系的系统运动,促生了新事物与旧事物之间的矛盾,司法改革是社会改革中的重要构成元素,特别是在中国这样的一个国家,既没有现成的经验可以借鉴,也没有现成的理论可以作为直接智慧,一切的经验都在摸索中产生,我们的理论随着我们的不断前进而发展成为经典理论。"司法改革,不为司法,而是为了人们寄托于司法而实现的追求。"②司法改革的过程是一个产生矛盾的过程,为了解决司法改革带来的矛盾,需要通过后来的司法改革矫正前期司法改革生成的疾病。从这个逻辑上讲,司法改革永无止境,一直处在进行时,并伴随着矛盾的产生,不断发展、演变、消亡。

党的十八大之前,中国司法改革要"正确处理法律的阶级性与普世性、司法与政治、司法官职业化与司法大众化以及司法程序化与司法便民化之间的关系"。③自 2012 年以来,上述要处理的四对关系随着司法体制改革的推进,特别是"党的十八大以来,政法战线坚持正确改革方向,敢于啃硬骨头、涉险滩、闯难关,做成了想

①齐玉苓案例就是最高人民法院越权改革的典型事例。参见:袁文峰.受教育权的宪法条款援引、内涵及救济路径——基于齐玉苓案与罗彩霞案的分析[J].政治与法律,2015(4);张红.论一般人格权作为基本权利之保护手段——以对"齐玉苓案"的再检讨为中心[J].法商研究,2009,26(4);王伟国.齐玉苓案批复之死——从该批复被忽视的解读文本谈起[J].法制与社会发展,2009,15(3);黄正东.废止齐玉苓案"批复"与宪法适用之关联(下)宪法司法化是脱离中国国情的空谈[J].法学,2009(4);"停止适用"齐玉苓案"批复"之正面解析[J].法学,2009(4);马岭.齐玉苓案"批复"废止"理由"析[J].法学,2009(4);废止齐玉苓案"批复"与宪法适用之关联(上)[J].法学,2009(3);李晓兵."齐玉苓案"与中国宪法的司法适用问题[J].南开大学法政学院学术论丛,2002(1);王锴.再疑"宪法司法化"——由"齐玉苓案件"引发的思考[J].西南政法大学学报,2003(6);王磊.宪法实施的新探索——齐玉苓案的几个宪法问题[J].中国社会科学,2003(2);朱应平.适用宪法处理齐玉苓案并无不当[J].华东政法学院学报,2001(6).

②蒋惠岭.对司法改革的双重期待[J]法制资讯,2010(2):1.

③陈光中,曾新华.建国初期司法改革运动述评[J].法学家,2009(6):1-8.

了很多年、讲了很多年但没有做成的改革,司法公信力不断提升,对维护社会公平正义发挥了重要作用。"①先前的一些问题已经得到解决,或者正在解决,或者已经转化为新的社会关系。因此,高度重视旧有矛盾的转化,探寻矛盾解决与转化之间的关系、动力、方向是司法改革方法论研究的重中之重。

党的十八大以来,司法改革取得了系列成就。"改革理念明确清晰,顶层设计力度空前,改革方法系统科学。"②"一是遵循司法规律和符合中国国情相结合,二是中央顶层设计和地方探索相结合,三是坚持试点先行和整体推进相结合。一方面,建立司法改革任务电子台账系统,加强改革统筹协调和项目管理,扎实推进所有改革举措;另一方面,重大司法改革采取先行试点、分批推进的方法,发挥试点的示范、带动、促进作用。目前,包括司法责任制在内的13项重大改革在全国试点。四是改革创新和依法推进相结合。"③2017年召开的党的十九大,对中国司法改革如何深入进行发出了重大信号并出台了许多具有可操作性的举措。"完善法院设置,促进组织体系科学化,完善审级职能,实现职能定位合理化,推进繁简分流,带动审判方式新变化,注重法官培养,推动队伍建设职业化,打造智慧法院,推动司法服务智能化"④作为扫尾之年的任务表,最为关键的还是司法责任制改革。

"完全依赖上级监督非但不能消除腐败,而且只能改换腐败形式并将产生新的更大的腐败。"⑤司法改革近四十年始终未能有效遏制司法不公的现象,除了"权大于法"的体制原因之外,就是司法体制改革未能配套实施"改革的合法性、司法行政管理的民主性以及权力运作的受制性"⑥,暴露出改革方案设计的片面性,忽略了制度间的矛盾,特别是制度运行过程中矛盾产生可能性的预测失准。党的十九大之后,中国司法改革要协调处理好司法的民族性与普适性之间的,司法改革与政治改革、经济改革、治理改革、文化改革之间的,国家司法与社会司法之间的,司法程序简约与实体正义输出之间的关系。矛盾论方法是分析、理顺、解决这些关系的基本工具。

(三)司法改革的重点论方法

十八届四中全会开启了新一轮的司法改革,从体制上看是中央领导、地方融入的自上而下的一体化改革,从方法上看是政策试点与制度制定协同推进的同步改革,从内容上看是管理体制分级而治、运行机制分责而治、保障机制央地共治的分责改革。其难点在于司法责任制的保障与落实,"为保障司法改革的顺利推行,实

①罗沙.最高法:推动构建具有中国特色的多层次刑事诉讼程序体系[EB/OL].(2017-07-11)[2017-08-08].新华网,http://m.haiwainet.cn/middle/3541089/2017/0711/content_31014356_1.html.
②李少平.坚持问题导向,精准聚焦发力把司法改革推向新的阶段[J].中国法律评论,2017(1):1-4.
③李少平.坚持问题导向,精准聚焦发力把司法改革推向新的阶段[J].中国法律评论,2017(1):1-4.
④李少平.坚持问题导向,精准聚焦发力把司法改革推向新的阶段[J].中国法律评论,2017(1):1-4.
⑤张千帆.回到司法改革的真问题[J].南风窗,2009(7):34-36.
⑥陈卫东.合法性、民主性与受制性:司法改革应当关注的三个"关键词"[J].法学杂志,2014(10):1-7.

现维护司法正义的改革目标,有必要确立一种以法官独立审判为核心的司法改革理论。"①首先要研究的应当是司法责任理论。

"中国法官司法责任制度在指导原则上经历了从单纯威慑到遵循司法规律,在内容上经历了从注重结果到行为与结果并重,在程序上经历了从行政化到司法化的变化过程。"②司法责任制涉及对《法院组织法》与《法官法》的修改,"《法院组织法》与《法官法》的修改,关系到党管干部方式体制的变革。司法制度变迁的根源在推动者与接受者的矛盾,推动着司法制度从均衡到非均衡再到均衡的矛盾运动。"③从司法公正的根本落脚点来看,司法责任制突出了改革的重点与方向。"要紧紧牵住司法责任制这个牛鼻子,凡是进入法官、检察官员额的,要在司法一线办案,对案件质量终身负责。"④同时,"各地区各部门要大力支持司法体制改革,抓好工作任务落实。对已经出台的改革举措,要加强改革效果评估,及时总结经验,注意发现和解决苗头性、倾向性、潜在性问题。要下功夫凝聚共识,充分调动一切积极因素,形成推进改革的强大力量。"⑤司法责任制是提高司法公信力的根本保证,不仅要在司法体制内部落实司法责任制,而且更要在司法体制外部彻底清除影响司法责任制落实的司法责任因素。

司法责任制既包括行政机关保障司法改革顺利实施的责任,"各级领导干部应当带头遵守宪法法律,维护司法权威,支持司法机关依法独立公正行使职权。任何领导干部都不得要求司法机关违反法定职责或法定程序处理案件,都不得要求司法机关做有碍司法公正的事情。"⑥又包括司法机关内部落实司法责任制的责任,"对司法工作负有领导职责的机关,因履行职责需要,可以依照工作程序了解案件情况,组织研究司法政策,统筹协调依法处理工作,督促司法机关依法履行职责,为司法机关创造公正司法的环境,但不得对案件的证据采信、事实认定、司法裁判等做出具体决定。"⑦还包括审判人员违法审判的司法责任,"法官应当对其履行审判职责的行为承担责任,在职责范围内对办案质量终身负责。法官在审判工作中,故意违反法律法规的,或者因重大过失导致裁判错误并造成严重后果的,依法应当承担违法审判责任。法官有违反职业道德准则和纪律规定,接受案件当事人及相关人员的请客送礼、与律师进行不正当交往等违纪违法行为,依照法律及有关纪律规

①陈瑞华.司法改革的理论反思[J].苏州大学学报,2016(1):56-64.

②孟军司.法改革背景下中国司法责任制度转向——法官司法责任追究的正当化[J].湖湘论坛,2016(1):75-79.

③钱弘道.司法改革的几点经济思考[J].法学杂志,2003(6):44-46.

④习近平.以提高司法公信力为根本尺度坚定不移深化司法体制改革[J].人民检察.2015(7):1.

⑤习近平.以提高司法公信力为根本尺度坚定不移深化司法体制改革[J].人民检察.2015(7):1.

⑥领导干部干预司法活动、插手具体案件处理的记录、通报和责任追究规定[EB/OL].(2015-03-30)[2020-09-04].人民网,http://politics.people.com.cn/n/2015/0330/c1001-26773279.html.

⑦领导干部干预司法活动、插手具体案件处理的记录、通报和责任追究规定[EB/OL].(2015-03-30)[2020-09-04].人民网,http://politics.people.com.cn/n/2015/0330/c1001-26773279.html.

定另行处理。"①司法改革的深水区中最难以通过的关口,就是司法责任的认定与惩戒。

(四)司法改革的比较论方法

中国特色社会主义是一项自我在黑暗中摸索的新型社会制度,围绕建设社会主义的一切工作都缺乏现成的参照物,包括司法改革的规律与理论。然而,中国的单一制国体结构为司法改革的内部比较提供了条件,宪法的共和属性保障了司法改革的统一性。因此,选择不同地区、不同级别、不同类型的法院作为改革试点,从而输出比较参数,这为司法改革提供了变量的思考,理应是继续推进司法改革不可缺少的实验方法。"通俗地讲,实验是指修正一个情境下的某种事物,然后将其结果与未做任何修正的情境下所得的结果做比较。"②这种自然科学的实验方法同样可以用到司法改革的试验田中去,选择同类问题、同等结构的地区作为比较对象,"对各项具体指标进行分析与比对,来验证实验所设计的制度、程序或者方法是否产生了项目计划预设的效果,是否能够解决司法实践中的问题。"③然而,由于各地区距离权力中心的半径不同,导致各地政府的支持力度也不同,特别是各地经济发展的不平衡,"在我国特定的司法体制环境下,司法改革可能会因各方面的阻力而陷入困境"④。因此,这就有必要在比较机制中引进绩效机制,从而观察自驱性司法改革与外驱性司法改革之间的差别与效果。"考虑到中央与地方的积极性,要引入竞争性因素,激发地方与基层司法机关及其司法人员参与司法改革积极性。"⑤司法改革的痛点在于司法系统内部的利益改革,因此,改革方案的制定与实施,必须"进一步厘清司法改革的动力来源"⑥。不同的动力来源,决定了司法改革方案的偏好与选择理性,"在改革的动力资源上,必须依赖国家与社会的双向互动,在改革的路径选择上,需要在本土化的基础上走创新型制度移植的道路"⑦,这就需要考察比较不同的群体,特别是同一系统、不同层级之间的利益衡量,从而确定改革的最优方案。

比较方法不仅可以用于国内的比较,也可以用于不同国家的司法改革进程之间的横向比较。通过差异的逆向考察,提前做好历史重复下的方案彩排。"法律发展的国际化与法律发展的本土化,乃是同一个过程不可分割的两个侧面。"⑧提供

---

①最高人民法院关于完善人民法院司法责任制的若干意见[EB/OL].(2015-09-20)[2020-09-04].中国法院网,https://www.chinacourt.org/article/detail/2015/09/id/1710042.shtml.

②[美]劳伦斯·纽曼.社会研究方法:定性和定量的取向[M].郝大海,译.北京:中国人民大学出版社,2007:238.

③宋英辉,向燕.关于司法改革实验项目中开展有效比较的思考[J].国家检察官学院学报,2011(1):73-82.

④栗峥,张海霞.司法改革的困境及其克服[J].云南社会科学,2015(2):124-129.

⑤葛洪义.顶层设计与摸着石头过河:当前中国的司法改革[J].法制与社会发展,2015(2):7-14.

⑥葛洪义.关于司法改革的几点认识[J].法制与社会发展,2014(6):17-19.

⑦谢佑平,万毅.论司法改革与司法公正[J].中国法学,2002(5):129-139.

⑧宫楠.俄罗斯民事司法改革中法治传统基因的现代演化与创变[J].学术交流,2017(8):204-211.

给中国司法改革的经验是没有比较就没有改革。2017 年第三十八次深化改革小组会议上,确定在上海市率先开展司法体制综合配套改革试点,希望上海"形成更多可复制可推广的经验做法,推动司法质量、司法效率和司法公信力全面提升"。开展试点就意味着要突破现有法律的规定,试点本身就是改革中的改革,是为了改革的稳妥性而选择的改革试错。"司法统一原则不排斥基本法律规范统一下各地具体标准的差异,而司法地方保护主义的最大危害不在于地方司法标准的差异而在于地方司法标准的不确定。"①在没有对比样本的前提下,仅以上海经验为参考略显单薄。

"中国的司法改革总体上只能放在社会大系统内,采取司法内外互动的方法,因而只能是条件论的,渐进性的,改良的。也就是说,应当奉行'相对合理主义'。"②"相对合理"是比较分析之后的选择,简而言之,没有对比样本的存在和比较,就不会产生"相对合理"的判断。在历史单线维度的纵向比较上,先前的改革由于改革主体的错位,破坏了宪法下"完整的司法独立结构"③,导致司法改革的越权。因此,"中国未来的司法改革首先应让应然的改革主体归位,并在合理确定改革理想的基础上,采取本土意识上的建构与试错路径来推进"④。试错不能离开比较,综上所述,比较是方案最优的选择路径,比较方法是司法改革通过深水区必须选择的方法之一。

中国的司法改革是一项前所未有的探索,司法理论研究缺少对本土问题的"深描",特别是缺少对西方司法理论形成的社会条件进行历史的回溯性解构,仅以现代化的先后顺序为中国司法改革预设改革方案的先见,殊不知这是精英阶层为维护个人利益的改革自设,其急于推进司法改革的目的在于实现既得利益的法治保护,而忘却了这个国家里还有相当一部分人为争取实质正义而正在进行的辛酸努力。司法理论的研究者往往期望自己为司法改革的前行贡献自己的智慧,忽略甚至不愿意回看那些当年做出贡献的,现在看起来一无是处的制度。中国的司法规律就隐藏在过往的事实之中,文本解读式的借鉴只能提供逻辑上的满足,而不能建构规律性的认知。只要发展中的社会结构与历史的某一时期具有同质状态,历史影像就会复演。司法理论研究不能只是从国外和国内以往的文献中猎取失败与成功的经验,更为重要的是,应从当年被支持而现在被诟病的制度或者现象入手,解剖司法痼疾的病理,通过历史的系统问症,开出当下的改革药方。司法理论研究应回归社会,回溯社会主义发展历史,坚持历史与逻辑的统一,从基础理论出发,打开中国特色社会主义司法理论的研究法门。

---

①徐子良.地方法院在司法改革中的能动性思考—兼论区域司法环境软实力之提升[J].法学,2010(4):153-160.

②龙宗智.论司法改革中的相对合理主义[J].中国社会科学,1999(2):3-5.

③俞静尧.司法独立结构分析与司法改革[J].法学研究,2004(3):52-57.

④左卫民.十字路口的中国司法改革:反思与前瞻[J].现代法学,2008(6):60-70.

三、司法改革应以秩序传统为基础

　　司法改革是体现实用主义价值的法律行动、国家行动、社会行动与公众行动的统一,实用主义行动对理论研究并非毫无贡献。相反,理论研究是推动实用主义行动更加有效的逻辑支持。然而,中国法学或中国法律被打扮成了一种只关注法条的逻辑自洽性和社会是否失序等问题的"价值中立的、与政治不涉的、与我们对自己生活于其中的那种社会秩序之性质或正当性不相干的一堆'概念'或超然之物"。① 根据问题"移植进来的种子却又因本土文化传统、社会条件、历史经验等土质的不同,而无法获得良好的成长。"②司法改革过程中存在的现实窘迫现象产生这样一条结论:"中国如要摆脱困境,在制度以及社会和个人行为方面,还必须进行深刻的改革。"③对国外制度规范的模仿和借鉴,则成为无可厚非的捷径。由于"各族文化的差异,使得人们有可能对于相同的表达做出不同的心理反应与接收"④,再加上"法律的民族性只能在民族性的司法过程中得以显现,并以此形成民族自我的民族性传统"⑤。因此,当代中国通过司法改革建构出一种符合中国梦的司法秩序,必须坚持传统土壤上的现代法治培育。"法治如同美酒,未必所到之处,都受欢迎。"⑥对于任何一个民族来说,"在特定的时刻对一个民族有益的制度,对另一个民族也许是极为有害的"⑦。所以,当代中国建构司法秩序,不能脱离现实社会发展的状态,尤其不能置现存司法秩序内在的传统习惯于不顾,更不能普世化西方经验而摒弃适合当代中国司法秩序中特有的治理经验。借鉴或者移植他山之石,需顾及本国能否提供匹配的营养剂。

　　当代中国需要稳定的司法秩序是无须证明的事实,建立新型的司法秩序:第一,要明晰现有的司法秩序以及维系秩序的因素;第二,司法改革是对先前司法秩序的革命性完善,这就意味着一种新型的围绕司法秩序的权力格局已经进入调整阶段;第三,以贯彻政策、保障发展为目的的司法改革能否建立符合宪法的司法秩序,特别是国家方案中的司法正义与地方图景中的个案正义是否行驶在同一轨道上,需要我们俯视地思考。中国自古以来就是一个统一的多民族国家,除却被外敌侵略的年代,中国社会拥有自己特殊的司法秩序。以维护司法秩序的主体为划分秩序层次的标准,可以分为三个层次。第一个层次是在国家规范控制下的司法秩

　　①邓正来.中国法学向何处去——建构"中国法律理想图景"时代的论纲[M].北京:商务印书馆,2006:263.

　　②叶启政.社会理论的本土化建构[M].北京:北京大学出版社,2006:3-4.

　　③[法]谢和耐.中国社会史[M].黄建华,黄迅余,译.南京:江苏人民出版社,2008:569.

　　④俞佳乐.翻译的社会性研究[M].上海:上海译文出版社,2006:9.

　　⑤[德]弗里德尼希·卡尔·冯·萨维尼.论立法与法学的当代使命[M].许章润,译.北京:中国法制出版社,2001:9.

　　⑥[英]詹宁斯(Jannings.W.I.).法与宪法[M].龚祥瑞,译.北京:生活·读书·新知三联书店,1997:33.

　　⑦[法]勒庞.乌合之众:大众心理研究[M].冯克利,译.北京:中央编译出版社,2004:68.

序;第二个层次是在司法主体经验共识下形成的司法秩序;第三个层次是依靠习俗或者关系而形成的司法秩序。第一秩序是依靠最高权力机关通过立法建构的纸上司法秩序;第二秩序是司法机关与行政机关基于共同利益的指向而合意的地方性司法秩序;第三秩序是纠纷当事人借助外界影响实现个人利益而进行自我认知的司法秩序。三个层次的司法秩序互有交叉和重叠,即使在第一秩序中也能够看到第二秩序、第三秩序的影子,彼此映射。当其中任何一种秩序无法自我调控的时候,处于秩序之中的人就会到秩序之外寻求帮助,通过建立新的秩序来调整旧有的秩序。自上而下的行政权直通车与自下而上的拜权意识导致民族意识中含有非常强烈的官本位思想,以至于"权大于法"成为司法秩序中的背景。因此,司法改革的对象是如何祛除既有司法秩序中"权大于法"的痼疾。

在法治背景下司法改革的实质是建立符合国家现代化的司法治理模式,从而实现司法秩序的重构。在这个过程中,必然会产生司法治理与行政治理关于秩序权威的竞争。以专业精英为代表的技术治理力量和习惯于不讲程序的行政保守力量,一方要求完全摆脱现行的行政控制一切资源匹配的垄断地位,希望建立独立的精英化司法机制,另一方则以发展需要稳定这一根本条件为由,通过变相软化司法判决的行为继续在社会民众心目中制造行政权威大于司法权威的心理暗示,同时尽量控制司法权力的扩张并保持其独立性。在运用司法技术的精英集团与谙习个人魅力的行政组织争夺各自权威的博弈中,直接为民众提供生存资源的行政组织所带来的诱惑远远大于提供矫正正义的司法精英集团带来的正义魅力。司法精英对行政机关带来的冲击不仅仅是技术治理革命时代的到来,更重要的是一旦司法精英治理社会获得成功,那么,无异于给行政组织戴上了一副行动的枷锁。司法治理是一种"交往理性"下的治理模式,是以既定规则为"重叠共识"的参与性治理。在当下中国极有可能出现"权贵资本主义"①的情况下,推进司法改革,是杜绝当代中国制度性腐败的根本举措。

司法公正为社会成员带来的权利秩序观念逐渐代替了先前传统社会遗留的"忍让"教化,随着司法体制综合配套改革的全面展开,现实中司法实践存在的问题②促使社会民众向往西方的司法秩序,这种向往一方面为推销司法西化提供了

---

①经济学家吴敬琏先生认为,在行政权力的主导下,一个国家虽然也能够在一段时间内取得某种程度的经济成就,但终究会因为法治不行而落入坏的市场经济,或称权贵资本主义的泥坑。利用行政权力干预市场活动,进行权钱交易;利用转轨时期财产关系调整和变化的时机,将公共财产掠为己有;利用市场体制的不完善、不规范牟取暴利。这三类腐败活动都与权力有关。参见:吴敬琏.呼唤法治的市场经济[J].中国报道,2009(10):101-103.

②改革开放以来我国司法实践活动的五大问题:一是立法仍呈粗放型状态,造成立法能力较低,法律真空地带较多,法条覆盖面积有限;二是法与权、法与钱、党与法、情与法等关系没有很好理顺;三是人们缺乏正确的司法观念和意识,对司法活动抱有怀疑之心,因此诉讼程序还没有成为人们处理和解决纷争的首选途径;四是原有的一些审判制度已难以适用于新类型的诉讼案件;五是法官素质与审判任务不相适应,少数法官缺乏专业知识和办案能力,造成糊涂案,办错案。参见:庄伟燕."混合法"理论与当今司法改革[J].学术研究,2003(5):67-68.

市场,另一方面,精英化与专业化统一的现代司法所要求的法律至上性与行政部门固有的制度保守性在强力推进的社会改革领域中失去了"最大公约数",社会所期待的正义——"帕累托效应"日渐被各自的权力垄断所消解。如果说经济体制改革能够造就"裙带资本主义",那么,精英化司法同样能够带来新的技术垄断。一旦司法技术在社会生活中形成垄断地位,并扩大司法技术带来的享受附加值的群体范围,在此基础上构成新的社会矛盾,把社会个体之间的纠纷转移到法律知识拒绝社会公众认识上来,对尚未城市化的广大非城市区域来说,这种可能性发生的概率远比已经城市化区域或者正在城市化区域要大得多。当下中国需要的是合乎情理的结果与实惠,而非合乎法理的判决与理由,但是,情理又必须包裹上法理的外衣,否则在社会关系冲破传统的道德约束后,失去外在强制力的情理也就失去了维系常态关系与秩序的能力了,不得不把希望寄托在立法技术上。但是,司法过程的情理解释与法理解释的统一更为重要,司法远比立法更贴近现实中需要解决的社会纠纷,零距离接触为司法分享立法权提供了最大的无法阻挡的理由。司法判决带有正义的假设,而我们的社会需要的不是对未来的期待,而是现实的正义。至于程序,那是一种道德的问题,司法人员的职业道德提升意味着同情范围的拓展与扩大,但是不能说明程序正在发挥着作用,程序对于政治需求来说,不过是一道伪装的铁丝网,一旦结果的重要性突出,程序的约束性必然受到缩减。

对于当下中国特有的政治体制而言,司法改革则是司法建设的主要内容,其中围绕司法人员的相关制度建设包括《法官组织法》以及后勤保障和法官独立形式司法裁判权等成为核心的内容。当下中国需要现代司法理念以及实现这一理念的各种辅助建设,目标与现实之间的差异使得整个社会必须遵循从低级到高级,从简单到复杂,从局部到整体的规律,在外部环境与内部机制相啮合的情况下,逐步弱化行政权力控制社会的力度。然而,我国正处于飞速变化的国家竞争环境中,不确定竞争始终陪伴着国家现代化治理的进程。就目前的状况而言,那种"传来的法治"情结不应当成为左右当下中国司法改革的主导思想,恰恰相反,如何提高行政主体的法治思维,避免因为非法行政行为而引发社会公共安全意识应该成为现实司法改革中必须深度解决的对象。这看起来不是一个法律问题,然而的确是关涉到司法改革能否为国家治理现代化提供现代司法秩序的症结所在。

后 记

始于 1978 年，延续至今的司法改革，经过一波三折，构成了司法秩序建构的全部画卷。按照指导司法改革的理念与司法改革的技术来剪裁的司法秩序建构的图景，在党的十八大之前可以归纳为理念上的司法改革与国家关于司法秩序方案的设计与地方实践，在党的十八大之后可以归纳为司法改革理念与技术齐头并进的国家指导与地方跟进。特别是"互联网＋"时代的到来，大数据的运用与人工智能的开发，使得智慧法院建设已经成为司法体制综合配套改革的主要内容之一。杭州互联网法院的尝试、人民法院智能 12368 平台的广泛应用、上海高院开发研究的"206 工程"以及 ODR 纠纷解决模式的探索，把司法改革推向了技术路线的高峰。这些技术性的突破与运用，仅仅是法院内部"以审判为中心"的辅助手段。尽管现代信息技术、智能技术与网络技术在技术上的突破促进了司法公正和提高了司法效率，然而，对于以国家权力为工具建立司法秩序的整体行动而言，国家方案并未得到有效落实。因此，近五年左右的司法技术性改革时限未被纳入研究视野。一方面，诚如前文所述，技术性改革仅仅是法院内部的回应性改革，谈不上对司法秩序建构的筋骨性贡献；另一方面，五年左右的时间跨度难以归纳支持社会主义司法理论建构的逻辑事实，也难以就此探寻社会主义司法规律的痕迹。

应当说，自 1978 年以来围绕司法秩序建构所颁布实施的各类政策、文件、制度等，有相当大一部分未能成为四十年间司法秩序建构过程中记忆的文献，主要原因在于这些政策、文件、制度不具有一定的连续性，而文本内在的连续性恰恰说明了司法秩序建构的循序渐进。因此，选择既能反映司法改革的事实，又能反映国家方案的文本成为完成粗览四十年间司法秩序建构的基本条件。最高人民法院的历年工作报告恰好就是能够承载这一需要的最佳文本。因此，文中的诸多数据与结论来自最高人民法院历年工作报告，或许这是目前最为公开与最容易收集的官方文本。由此一来，诸多政策文件与法律法规遭遇蜻蜓点水式的掠影，未能深耕隐藏在司法秩序背后的精神"富矿"。倘若本文能够被视作一篇抛砖引玉的拙作，我心甚慰。

葛天博

2019 年 12 月